西南政法大学新文科系列

刑法分论导学教程

Learning Guide to the General Theory of Criminal Law

主　编｜石经海　卢有学

副主编｜张永强　骆　多

撰稿人｜石经海　卢有学　刘湘廉　肖　敏
以姓氏笔画为序｜张永强　张武举　张　波　陈小彪
陈佳佳　郑　旭　胡　江　姚万勤
骆　多　徐文转

法律出版社
——北　京——
始创于1954年

图书在版编目(CIP)数据

刑法分论导学教程 / 石经海，卢有学主编. -- 北京：法律出版社，2023
ISBN 978－7－5197－7639－8

Ⅰ. ①刑… Ⅱ. ①石… ②卢… Ⅲ. ①刑法－分则－中国－高等学校－教材 Ⅳ. ①D924.3

中国国家版本馆 CIP 数据核字（2023）第 038106 号

刑法分论导学教程
XINGFA FENLUN DAOXUE JIAOCHENG

主　编 石经海　卢有学
副主编 张永强　骆　多

责任编辑 刘　琳
装帧设计 鲍龙卉

出版发行 法律出版社
编辑统筹 法律教育出版分社
责任校对 张翼羽
责任印制 刘晓伟
经　　销 新华书店

开本 710 毫米×1000 毫米　1/16
印张 18.25　　**字数** 295 千
版本 2023 年 4 月第 1 版
印次 2023 年 4 月第 1 次印刷
印刷 天津嘉恒印务有限公司

地址:北京市丰台区莲花池西里 7 号(100073)
网址:www.lawpress.com.cn
投稿邮箱:info@lawpress.com.cn
举报盗版邮箱:jbwq@lawpress.com.cn

销售电话:010－83938349
客服电话:010－83938350
咨询电话:010－63939796

书号:ISBN 978－7－5197－7639－8　　**定价**:49.00 元
凡购买本社图书,如有印装错误,我社负责退换。电话:010－83938349

编 写 说 明

《刑法分论导学教程》是配套法学本科专业“马工程”刑法学教材和西南政法大学刑法学科组织编写的相关教材的教学用书，也是《刑法学总论》《刑法学分论》作为“国家级线下一流本科课程”“重庆市高校一流课程”“重庆市课程思政示范课程”“西南政法大学本科一流课程”“西南政法大学课程思政示范课程”所建设的成效总结与成果提炼。

《刑法学》是西南政法大学的传统优势课程，自1952年8月西南革命人民大学政法系筹建西南政法学院刑法学科至今，本课程先后被评为重庆市精品课程（2004年）、重庆市精品资源共享课（2013年）、重庆市精品视频公开课（2014年）、重庆市研究生优质课程（2015年）、教育部首批国家级线下一流本科课程（2020年）和重庆市高校一流课程（2021年、2022年）。

本教程所依托的《刑法学分论》，是推广应用西南政法大学“首批国家级线下一流本科课程”《刑法学总论》所探索与建设的核心机理，结合刑法学分论的特点展开。其教学模式，主要是针对我国新时期本科教学普遍存在的课程思政未能融合、学生学习不够投入、教师教学不够敬业、考核方式不够科学等突出问题，基于“德法兼修”的法治人才培养理念、“课程育人”的课程思政理念、“有效过程学习”的学生学习主体理念、“一切为了学生”的潜心教书育人理念和“问题导向”的靶向教育理念，将“课程思政”“专业思维”“能力培养”人才培养核心要素融入全部教学内容和任务中，并分流到“课前—课上—课后”三个阶段，通过“课前自主学习—课上交流解惑—课后总结提升”的方式方法，以“集体备课”“团队管理”“扣分制考核”措施保障其有效完成。在以上模式中，学生始终是教学任务的完成主体（教师只是主导者），并使“教学互动”贯穿于“课前—课上—课后”的整个教学过程中。其中，在课前，学生需将那些基础性内容消化吸收；在课上，教师主要交流解惑那些学生有疑惑，或教师认为是重难点或需拓展的内容；在课后，学生需就每次课进行总结，梳理本次课的收获与尚存在的疑惑，提出对教学的意见和建议，教师据此予以评估自己教学效果和对此予以集体答疑。为保障以上要求的有效实现，采取了强有力的"全过程集体备课""多层级教学管理""扣分制过程考核"等措施，确保教学任务、教学内容、教学方法、教学投入、教学效果、教学方案等落到实处。多年的探索与实践表明，这些经验性做法，不仅较好地解决了前述突出的教学问题，而且还促进了教与学的良性循环和学风的提升，并附带解决了课堂教学课时不足等问题。

本教程的编写，是西南政法大学七十多年刑法学课程和建材建设的传承，是西南政法大学刑法学科七十多年人才培养、课程和建材建设做法与经验的分享，是针对人才培养、课程和建材建设中的新形势、新问题、新政策所进行的探索。全书由主编和副主编统改定稿。编写人员为西南政法大学刑法学科本改革课程的核心团队成员以及相关案例教程的编写人员。本课程改革实践中的诸多教学助理，为教程内容的形成与完善做了大量辅助工作，特致谢忱。

因为是探索，也因为我们水平的局限，本教程一定还存在诸多需要完善的问题，期待参阅过本教程的老师和同学，能结合自身的"教""学"提出相应的完善意见和建议，共同为提升本科教学效果提供一分助力！

编著者

2022 年 10 月

作 者 简 介

石经海 男，安徽宿松人，法学博士。西南政法大学教授、博士生导师、刑法学科带头人（负责人），首批国家级线下一流本科课程《刑法学总论》负责人，重庆市高校一流课程、重庆市课程思政示范课程《刑法学总论》负责人，重庆市高校一流课程《刑法学分论》核心成员。本书第一主编。

卢有学 男，四川万源人，法学博士。西南政法大学教授、硕士生导师、原刑法教研室主任，重庆市高校一流课程《刑法学分论》负责人。本书第二主编。

刘湘廉 男，湖南邵东人，法学学士。西南政法大学副教授、硕士生导师、原刑法教研室副主任，首批国家级线下一流本科课程《刑法学总论》核心成员，重庆市高校一流课程、重庆市课程思政示范课程《刑法学总论》核心成员，重庆市高校一流课程《刑法学分论》核心成员。本书参编人员。

张 波 男，重庆荣昌人，法学博士。重庆市高级人民法院刑一庭庭长，西南政法大学硕士生导师。参与本书案例的编写。

张武举 男，河南洛阳人，法学博士。西南政法大学副教授、硕士生导师、刑法教研室支部书记，重庆市高校一流课程《刑法学分论》核心成员。本书参编人员。

张永强 男，甘肃天水人，法学博士。西南政法大学副教授、硕士生导师、刑法教研室副主任，重庆市高校一流课程《刑法学分论》核心成员。本书第一副主编。

陈佳佳 女，重庆渝中人，法学博士。重庆市高级人民法院刑一庭审判员，西南政法大学硕士生导师。参与本书案例的编写。

陈小彪　男，湖南郴州人，法学博士。西南政法大学副教授、硕士生导师、原刑法教研室副主任。参与本书案例的编写。

肖　敏　女，湖南邵阳人，法学博士。西南政法大学副教授、硕士生导师。参与本书案例的编写。

郑　旭　男，河南柘城人，法学博士。重庆理工大学重庆知识产权学院讲师，曾任重庆市高级人民法院刑一庭审判员。参与本书案例的编写。

胡　江　男，重庆酉阳人，法学博士。西南政法大学副教授、硕士生导师，重庆市高校一流课程《刑法学分论》核心成员。本书参编人员。

骆　多　男，重庆万州人，法学博士。西南政法大学讲师、硕士生导师、原刑法教研室副主任，首批国家级线下一流本科课程《刑法学总论》核心成员，重庆市高校一流课程、重庆市课程思政示范课程《刑法学总论》核心成员。本书第二副主编。

姚万勤　男，安徽芜湖人，法学博士。西南政法大学副教授、硕士生导师、刑法教研室副主任。参与本书案例的编写。

徐文转　男，河南永城人，法学博士。重庆市高级人民法院刑一庭审判员，西南政法大学硕士生导师。参与本书案例的编写。

目录

第一部分 课程及其基本教学方式

第二部分 各讲教学要求与安排

第三部分 课程配套学习案例

第一部分

课程及其基本教学方式

■ 课程性质

《刑法学》(含《刑法学总论》《刑法学分论》)是法学本科专业必修课中重要与基本的专业核心课程之一,是教育部确定的10门A类(一类)法学专业核心课程之一,对于构建学生法学核心知识体系,培养新时代一流法治人才,具有举足轻重的地位。

■ 授课对象

本课程面向法学专业本科生开设,通常行课16周,每周行课3~4课时。

■ 教学方法

本课程推行以学生为学习主体的教学方法。研究表明,以教师讲授为主的教学,学生至多吸收学习内容的15%;有学生积极参与的、"教""学"相融的教学,学生能吸收学习内容的50%;为"教"而"学"的教学(就像我们老师备课和讲课那样的学习),学生会吸收学习内容的90%。本课程试图通过采用有效的考核制度设计,推行严格的"学生课前自主学习—师生课堂交流解惑—学生课后复习巩固"的"三位一体"教学方法,充分调动学生学习的积极性和主动性,并通过课堂环节的疑问交流、重点难点提点等,以及课后的复习巩固,以体现学生的学习主体性,使学生所学知识能够融会贯通,同时解决"教学大纲—教学内容—教学时数—教学负担"等的矛盾冲突以及学生的逃课率、低头率和听课率等问题。

□ 课前自主学习

1. 结合教材及其他刑法资料在线观看教学视频自主学习。课程负责人课前统一将每次课前应重点思考的问题和参考案例交给教学助理,由教学助理转各教学班。每位同学需在"中国大学MOOC"平台进行实名认证注册(可使用已有慕课实名),结合平台上指定的教学视频、教材、刑法及司法解释条文和其他可能的学习材料,进行自主学习。本课程"中国大学MOOC"平台网址为:

https://www.icourse163.org/course/SWUPL－1466004183？tid＝1467056470.课前自主学习，需能理解和把握教学视频中的内容，能全面掌握该讲基础知识。鼓励学生深度思考，并结合典型案例、社会热点问题，尝试解决实际问题，处理真实案件。

2. 提交课前提问。学生须将该讲课前自主学习中认为确有难度或自己感兴趣的问题，在上课前一天约定时段前，通过填写教学助理分享的文件提出（包含学生姓名、学号、问题等内容）；教学助理应尽快整理后转交给授课教师。

□ 课上交流解惑

1. 改变传统讲授式教学模式。课堂教学原则上采用“简单梳理＋师生问答讨论”的方式行课，任课老师每次课可先用30分钟左右的时间梳理基本内容，接着采用讨论方式进行研讨，讨论方式不限，以尽量发挥学生积极参与为原则，讨论内容应包括学生课前疑问。

2. 课堂交流应有相当广度和深度。因有课前自主学习的基础，课堂上原则上只交流或研讨那些学生在自主学习中有疑惑或授课教师认为属于重点、共性的疑难问题。

任课老师应尽可能广泛地考查学生知识掌握情况，进行面积较广的加分和扣分。

□ 课后总结巩固

学生在课后，可通过填写教学助理分享的文件，提出自己仍有疑惑的问题。任课老师应于每次课结束后、下次课开始前，在微信群、QQ群通过文字、语音等方式，或者通过腾讯会议、钉钉等视频方式，与学生展开交流，就课堂中反映出的、尚未解决的或老师、学生提出的新的共性疑难问题集中答疑。教学助理应保留答疑界面截图，提倡收集、整理每次答疑的文字、视频资料。有多个教学班的老师，每周可安排一次统一答疑。

■ 考核方式

□ 考核规则

1. 考核方式：本课程由平时考核和期末考核组成，各自总分均为100分，分别按40%和60%权重计入课程总评成绩。期末考核由学校统一组织期末闭卷考试，平时考核包括线上与线下两部分。线上部分包括课前自主学习"中国大学MOOC"平台慕课教学视频、完成每讲习题的情况，以及课后线上答疑表现；线下部分包括课前提问、课堂考勤、课堂表现。

2. 平时考核的记分规则：(1)课前自主学习扣分：课前自主学习不加分；未完成慕课教学视频学习、未作答每讲习题的，一次扣3分；每讲习题正确率低于80%的，扣1分；正确率低于60%的，扣2分；课前自主学习由教学助理考核。(2)课堂考勤扣分：学习班长通过集体考勤或任课老师通过随机提问、点名等形式进行。缺席一次扣5分，请假一次扣3分，有教务处证明参加竞赛或相关活动的、有医院等相关证明请病假的除外。(3)课前提问加分：课前自主学习认真，提问有广度、深度的，由教学助理或任课老师按每次课1分或2分的标准加分。(4)课堂表现加减分：积极参加课堂讨论、表现优秀的，任课老师每次课可酌情加1分至3分；课堂表现差，任课老师每次课可酌情扣1分至3分。(5)课后答疑表现加分：凡在课后答疑中提出很好问题或表现优秀的，由任课老师每次答疑加1分。

3. 平时成绩的公示。每次课的课堂表现、课后答疑表现加减分，由授课老师交教学助理统一记录。每次课的平时考核得分，在每讲考核环节结束后，由教学助理及时在学生群中公示。学生有异议的，应及时提出，由教学助理与任课老师确认是否有误、是否更改。教学助理期末在学生群中公示平时成绩最终得分。

4. 平时成绩基准分。为鼓励同学积极参与各环节，每位同学平时成绩基准分暂定为80分，经过扣分、加分之后，不能超过100分，不能低于0分。若整体平均成绩偏低，课程负责人期末将会同任课老师相应调高平时成绩基准分。鉴于可能存在不同教学班加减分不均衡的情形，课程负责人期末可根据全校各教学班平时成绩得分情况，适当调整任一教学班的基准分，以确保同一学院不同教学班最终平时成绩平均分差距更小。课程负责人调整基准分的依据是，出现了同一学院不同教学班期末、平时成绩得分平均分分差过大的情况（大于或等于5分）。调整后应向相关班级学生公示并说明。因此，最终可能出现同一学院不同教学班平时成绩基准分不一致、但分差较调整前更小的情形。经任课老师、课程负责人认可后，方可在教务系统中登录学生平时成绩，一旦登录平时成绩，任何人不得以任何理由提出更改，学生若对本课程的平时成绩提出查分申请的，仅核对登录分数与最终公示分数是否一致。

《施行方案》在每次行课前通过微信群、QQ 群等方式向任课老师、课改课参与学生公示，相关师生可于约定时间前提出具体异议。对于确有道理的予以吸收，但一经讨论确定后，须按方案规则执行。《施行方案》的适用问题，由本课程团队负责解释。

■ 教学手段

基于以上教学目标、教学内容、教学方法，本课程的教学手段主要包括：

□ 做实集体备课制度，科学与规范教学全程设计

集体备课是解决教学问题、提升教学效果、实现教学传帮带的重要法宝，也是我校长期培养杰出人才的办学经验所在。然而，近几年由于各种原因，如此基本和重要的教学活动几近失传。这不但带来青年教师难以获得教学传帮带问题，而且即使是老教师也因缺乏集体交流而导致教学水平和效果大大下降，并带来教学大纲与教学内容、多人上课但内容不一等问题。本团队的教学改革，通过做实集体备课，科学与规范教学全程设计。

□ 连通课前课上课后，使教学任务得以分解落实

具体做法是，通过集体备课提出需深入思考的问题，将教学任务分解到课前课上课后分层次完成。其中，第一层次：通过课前结合这些问题的预习，学生课前自己消化吸收大部分内容（通过这个层次的过滤，一方面不需要把学生自己能掌握的内容交给课堂，另一方面学生在课堂上也不可能茫然听不懂老师重点讲解的内容）。第二层次：在课前预习中学生消化吸收不了的，带到课堂，或老师通过这些问题的课堂互动交流检查，认为学生没有把握的，在课堂上予以集中重点交流讲解。第三层次：借助这些深层次问题的理解、把握和领悟，通过学生每次课后的学习总结，观察教学内容中哪些东西最终变为了学生自己的东西，学生在课堂上收获了什么（教学效果如何），予以总结提炼出来和固定下来，并将疑惑通过总结和其他渠道，反馈给教学助理和老师予以答疑解惑，以及作为后续教学需要提升的方面。在以上做法中，提出供思考的基本教学问题是关键。

□ 加强课上互动交流，从教师主体转为学生主体

研究表明，以教师讲授为主的教学，学生至多吸收学习内容的15%；有学生积极参与的、"教""学"相融的教学，学生能吸收学习内容的50%；为"教"而"学"的教学（就像我们老师备课和讲课那样的学习），学生会吸收学习内容的90%。本改革在教学过程中强调互动性教学。所谓"互动交流"，并非就只是"提问"与"回答"（这种方式占用太多时间），其方式多种多样，凡是能够实现教与学融通的方式都是互动，关键看学生能否参与到课堂思维中并跟着课堂思维对教学内容有主动性的反应，是否发挥了学生主体性，具体视不同教学内容、不同听课场景而灵活采用。

□ 控制PPT过度使用，以适量板书引导教学思维

研究表明，多媒体技术教学手段是一把"双刃剑"：合理使用会提升教学效果，若过度使用会影响教学效果。据调研，我校教师，特别是青年教师普遍存在过度使用多媒体技术手段问题，主要表现在：老师们没有讲稿、没有教案，替代的是将主要教学内容都放在PPT上，课堂讲授主要依赖PPT，学生下课大量拷贝PPT。这不仅使PPT难以承受如此多内容以致制作质量和使用效果很差，而且还会把学生主要的课堂学习注意力吸引在PPT上，从而使教师的教学思维、教学技巧方面的东西失效，导致学生在课堂上得到的不是学习过程及其效果，而主要是记录一些留待以后背诵的结论。本改革，将限制和优化PPT上的教学内容和PPT的使用方式。能否实现有效和高效的"互动交流"，是衡量良好课堂教学效果的关键。

□ 严格推行扣分制度，重罚与消除侥幸懒散现象

当前教学效果不好、学生听课不认真、课前不预习、课后不复习等现象，在很大程度上是考核方式出了问题，也即课程考核方式没能很好地考核学生的学习效果与能力。这既表现在课程考核方式不够丰富多元合理，也表现在考试没能对教、学、管理的效能信息进行全面、准确、及时、有效地评价反馈，以考促教、以考促学的反馈调控功能没有得到充分发挥。为能够体现和对接本课程的过程学习和学生学习主体特点，经研究，本改革课不实行期中考试，考核方式为平时过程考核和期末闭卷考试，权重分值分别为总分的40%和

60%。其中，平时过程考核包括课前预习效果考核、到课考核、课堂表现考核、学习总结考核。对于缺课和不认真完成各考核要求的，施行严格的累进扣分制，并在达到设定红线时直接按挂科处理。

□ 要求每次课后提交学习总结，固定和沟通每次教学效果

如何取得和评价良好教学效果，是教学考核的重点和难点。其中，学生评教作为其基本手段，往往因为不客观、不理性和不会评而达不到其基本功用。其实，研究表明，最合适的学生评教方式是学生自己评自己的学习效果。本团队推行的教学改革，就是通过学生每次课后及时对自己本次课的学习进行总结，梳理所收获的知识、方法，提出尚存在的疑惑及对老师上课的意见和建议，从而真正达到评价和互动的效果。

□ 组建教学管理团队，落实与监控各个环节要求

基于以上教学目标、教学内容、教学方法，改革后的本课程教学管理包括：一是责任教授的全面负责。主要包括：改革方案的框架构想、意见收集、制定实施、修订完善、总结报审；课程内容、教学方法、教学手段、教学制度的总体设计与构建制定；教学任务的安排分配与监管实施；教学质量的全程监控；改革中遇到问题的协调解决；其他需负责处理的相关事项。二是授课教师的按章授课。主要包括：参与课程改革讨论和按方案授课，按质按量完成课程教学任务。三是教学助理的教学辅助。本课程设置2～3名青年教师助理，课后对学生开展辅导交流；每个教学班配置1～2名教学助理，以协助布置课堂教学任务、准备各教学活动材料、课堂考勤、收集学生课前或课后遇到的问题等。四是教学环节的有效监控。通过将课前、课上和课后教学任务的有机衔接、问答式检查和成绩评定等措施，确保所有学生都充分地参与到整个教学中。

行课安排

课次	讲次	主题	重点教学内容
1	第一讲	刑法分论及国事犯罪概述	刑法分论概述、危害国家安全罪、危害国防利益罪、军人违反职责罪，重点研讨刑法总则与分则的关系、罪名与罪状、背叛国家罪、间谍罪、战时违抗命令罪
2	第二讲	危害公共安全罪（一）	以危险方法危害公共安全类犯罪，重点研讨放火罪、爆炸罪、投放危险物质罪、以危险方法危害公共安全罪
3	第三讲	危害公共安全罪（二）	恐怖活动犯罪，重点研讨组织、领导、参加恐怖组织罪、准备实施恐怖活动罪、劫持航空器罪
4	第四讲	危害公共安全罪（三）	事故类犯罪，重点研讨交通肇事罪、重大责任事故罪
5	第五讲	破坏社会主义市场经济秩序罪	重点介绍破坏社会主义市场经济秩序罪的刑法地位、刑事政策、构成特征、重点罪名等，详细内容可留给《经济刑法学》中学习
6	第六讲	侵犯公民人身权利、民主权利罪（一）	侵犯生命、健康权犯罪，重点研讨故意杀人罪、故意伤害罪、过失致人死亡罪、过失致人重伤罪
7	第七讲	侵犯公民人身权利、民主权利罪（二）	侵犯性权利犯罪，重点研讨强奸罪、负有照护职责人员性侵罪、强制猥亵、侮辱罪
8	第八讲	侵犯公民人身权利、民主权利罪（三）	侵犯人身自由类犯罪，重点研讨刑讯逼供罪、非法拘禁罪、绑架罪、拐卖妇女、儿童罪
9	第九讲	侵犯财产罪（一）	重点研讨盗窃罪及相关的侵占罪、职务侵占罪等犯罪
10	第十讲	侵犯财产罪（二）	重点研讨诈骗罪及相关犯罪
11	第十一讲	侵犯财产罪（三）	重点研讨抢劫罪及相关犯罪
12	第十二讲	妨害社会管理秩序罪（一）	扰乱公共秩序犯罪，重点研讨妨害公务罪、袭警罪、组织、领导、参加黑社会性质组织罪、聚众斗殴罪

续表

课次	讲次	主题	重点教学内容
13	第十三讲	妨害社会管理秩序罪（二）	妨害司法罪、危害公共卫生罪、破坏环境资源保护罪，重点研讨伪证罪、虚假诉讼罪、窝藏包庇罪、掩饰隐瞒犯罪所得、犯罪所得收益罪、拒不执行判决裁定罪、妨害传染病防止罪、污染环境罪
14	第十四讲	妨害社会管理秩序罪（三）	毒品类犯罪、淫秽类犯罪，重点研讨走私、贩卖、运输、制造毒品罪、非法持有毒品罪、组织卖淫罪、传播淫秽物品罪
15	第十五讲	贪污贿赂罪	重点介绍本类罪的刑法地位、刑事政策、构成特征、重点问题、重点罪名，重点研讨贪污罪、贿赂罪、挪用公款罪、巨额资产来源不明罪
16	第十六讲	渎职罪	重点介绍本类罪的刑法地位、刑事政策、构成特征、重点问题、重点罪名，重点研讨滥用职权罪、玩忽职守罪、故意泄露国家秘密罪

第二部分

各讲教学要求与安排

第一讲 刑法分论及国事犯罪概述

■ 本讲教学要求

本讲内容包括刑法分论概述和国事犯罪（危害国家安全罪、危害国防利益罪和军人违反职责罪）的基本内容。

讲授分论概述的相关内容时，需要以马列主义、毛泽东思想和新时代中国特色社会主义理论体系为指导，既要介绍域内外刑法分则条文的共性，也需要引导学生认识到刑法典作为一个国家的部门法在文化传统、社会背景、法律制度、民族性格方面的独特性。在刑法分则条文的完善问题上，应当立足中国实际、坚持中国立场、秉持中国信念，本着尊重历史、辩证分析的态度，理性客观地评价相关问题，并以刑法修正案为线索，展现刑法分则与时俱进、兼容并蓄的优秀品格，展现刑法在保卫国家安全、人民民主专政、社会主义制度，保护社会主义经济基础，保障公民各项基本权利，维护社会管理秩序等方面的重要作用和现实机能，向学生展现社会主义法治建设的进步，增强其文化自信和道路自信。

“危害国家安全罪”一章从总体上规定了危害国家主权、领土完整、国家统一、国家政权、国家基本政治制度的犯罪行为和从事暴乱、叛乱、叛变、间谍、资敌等犯罪行为。该章犯罪关系到国家本身的存亡问题，任何一个国家往往都会规定最严厉的制裁手段惩治危害国家安全罪，我国也不例外。在教学过程中，应当坚持总体国家安全观，结合危害国家安全罪的具体案例，阐释国家安全的极端重要性，筑牢国家安全思想长城，展现刑法在维护国家安全和社会稳定过程中的重要作用；将国家安全教育与厚植国家情怀和课程内容结合起来，引导学生始终将祖国和人民放在内心深处。

危害国防利益罪是军队以外的个人或者单位从事的危害我国国防军事利益的犯罪，军人违反职责罪是军人实施的危害我国国防军事利益的犯罪。

在这两部分内容的讲授中,可从刑法这一保障法的法律性质出发,揭示其在新时期维护国防安全、保持军队战斗力的重要作用,并结合具体案例,弘扬培育学生的民族精神、增强民族自信,强化国防道德情感的核心,提升学生居安思危的忧患意识。

■ 本次课教学安排

◇ **时间:**第1次课,教学时数为3学时左右。

◇ **教学内容的重点、难点:**危害国家安全罪的犯罪主体问题;煽动型犯罪与教唆犯的区别;危害国家安全罪的预备行为实行化问题;危害国防利益罪的构成特征;军人违反职责罪的构成特征。

◇ **教学方式:**

- 课前学生自主学习,班长收集各位同学在自主学习中的困惑点于课前交该班教学助理与主讲教师。
- 课堂教学环节实行"三环节"制:自主学习困惑交流;本次课重点难点引导性讲授;重点难点问题疑惑讨论。

■ 课前学生自主学习内容

□ 学习资料

◇ 指定在线课程的相应内容。

◇ 应阅读教程章节:贾宇主编《刑法学(各论)》第十七章;石经海主编《中国刑法学分论》的相应内容;石经海等主编《刑法重点问题案例实务教程》的相应内容。

◇ 应重点研读的法条:《刑法》第102~104条、第109~111条。

□ 学习中应思考的问题

1. 我国刑法分则体系是否有必要改革?我国刑法分则对罪状有何种不同规定,是否有可完善的地方?
2. 如何看待具体犯罪的犯罪情节?定罪情节与量刑情节应当如何区分?在量刑的裁量中,法定情节是否一定优先于酌定情节?

3. 外国人或无国籍人能否构成危害国家安全罪的共犯？如果能，外国人或无国籍人能构成本章哪些罪的共犯？
4. 我国刑法对危害国家安全罪从重处罚的表现有哪些？对于危害国家的犯罪分子是否应当无一例外地附加剥夺政治权利？
5. 武装叛乱和武装暴乱有何区别？在武装叛乱、暴乱过程中实施故意杀人、故意伤害、强奸、抢劫等行为的，应当如何定性？
6. 对实施资助危害国家安全犯罪活动罪的行为进行资助应如何定性？
7. 为境外窃取、刺探、收买、非法提供国家秘密、情报罪与非法获取国家秘密罪、故意泄露国家秘密罪的区别是什么？
8. 危害国防利益罪有哪些构成特征？有哪些重点罪名和疑难问题？
9. 军人违反职责罪有哪些构成特征？有哪些重点罪名和疑难问题？

■ 课中师生交流的重难点问题及解析要点

1. 如何区分注意规定与法律拟制？

注意规定是指在刑法已作基本规定的前提下，提示司法人员注意、以免司法人员忽略的规定。法律拟制是指原本不符合某种规定的行为也按该规定处理。也就是说，二者最关键的区别是注意规定不对行为性质的判定产生影响，而如果是法律拟制则会更改行为性质的判定。

例如，我国《刑法》第156条规定，与走私罪犯通谋，为其提供贷款、资金、账号、发票、证明，或者为其提供运输、保管、邮寄或者其他方便的，以走私罪的共犯论处。在没有该条规定的情况下，与走私罪犯通谋为其提供各种方便的犯罪分子，依据我国刑法理论，该犯罪分子也属于走私罪的共犯，此时，该条规定就属于注意规定。

我国《刑法》第241条第5款规定，收买被拐卖的妇女、儿童又出卖的，依照《刑法》第240条（拐卖妇女、儿童罪）的规定定罪处罚。对于收买被拐卖的妇女、儿童后又出卖的犯罪嫌疑人来说其只有卖而没有拐的行为，因此，在没有该条规定的情况下，一般而言不能依照拐卖妇女、儿童罪对其定罪。所以，该条规定就属于法律拟制。

2. 罪状与犯罪构成有何联系与区别？

二者的联系在于：罪状是对具体犯罪构成要件的描述，通常是对犯罪客观方面的描述(不提客体,经常省略主体,经常未强调罪过),可以说犯罪构成是罪状描述的对象。简单罪状、叙明罪状、引证罪状、空白罪状和混合罪状的分类在很大程度上取决于各种具体犯罪构成的特点。因此,没有犯罪构成,也就无所谓罪状;没有罪状,也就没有犯罪构成,二者相互依存。

二者的区别在于:罪状不是对犯罪构成全部要件进行的描述。罪状所描述的只是某一具体犯罪构成的客观要件,有时还不完整,即区分此罪与彼罪的要件,其共同性要件则由总则加以规范。一般情况下,罪状不对客体进行描述,这并不意味着犯罪构成可以缺少客体,作为犯罪构成必备要件的犯罪客体在犯罪的分类中已有明确规定;对犯罪主体的描述是有选择性的,除犯罪的特殊主体外,通常不对一般犯罪主体进行描述。对犯罪的主观要件,除个别情况外,对于过失一般不作描述,对故意及犯罪的目的也是有选择性地进行描述。但不论任何罪状都对危害社会的行为加以描述。至于犯罪结果的描述也因不同犯罪而有所区别。在故意犯罪中,一般不描述犯罪结果,在过失犯罪中对危害结果均加以描述。

3. 如何理解和适用选择罪名?

选择罪名,是指包含犯罪构成内容复杂,具有可选择事项,可以分解拆开适用,也可以概括适用的罪名。实施了选择罪名中的一个行为或者多个行为都只构成一罪。例如,实施了非法携带枪支一行为,可能构成非法携带枪支危及公共安全罪;实施了非法携带枪支以及弹药的,可能仍然只构成非法携带枪支、弹药、管制刀具、危险物品危及公共安全罪一罪。

4. 概括罪名与单一罪名的区别?

单一罪名,是指所包含的犯罪构成的具体内容单一,只能反映一个犯罪行为,不能分解拆开使用的罪名。概括罪名是指其包含的构成要件的具体内容复杂,反映出多种犯罪行为,但只能概括使用,不能分解拆开使用的罪名。因此,想要区分概括罪名与单一罪名就是看刑法分则中对于该罪究竟规定了一个还是多个犯罪行为。以单一罪名故意杀人罪与概括罪名贷款诈骗罪为例:

《刑法》第232条故意杀人罪为:故意杀人的,处死刑、无期徒刑或者十年以上有期徒刑;情节较轻的,处3年以上10年以下有期徒刑。此时,刑法分则为故意杀人罪只规定了一种犯罪行为。

《刑法》第193条贷款诈骗罪:有下列情形之一,以非法占有为目的,诈骗银行或者其他金融机构的贷款，数额较大的，处五年以下有期徒刑或者拘役，并处2万元以上20万元以下罚金；数额巨大或者有其他严重情节的，处5年以上10年以下有期徒刑，并处5万元以上50万元以下罚金；数额特别巨大或者有其他特别严重情节的，处10年以上有期徒刑或者无期徒刑，并处5万元以上50万元以下罚金或者没收财产：(1)编造引进资金、项目等虚假理由的；(2)使用虚假的经济合同的；(3)使用虚假的证明文件的；(4)使用虚假的产权证明作担保或者超出抵押物价值重复担保的；(5)以其他方法诈骗贷款的。此时，刑法分则为贷款诈骗罪规定了五种犯罪行为。

5. 空白罪状是否有违罪刑法定原则？我国刑法有无空白罪状？

空白罪状是指犯罪构成要件规定在其他法律法规中的罪状。空白罪状的优点在于：第一，有的罪少量文字难以述清其犯罪构成时，由其他有关法律法规对犯罪构成要件作详细规定可以简化刑法文本；第二，不同于刑法具有严格的修改程序，其他法律法规易灵活修改，能够适应惩治犯罪的需要，可以使该罪名构成要件具有灵活性。罪刑法定原则是指，法律明文规定为犯罪行为的，依照法律定罪处刑；法律没有明文规定为犯罪行为的，不得定罪处刑。因此，犯罪与刑事责任只能由法律规定。

纯粹的空白不符合罪刑法定原则。我国现行刑法并无纯粹的空白罪状，而是采用空白罪状加叙明罪状的方式规定罪状，此种规定方式使空白罪状只是确定犯罪与刑事责任的必要条件而非充分条件，此时，最终是否构成犯罪仍要看刑法的规定。

例如，我国《刑法》第342条规定的非法占用农用地罪，“违反土地管理法规，非法占用耕地、林地等农用地，改变被占用土地用途，数量较大，造成耕地、林地等农用地大量毁坏的，处五年以下有期徒刑或者拘役，并处或者单处罚金”。此时，前面的“违反土地管理法规”就属于空白罪状，而“非法占用耕地、林地等农用地，改变被占用土地用途，数量较大，造成耕地、林地等农用地大量毁坏的”则属于叙明罪状。

6. 危害国家安全罪一章的犯罪客体是我国的国家安全。应当如何理解“国家安全”这一概念的含义？

“国家安全”含义是随着时代的发展而变化的。我国目前提倡的总体国家安全观包含了十多种安全内容，即政治安全、国土安全、军事安全、经济安全、文化安全、社会安全、科技安全、网络安全、生态安全、资源安全、核安全、海外利益安全、生物安全、太空安全、极地安全、深海安全，它们共同构建了我国的总体国家安全体系。实际上，不仅仅是我国提倡总体国家安全观，目前许多国家都在扩展其国家安全的内容。但是，危害国家安全罪所侵犯的客体是狭义的国家安全，主要是指我国的主权、领土完整、社会主义政治制度等直接关系到我国保持国家完整存在的内容，大致对应总体国家安全观中的政治安全和国土安全。

另外，“危害国防利益罪”和“军人违反职责罪”的客体可以包括总体国家安全观中的军事安全。至于总体国家安全观中的其他安全内容，则体现在我国刑法分则的其他章节中。因此，我国刑法分则各章虽然各有侧重，但整个罪名体系就是为了保障国家的总体安全。

7. 如何认定背叛国家罪的既遂？

背叛国家罪是一种性质最为严重、危害性最大的危害国家安全的犯罪，因此，本罪的成立不是以行为人的行为已经造成了对国家主权、领土完整和安全的实际危害为条件，而是只要求行为人实施了刑法所规定的构成该罪的客观行为即可构成。也就是说，只要行为人实施了勾结外国或者境外机构、组织、个人，危害中华人民共和国主权、领土完整和安全的行为，无论是采取何种方式进行勾结的，也无论其犯罪行为有无发生实际危害结果，均已构成本罪的既遂。

8. 如何区分煽动分裂国家罪与分裂国家罪的教唆犯？

区分二者的关键在于“煽动”与“教唆”的区别。教唆是指采用劝说、怂恿、利诱等方法，引起特定人的犯罪意图，致使他人犯罪的行为；煽动则是指采用劝说、怂恿、利诱等方法，引起不特定人的犯罪意图，致使他人犯罪的行为。

因此，如果行为人采用劝说、怂恿、利诱等方法，引起特定人分裂国家的犯罪意图，致使他人实施分裂国家行为的，应当认定为分裂国家罪的教唆犯；如果行为人采用劝说、怂恿、利诱等方法，引起不特定人分裂国家的犯罪意图，致使他人实施分裂国家行为的，应当以煽动分裂国家罪定罪处罚。

9. 如何区分资助危害国家安全犯罪活动罪与危害国家安全罪的帮助犯？

资助危害国家安全犯罪活动罪是一个独立罪名，凡符合其犯罪构成的行为应当以该罪论处，即资助背叛国家罪、分裂国家罪、煽动分裂国家罪、武装叛乱、暴乱罪、颠覆国家政权罪的行为应当以资助危害国家安全犯罪活动罪定罪处罚；而资助其他危害国家安全罪的行为构成危害国家安全罪的帮助犯。

10. 如何区分投敌叛变罪与背叛国家罪？

二者的区别在于：第一，犯罪故意的内容不同。投敌叛变罪是为了投奔敌人或者投降敌人后进行危害国家安全活动的行为；背叛国家罪则是勾结外国或者境外的机构、组织、个人，企图危害国家的主权、领土完整和安全。第二，客观行为方式不同。投敌叛变罪是背叛国家、投奔敌方，或者在被捕、被俘后投降敌人，进行危害国家安全的活动；背叛国家罪是勾结外国或者境外机构、组织、个人，危害中华人民共和国主权、领土完整和安全的行为。

11. 如何区分叛逃罪与投敌叛变罪？

二者的主要区别在于：第一，犯罪主体不同。叛逃罪的犯罪主体是国家机关工作人员或掌握国家秘密的国家工作人员；投敌叛变罪的犯罪主体是中华人民共和国公民。第二，发生时间不同。叛逃罪要求发生在履行公务期间；投敌叛变罪无此要求。

12. 目前，我国有退役军人两年内不能出境的规定，如果退役军人在此段时间内出境，并且投奔境外组织，是否构成叛逃罪？

叛逃罪是指国家机关工作人员或者其他掌握国家秘密的国家工作人员在履行公务期间，擅离岗位，叛逃境外或者在境外叛逃的行为。退役军人不属于国家机关工作人员，即使其违反限制出境，投奔境外，也不构成叛逃罪。

13.《反间谍法》规定的间谍行为与《刑法》规定的间谍行为的范围是否一致？

二者规定的间谍行为的范围并不一致。

首先，《刑法》第110条规定了间谍罪。该罪的行为方式包括两种：一是参加间谍组织或者接受间谍组织及其代理人的任务；二是为敌人指示轰击目标。

其次，2014年《反间谍法》所规定的间谍行为包括五种：一是间谍组织及其代理人实施或者指使、资助他人实施，或者境内外机构、组织、个人与其相勾结实施的危害中华人民共和国国家安全的活动；二是参加间谍组织或者接受间谍组织及其代理人的任务的;三是间谍组织及其代理人以外的其他境外机构、组织、个人实施或者指使、资助他人实施,或者境内机构、组织、个人与其相勾结实施的窃取、刺探、收买或者非法提供国家秘密或者情报,或者策动、引诱、收买国家工作人员叛变的活动;四是为敌人指示攻击目标的;五是进行其他间谍活动的。

最后,从上可以看出,《反间谍法》规定的间谍行为范围比《刑法》第110条规定的间谍罪犯罪行为更广。其中,《反间谍法》规定的"为敌人指示攻击目标"范围广于《刑法》中规定的"为敌人指示轰击目标",即行为人在为敌人指示攻击目标时,敌人不以轰击作为攻击手段的,行为人不能构成间谍罪;"间谍组织及其代理人实施或者指使、资助他人实施,或者境内外机构、组织、个人与其相勾结实施的危害中华人民共和国国家安全的活动"和"间谍组织及其代理人以外的其他境外机构、组织、个人实施或者指使、资助他人实施,或者境内机构、组织、个人与其相勾结实施的窃取、刺探、收买或者非法提供国家秘密或者情报,或者策动、引诱、收买国家工作人员叛变的活动"等间谍行为,不能构成间谍罪,但可以通过其具体行为内容,依据罪刑法定原则的要求,认定为其他危害国家安全罪,或者不作为犯罪处理。

14. 间谍罪的犯罪主体是否仅包括中国公民?

凡是达到刑事责任年龄,具有刑事责任能力的自然人都可以成为间谍罪的主体。对于间谍罪的主体并没有国籍的限制,主体可以是中国公民,也可以是外国人或无国籍人。间谍罪保护的法益是我国的国家安全,不管是哪国公民,只要符合了间谍罪的构成要件,危害了我国的国家安全,都应当以间谍罪论处。

15. 参加间谍组织后,又为间谍组织窃取国家秘密、情报的,应当如何定性?如何区分间谍罪与为境外窃取、刺探、收买、非法提供国家秘密、情报罪?

行为的定性:参加间谍组织后,又为间谍组织窃取国家秘密、情报的,应定间谍罪。因为间谍罪包含了为境外窃取、刺探、收买、非法提供国家秘密情报的行为。

二者最主要的区别是:为境外窃取、刺探、收买、非法提供国家秘密、情报罪,要求行为人明知对方是境外机构、组织或个人,不是间谍机构或个人;而间谍罪则要求行为人明知对方是间谍组织、间谍组织代理人或者战时状态下的敌人。例如,如果行为人并不知道服务对象事实上为间谍组织代理人,不具备间谍罪的故意认识内容,但客观上实施了为境外个人窃取、非法提供国家秘密文件的行为,且该犯罪利益归于其主观上认为是非间谍性质的境外个人,不构成间谍罪,而应构成为境外窃取、刺探、收买、非法提供国家秘密、情报罪。

16. “危害国防利益罪”一章中有7个犯罪的构成以发生在战时为条件。“战时”应当如何理解?

根据《刑法》第451条的规定,战时是指国家宣布进入战争状态、部队受领作战任务或者遭敌突然袭击时。部队执行戒严任务或者处置突发性暴力事件时,以战时论。

具体而言,对“战时”的理解,不能仅局限于正式宣布战争或者军事行动的开始和结束这段时间,也不能仅限于战争或者军事行动实际开始的时间,在某些情况下,应当包括与战争或者军事行动过程紧密相连的阶段,如为开战而进入一级战备状态或者国家宣布撤军后但在撤军过程尚未完成的阶段。目前,国际社会通常用“武装冲突”这一概念来取代传统的“战争”概念,因为当今世界经常发生不够战争规模且时间短暂的非系统性武装冲突或者攻击,如偶发的小型交火事件、突袭或者军事冲突,这些都属于战时的范畴。

17. “军人违反职责罪”一章在客观方面表现为违反军人职责,危害国家军事利益的行为。“军人职责”的范围应如何界定?

军人职责是军人依法、依军令和自己的职务所必须担负的责任和应当发行的义务,包括一般职责、具体职责和专业职责。军人的一般职责是每一个军人都应尽的职责,主要体现在《中国人民解放军内务条令(试行)》中。军人的具体职责,是指军队中士兵、军官、首长和指挥人员等在执行军种中的职责,规定在中央军委、解放军各总部和各军兵种发布的条例和条令中。军人的专业职责,是指对在军队中从事专门工作和专业工作的军人规定的职责,如舰长、车长的职责等。

18. 在战时违抗命令罪中,如果上级命令本身不合法,士兵或者下级军官违抗执行,是否构成本罪?

关于这个问题,各国国内法经历了一个发展演变过程。世界各国最初都将执行上级命令作为免责理由予以承认,表明无论命令本身是否合法，下级士兵、军官都应当执行，如果该命令涉嫌构成犯罪，则只由发布命令的上级承担责任。在“一战”之后，国际社会开始承认“执行命令不免责”，并逐渐发展为一个国际刑法的原则。“一战”后的战犯审判中，有多个案件涉及执行上级命令而构成严重侵犯人权的战争罪行。奥本海1935年第6版《国际法》也一改此前的一贯主张，认为“武装部队的成员只有义务遵守合法的命令”，这意味着士兵如果拒绝执行上级违法的命令，就不应当承担刑事责任。“二战”后的战犯审判完全否认将执行上级命令作为一种辩护理由，支持下级有权拒绝执行上级违法命令的立场。南斯拉夫国际刑事法庭对“执行上级命令不免责”原则作了限制，认为如果根据国际法，命令明显违法，那么下级有义务拒绝遵守这种命令。《国际刑事法院规约》则明文将“命令的不法性明显”作为行为人免责的条件之一。目前，由于世界上有120多个国家批准或者加入了《国际刑事法院规约》，不少国家通过国内立法承认了这一立场，即如果上级命令的不法性是明显的，则下级有权拒绝执行。

我国的国内立法并不承认这一立场，而是通过一系列的规定表明，军人必须服从命令。例如，《中国人民解放军内务条令（试行）》第19条规定士兵一般职责时，第一项就是“服从命令，听从指挥……”在第23条规定军官的一般职责时也强调“服从命令，听从指挥……”在第36条和第39条规定军人相互关系时规定“部属、下级必须服从首长”“不同建制的军人共同执行任务时，要服从上级指定的负责人的领导和指挥”。在43条规定官兵相互关系时规定“尊重军官（文职干部），服从领导和管理”。因此，服从命令是我国军人的法定义务，士兵或者下级军官无权就上级命令是否违法的问题进行判断，更无权以此为借口拒绝执行上级命令。一旦在战时拒绝执行上级命令，就可能构成本罪。

19. 根据《刑法》第421条的规定，战时违抗命令罪是指军职人员在战时违抗命令，对作战造成危害的行为。“对作战造成危害”应该如何理解？

该问题存在争议。

第一种观点认为，本罪是结果犯，将“对作战造成危害”作为实质性危害结果，认为行为在客观上扰乱了上级的作战部署和计划，贻误了战机，给敌人可乘之机，影响了作战任务的完成，或者使我军遭受不应有的重大损失，导致战斗或战役失利。第二种观点认为，本罪是行为犯，认为只要军人实施了战时违抗命令的行为，就具有上述危害性，如果行为符合《刑法》第 13 条“但书”的规定，则不认为是犯罪。

我们同意后一种观点，本罪是行为犯，只要实施战时违抗命令的行为，就会对作战造成危害，这是一种抽象的危害，而非具体的危害。

20. 如果非军人与军人共同实施“军人违反职责罪”一章所规定之犯罪行为，对于非军人能否以该章犯罪认定？

该问题在理论上存在争议。

例如，非军人与军人共同实施《刑法》第 431 条第 2 款规定的“为境外窃取、刺探、收买、非法提供军事秘密”行为的，对于非军人，到底应该以该款定罪处罚，还是应该以《刑法》第 111 条规定的“为境外窃取、刺探、收买、非法提供国家秘密、情报罪”定罪处罚，存在不同意见。第一种意见认为，根据共同犯罪的一般原理，不具有某种特殊身份的人可以与具有该种特殊身份的人构成该身份犯的共犯，因此，对于上述情形应当认定为为境外窃取、刺探、收买、非法提供军事秘密罪。第二种意见认为，由于《刑法》第 450 条明确规定了本章罪的适用主体，排除了非军人构成军职罪的可能，对于上述情形只应当以《刑法》第 111 条规定的“为境外窃取、刺探、收买、非法提供国家秘密、情报罪”定罪处罚。

我们赞成第二种意见。

21. 剥夺军衔是主刑还是附加刑？

剥夺军衔是适用于犯罪军人的一种附加刑。根据 1994 年修订后的《中国人民解放军军官军衔条例》第 28 条的规定，现役军官或者退役军官犯罪，被依法判处剥夺政治权利或者 3 年以上有期徒刑的，由法院判决剥夺其军衔。2010 年《预备役军官法》第 32 条也规定，预备役军官犯罪，被依法判处剥夺政治权利或者 3 年以上有期徒刑的，应当剥夺其预备役军官军衔。这两条规定表明，剥夺军衔只能附加适用，不能独立适用。

■ 课后学生总结巩固的训练案例

◇ 罗让旦真煽动分裂国家案

◇ 周天祥间谍案

◇ 吴某某间谍案

◇ 陈某某为境外刺探、非法提供国家秘密案
◇ 李永宾徇私枉法、接送不合格兵员案

■ 课后环节及要求

本次课堂教学结束后，运用所学相关刑法知识尝试分析推荐案例，就本次课程学习情况撰写 100 ~ 500 字的个人学习总结，并提出仍存疑惑；教学助理评阅每位学生的学习总结并就学生仍存疑惑作出解答，由所有主讲教师集体审改疑惑解答，反馈学生。

第二讲　危害公共安全罪(一)

■ 本讲教学要求

公共安全是国家安全的重要组成部分,是经济和社会发展的重要条件,是人民群众安居乐业与建设和谐社会的基本保证。危害公共安全犯罪被规定在刑法分则第二章,体现出立法者对此类犯罪的重视。在“危害公共安全罪”一章的教学过程中,要引导学生牢固树立安全发展理念,自觉把维护公共安全放在维护最广大人民根本利益中来认识;树立安全发展理念,弘扬生命至上、安全第一的思想。通过典型案例和刑法修正案中危害公共安全相关罪名的修改完善,体现刑法在建设平安中国,确保人民安居乐业、社会安定有序、国家长治久安方面的重要作用。培养学生形成公共安全大局观,帮助学生树立勇于同危害公共安全违法犯罪行为作斗争的信念。

■ 本次课教学安排

◇ **时间:**第 2 次课,教学时数为 3 学时左右。

◇ **教学内容的重点、难点:**公共安全的内涵;放火罪的既遂标准;其他危险方法的内涵;以危险方法危害公共安全罪与妨害安全驾驶罪的关系问题。

◇ **教学方式:**

- 课前学生自主学习,班长收集各位同学在自主学习中的困惑点于课前交该班教学助理与主讲教师。
- 课堂教学环节实行“三环节”制:自主学习困惑交流;本次课重点难点引导性讲授;重点难点问题疑惑讨论。

■ 课前学生自主学习内容

□ 学习资料

◇ 指定在线课程的相应内容。

◇ 应阅读教程章节:贾宇主编《刑法学(各论)》第十七章;石经海主编《中国刑法学分论》的相应内容;石经海等主编《刑法重点问题案例实务教程》的相应内容。

◇ 应重点研读的法条:《刑法》第 114 ~ 117 条、第 119 条。

□ 学习中应思考的问题

1. 公共安全的内涵为何?如何理解不特定与多数人之间的关系?单纯侵犯财产的行为是否属危害公共安全的行为?
2. 以放火的方法引起爆炸,从而危害了公共安全的行为应当如何定性?
3. 如何把握投放危险物质罪和生产、销售有毒、有害食品罪的区别?二罪是否能够想象竞合?投放危险物质罪和投放虚假危险物质罪又当如何区分?
4. 如何理解以危险方法危害公共安全罪中的“其他危险方法”?其是否应当与放火、爆炸、决水等罪的方法具有相当的危害性?
5. 行为人向人群投放腐蚀性极强的物质的行为是否构成投放危险物质罪?

■ 课中师生交流的重难点问题及解析要点

1. “危害公共安全罪”一章有不少犯罪为抽象危险犯,该如何理解抽象危险犯造成的损害后果?

抽象危险犯所造成的损害后果为危险状态。危险状态指的是,危害行为可能引起危害公共安全实害后果发生的客观事实。危险状态有以下几个特征:第一,实害后果发生的可能性;第二,实害后果发生的客观性;第三,危险状态与危害行为具有内在本质联系,即行为中蕴含多重危险的因素。

另外,判断危险状态是否已经发生,应以行为人行为时认识到的事实和一般人能够认识到的事实为基准,将事前判断和事后判断结合,着重考察以下因素:(1)危害行为的方法、侵害的对象;(2)危害行为的实行程度;(3)导致实害结果发生的现实可能性。以上因素均足以导致不特定多人伤亡的实害结果发生时,属于危险状态已出现。

2. 应当如何理解《刑法》第114条和第115条的关系?

以放火罪为例,《刑法》第114条和第115条可以视为具体危险犯和实害犯的关系,同时,由于实害结果相对于具体危险来说属于加重结果,因此,两者也可以视为基本犯和结果加重犯的关系。问题是,第115条的放火罪是否包含了过失的结果加重犯?也就是说,如果主观上对造成火灾的具体危险有认识,但并没有"致人重伤、死亡或者使公私财产遭受重大损失"的意图,客观上却发生了这一实害结果时,是否能够适用第115条来处理?这一问题存在争议,但在"杭州保姆纵火案"中,法院采取了肯定的立场,承认了第115条中包含过失的结果加重犯。

3. 放火罪的既遂应当如何认定?

关于放火罪的既遂标准问题,国外刑法中大体存在"独立燃烧说"和"用途丧失说"的对立。但是,就我国刑法的规定来看,上述学说并不适用于我国。我国《刑法》第114条规定的是具体危险犯,第115条第1款规定的是实害犯,就实害结果而言,指的是"致人重伤、死亡或者使公私财产遭受重大损失",相应地,第114条的具体危险结果则应当是"致人重伤、死亡或者使公私财产遭受重大损失的危险"。也就是说,一旦发生"致人重伤、死亡或者使公私财产遭受重大损失的危险",则属于第114条放火罪的既遂,一旦"致人重伤、死亡或者使公私财产遭受重大损失",则属于第115条第1款放火罪的既遂。反过来,如果行为人实施了放火行为,但在造成具体危险之前自动放弃犯罪、防止火灾发生的,属于第114条放火罪的中止;在因意志以外的原因连具体的危险都没有发生之时,则属于第114条放火罪的未遂。

一个值得关注的问题是,如果行为人实施放火行为意图"致人重伤、死亡或者使公私财产遭受重大损失",并且已经造成了具体危险,但在尚未造成上述实害结果之前,自动放弃犯罪防止实害结果发生或者实害结果因意志以外的原因未发生之时,如何定性?我们认为,既然已经发生了具体的危险,那么首先可以肯定第114条放火罪的既遂,同时,如果自动放弃犯罪防止实害结果发生,则属于第115条放火罪的中止犯,此时构成第114条放火罪的既遂和第115条第1款放火罪中止的想象竞合,择一重罪处罚;同理,如果实害结果是因意志以外的原因而没有发生,则属于第114条放火罪的既遂和第115条第1款放火罪未遂的想象竞合,择一重罪处罚。

4. 以隐匿或者损坏救火工具等方式妨害救火的行为应如何定性?

在火灾之际,以隐匿或者损坏救火工具等方式妨害救火的行为,在一些国家的刑法中被独立规定为妨害救火罪,但我国并没有类似的规定,因而需要讨论此类行为的性质。毫无疑问,此类行为并非积极地引发火灾,不属于作为形式的放火;在行为人并没有阻止火灾义务的情况下,也难以认定行为人构成不作为的放火罪。我国相关司法解释将此类行为认定为以危险方法危害公共安全罪,我们认为这种定性是合适的。

5. 行为人以放火、爆炸等方式实施故意杀人等行为时,该以危害公共安全罪论处还是故意杀人罪论处?

放火罪与以放火的方式危害他人生命、健康的故意杀人罪、故意伤害罪的关键区别在于放火行为是否危害或可能危害公共安全。

具体而言,第一,如果行为人以放火的方法杀害特定的人,并且不会危及不特定人不足以危害公共安全的,只能构成故意杀人罪,因为此时放火行为只是一种犯罪手段,与持枪杀害或者用刀砍杀个别人的行为在性质上并无区别。第二,如果行为人以放火的方法杀害或伤害他人,虽然针对的是特定的对象,但是却同时可能造成火灾危及不特定的对象,足以危害公共安全的,是一个放火行为同时触犯放火罪与故意杀人罪,属想象竞合犯,从一重罪处断。考虑到用放火的危险方法杀人,不仅侵犯特定人的生命、健康权利,而且客观上危及不特定多数人的生命、健康或者重大公私财物的安全,比一般故意杀人罪更为恶劣,因此,以放火罪论处,更能显示出这种杀人行为的特殊危害性。

6. 患有严重传染病的病人故意接触人群,意使他人感染严重传染病的,是否构成投放危险物质罪?

不构成投放危险物质罪。

虽说严重的传染病病原体属于"危险物质",但行为人接触人群的行为却非属"投放"行为。《现代汉语词典》将"投放"一词界定为"用洒、甩的方式放置某物"。将接触人群的行为解释为"投放"行为,明显违背了大众的一般认知,超出了"投放"概念的词义可能范围。因此,患有严重传染病的病人故意接触人群,意使他人感染的,不能构成投放危险物质罪,但能以以危险方法危害公共安全罪对行为人定罪处罚。

7. 如何理解以危险方法危害公共安全罪中的"其他危险方法"?

对"其他危险方法"的理解,需要注意以下几个方面:

第一,"其他危险方法"与放火、决水、爆炸、投放危险物质是并列关系,这就要求只能将达到与放火、决水、爆炸、投放危险物质同等危险程度的行为认定为本罪,而不能将一切对公共安全有一定危险,但又没有达到上述程度的行为认定为本罪。比如,实践中经常发生的盗窃消防设施的铜芯的行为,此类行为毫无疑问对公共安全有一定的危险,但此种危险是比较缓和的危险,没有达到与放火、决水等行为同等的程度,因此不能认定为本罪,应认定为盗窃罪。

第二,"其他危险方法"是《刑法》第114条和第115条的兜底条款,而不是所有危害公共安全罪的兜底条款。对于以其他罪名定罪符合罪刑法定原则、能够罪刑相适应的行为,不宜认定为本罪。比如,对于实践中经常发生的盗窃下水道井盖的行为,可以按照破坏交通设施罪定罪,此时就不宜按照本罪论处;又如,为了给自己的修车铺揽活,而在道路上放置钉子的行为,宜认定为破坏交通设施罪,而不宜认定为本罪。

第三,与放火、决水、爆炸、投放危险物质类似,"其他危险方法"需要满足"一次实施就足以致人重伤、死亡或者使公私财产遭受重大损失"的特征。因此,对于在公共场所使用弹弓随机打人的行为,在公共场所连续杀伤随机目标的行为(无差别杀人行为),使用带有艾滋病病毒的针头随机扎人的行为等,由于不符合这些特征,不应认定为本罪,可以根据案件的具体情况认定为寻衅滋事罪、故意伤害罪、故意杀人罪等。

第四,本罪是侵犯公共安全的犯罪,而非单纯侵犯社会秩序的犯罪,不能将社会秩序的混乱、对公众心理的侵害评价为对公共安全的侵害。因此,在高空抛物案件中,如果行为只是可能对不特定的个别人造成侵害,比如只是从高层向下扔一块砖头,即便此种行为造成了公众的恐慌、社会秩序的混乱,也不能认定为本罪,应当认定为故意伤害罪、故意杀人罪、高空抛物罪等。

第五,根据司法实践及相关司法解释的规定,以下行为可以认定为以危险方法危害公共安全罪:(1)破坏矿井通风设备;(2)在具有瓦斯爆炸高度危险的情况下，下令多人下井采煤；(3)在火灾现场破坏消防器材；(4)在多人通行的场所私设电网；(5)恐怖分子的自杀式袭击；(6)邪教组织成员的公共场所自焚、自爆；(7)故意传播突发传染病病原体(如非典病毒)。

8. 行为人为了防止盗窃，在自家果园里加装电网，导致盗窃者触电而亡的，是否构成以危险方法危害公共安全罪吗？

应分情况讨论。第一种情况，果园安置在村里或普通的郊区，人流量相对较大，且电网的杀伤力达到致人死亡的程度，那么行为人构成以危险方法危害公共安全罪。第二种情况，果园若在人迹罕至的地方，但是仍旧将小偷电死的，在主观方面，不应认定行为人存在危害公共安全的故意，而应将其主观方面认定为疏忽大意的过失。由于电网的危险程度很高，一旦发生触电的情形，极易造成致使他人伤亡的严重后果，虽然发生他人触电的可能性较小，但也造成小偷死亡的后果。因此，行为人构成过失致人死亡罪。

9. 交通领域哪些行为可以构成以危险方法危害公共安全罪？

公共交通安全是公共安全的重要领域，对公共交通安全进行侵害，达到放火、爆炸等行为同等程度的，便可以评价为本罪中的“其他危险方法”。因此，在符合条件时以下行为都有可能被认定为以危险方法危害公共安全罪：(1)高速公路上逆向高速行驶；(2)驾驶汽车在道路上横冲直撞；(3)在高速公路桥上用石头砸高速公路上高速行驶的汽车；(4)在公路上飙车互相挤撞；(5)在公路上碰瓷；(6)对正在驾驶的公交车司机施以暴力；(7)公交车司机离开驾驶席与人斗殴等行为。

10. 如何理解以危险方法危害公共安全罪与交通肇事罪、危险驾驶罪的关系？三罪是否为排斥关系？

以危险方法危害公共安全罪与危险驾驶罪、交通肇事罪不是排斥关系，三者是并列关系。例如，只要实施了《刑法》第133条之一的醉酒驾驶、竞速行驶行为，便构成危险驾驶罪；一旦上述行为造成了交通肇事的结果，符合《刑法》第133条的规定，便升级为交通肇事罪；如果上述行为达到了放火、爆炸等同等危险的程度，如醉酒后在道路上驾车横冲直撞、驾驶机动车竞速行驶并在车流量较多的地方相互碰撞等，就可能构成以危险方法危害公共安全罪。此时，上述罪名之间便形成了想象竞合关系，应当择一重罪处罚。

11. 新冠确诊病人、疑似病人拒绝隔离，进入公共场所以及拒绝配合公安机关调查等行为，该如何定性？

根据《关于依法惩治妨害新型冠状病毒感染肺炎疫情防控违法犯罪的意见》，对以下两种情形适用以危险方法危害公共安全罪：第一，已经确诊的病人、病原携带者，拒绝隔离治疗或者隔离期未满擅自脱离隔离治疗，并进入公共场所或者公共交通工具的；第二，疑似病人拒绝隔离治疗或者隔离期未满擅自脱离隔离治疗，并进入公共场所或者公共交通工具，造成新型冠状病毒传播的。

此外，其他拒绝执行卫生防疫机构依照《传染病防治法》提出的防控措施，引起新型冠状病毒传播或者有传播严重危险的，依照妨害传染病防治罪定罪处罚。在拒绝执行有关防控措施过程中，以暴力、威胁方法阻碍疫情防控工作人员依法履行防疫、检疫、强制隔离、隔离治疗等措施，构成犯罪的，依照妨害公务罪定罪处罚，情节轻微的，依照《治安管理处罚法》的规定予以治安处罚。

12. 如何区分破坏交通工具罪与破坏交通设施罪？

破坏交通设施往往会导致交通工具倾覆、毁坏的严重后果，而破坏交通工具往往也会损毁交通设施。

区分两罪的关键在于破坏行为直接指向的对象：破坏行为直接指向正在使用中的交通工具，由于交通工具倾覆、毁坏间接造成毁损交通设施的后果，应以破坏交通工具罪论处，反之则以破坏交通设施罪论处。

13. 如何界定破坏交通工具罪中的犯罪对象？

破坏交通工具罪，是指故意破坏火车、汽车、电车、船只、航空器，足以使火车、汽车、电车、船只、航空器发生倾覆、毁坏危险，危害公共安全的行为。这是一种以交通工具作为特定破坏对象的危害公共安全的犯罪。

本罪的犯罪对象，仅限于法定的五类交通工具。但对有些对象应作扩大解释，如对汽车应作广义解释，包括用于交通运输的拖拉机在内，但破坏耕种用的拖拉机，不危及交通运输安全的，不构成本罪，而应以故意毁坏财物罪论处。作为本罪破坏对象的交通工具不仅是特定的，还须是正在使用中的，包括运行中的和交付使用停机待用的交通工具。因为只有破坏这样的交通工具，才可能危害交通运输安全。破坏正在制造或修理中，尚未交付使用的交通工具，通常不会给公共安全造成威胁，其情节严重的，应以故意毁坏财物罪论处。

所谓正在使用的交通工具，不仅包括正在行驶或者飞行中的交通工具，也包括经过验收，在交付使用期间，停机待用的交通工具。因为，只有破坏这种正在执行和随时可能执行运输任务的交通工具，才能够危害公共安全，给人民群众的生命财产造成重大的损失。如果破坏正在制造、修理中的，或者已经报废的，或者虽然制造出成品，但尚未交付使用的交通工具，由于不可能构成对公共安全的威胁，因此，不能构成破坏交通工具罪，而应以故意毁坏财物罪论处。但是，如果负责修理交通工具的人员，在修理中故意进行破坏，或制造隐患，将受到破坏或尚未修复的交通工具交付使用，则构成破坏交通工具罪。

14. 破坏交通工具罪中的犯罪对象是否包括旅游景区内的缆车？

一般来说，破坏交通工具罪中的犯罪对象不包括旅游景区内缆车。

破坏交通工具的行为之所以具有相当的社会危害性，并不是因为此行为破坏了交通工具，而是因为如果交通工具在使用的过程中被破坏，很可能会危及交通运输安全。也就是说，正在使用中的交通工具一旦发生事故，不仅使自身安全受到威胁，也会危及在交通道路行驶的其他的交通工具。

旅游景区内的缆车的主要功能并不是在于交通运输而是在于观光游览，并且破坏缆车也不会存在对其他交通工具造成威胁的可能。因此，破坏交通运输罪中的交通工具不包括缆车。破坏缆车可能成立故意杀人罪、故意伤害罪，如果危害到公共安全也可能成立以危险方法危害公共安全罪。

15. 盗剪铁路行车专用通信线的行为，应当定破坏交通设施罪还是破坏公用电信设施罪？

该行为构成破坏公共电信设施罪。

破坏交通设施罪侵犯的客体是交通运输安全，犯罪对象必须是路基、轨道、信号等与交通安全直接有关的交通设施。破坏公用电信设施罪侵犯的客体是通信安全，犯罪对象主要是正在使用中的各种公用电信设施，如电话的交换设备、通信线路等。它们与交通安全的安全不是直接有关，而是间接有关。

一方面，盗剪铁路行车专用通信线不足以使列车发生倾覆、毁坏的危险。从前，铁路行车设施较为落后和不完备的情况下，铁路行车专用通信线曾经是直接影响铁路行车安全的设施，它若被剪断，足以使列车发生倾覆、毁坏的危险。但现在，随着科学的发展和进步和铁路交通设施安全性能的不断改进和完善，控制火车运行的设施除了行车专用通信线外，还有无线通信指挥系统、自动闭塞装置等。在目前情况下，即使行车专用通信线被剪断，也不足以使列车发生倾覆、毁坏的危险，即达不到《刑法》第117条规定的破坏交通设施罪的危害程度。

另一方面，盗剪铁路行车专用通信线的行为符合破坏公用电信设施罪的特征。铁路行车专用通信线已不再是直接影响铁路交通安全的交通设施，盗剪铁路行车专用通信线，不足以影响铁路交通安全，所以盗剪铁路行车专用通信线的行为侵犯的直接客体是通信设备的安全而不是交通运输的安全；铁路行车专用通信线应属于破坏公用电信设施罪的犯罪对象，而不属于破坏交通设施罪的犯罪对象，因此，盗剪铁路行车专用通信线的行为更符合破坏公用电信设施罪的特征。

■ 课后学生总结巩固的训练案例

◇ 杭州保姆纵火案
◇ 复旦大学投毒案
◇ 石家庄毒水饺案
◇ 刘襄在生产、销售的猪饲料中添加瘦肉精案

■ 课后环节及要求

本次课堂教学结束后，运用所学相关刑法知识尝试分析推荐案例，就本次课程学习情况撰写100~500字的个人学习总结，并提出仍存疑惑；教学助理评阅每位学生的学习总结并就学生仍存疑惑作出解答，由所有主讲教师集体审改疑惑解答，反馈学生。

第三讲　危害公共安全罪(二)

■ 本讲教学要求

公共安全是最基本的民生。公共安全一头连着经济社会发展,一头连着千家万户。在讲授本讲相关罪名的过程中,引导学生要把维护公共安全放在维护最广大人民根本利益中来认识,放在贯彻落实总体国家安全观中来思考,放在推进国家治理体系和治理能力现代化中来把握。例如,在恐怖主义相关罪名的教学过程中,可重点阐释我国在打击和治理恐怖主义犯罪中的基本立场,从我国同恐怖活动犯罪斗争的实际情况出发,揭示恐怖活动犯罪对公共安全具有的巨大破坏力,引导学生探讨刑法与前置法的关系,令学生深切体会国家在保障人民群众生命财产安全、维护社会秩序和稳定方面的不懈努力,强化学生自觉抵制恐怖主义、极端主义的思想意识,激发学生爱国、爱党、爱人民的道德情怀。

■ 本次课教学安排

◇ **时间:**第 3 次课,教学时数为 3 学时左右。

◇ **教学内容的重点、难点:**“恐怖主义”与“恐怖组织”的含义;“持有”的性质;涉枪涉爆案件中《刑法》第 13 条“但书”的适用。

◇ **教学方式:**

- 课前学生自主学习,班长收集各位同学在自主学习中的困惑点于课前交该班教学助理与主讲教师。
- 课堂教学环节实行“三环节”制:自主学习困惑交流;本次课重点难点引导性讲授;重点难点问题疑惑讨论。

■ 课前学生自主学习内容

□ 学习资料

◇ 指定在线课程的相应内容。

◇ 应阅读教程章节:贾宇主编《刑法学(各论)》第十七章;石经海主编《中国刑法学分论》的相应内容;石经海等主编《刑法重点问题案例实务教程》的相应内容。

◇ 应重点研读的法条:《刑法》第120~123条、第125~126条、第128~129条。

□ 学习中应思考的问题

1. 我国刑法关于恐怖主义犯罪的立法一共作了几次修正?每次修正的内容是什么?总体来看有什么趋势?存在什么问题?
2. 如何理解帮助行为正犯化?为帮助恐怖活动的人提供帮助的行为是否成立帮助恐怖活动罪的共犯?
3. 非法持有宣扬恐怖主义、极端主义物品罪中的"宣扬"应当如何解释?司法解释对该罪中"情节严重"的认定标准是什么?这种标准是否合理?
4. 非法持有枪支罪中的"持有"性质为何?"持有"的本质是一种行为还是一种状态?还是二者皆非?
5. 在丢失枪支不报罪中,依法配备公务用枪的人员丢失枪支后及时报告,仍造成严重后果的应当如何处理?依法配备公务用枪的人员丢失枪支后未及时报告,导致他人拾取枪支后,利用枪托砸死多人的,是否属于本罪的"严重后果"?

■ 课中师生交流的重难点问题及解析要点

1. 如何理解"恐怖活动组织"与"恐怖活动"?

第一,根据《反恐怖主义法》第3条的规定,恐怖活动组织,是指三人以上为实施恐怖活动而组成的犯罪组织。

第二,根据《反恐怖主义法》第3条的规定,恐怖活动,是指恐怖主义性质的下列行为:(1)组织、策划、准备实施、实施造成或者意图造成人员伤亡、重大财产损失、公共设施损坏、社会秩序混乱等严重社会危害的活动的;(2)宣扬恐怖主义,煽动实施恐怖活动,或者非法持有宣扬恐怖主义的物品,强制他人在公共场所穿戴宣扬恐怖主义的服饰、标志的;(3)组织、领导、参加恐怖活动组织的;(4)为恐怖活动组织、恐怖活动人员、实施恐怖活动或者恐怖活动培训提供信息、资金、物资、劳务、技术、场所等支持、协助、便利的;(5)其他恐怖活动。

值得注意的是,因恐怖活动组织必须具备组织特征,所以恐怖活动组织需要具有三人以上的成员。但恐怖活动组织成员所实施的恐怖活动无需三人以上共同实施,换句话说,即使只有恐怖活动组织中的一名成员,其也能够实施恐怖活动。

2. 组织、领导、参加恐怖组织的行为人实施分裂国家罪等危害国家安全罪的,应定一罪还是数罪?

从我国恐怖主义的实际情况来看,恐怖活动组织的政治主张中可能包含了分裂国家、颠覆国家政权的内容,该组织实施的活动中也可能包含了分裂国家、颠覆国家政权的行为。但需要注意的是,组织、领导、参加恐怖组织罪处罚的是组织、领导、参加恐怖活动组织的行为。因此,行为人实施组织、领导、参加恐怖组织的行为,又实施具体恐怖活动构成了分裂国家罪、煽动分裂国家罪、颠覆国家政权罪、煽动颠覆国家政权罪等危害国家安全罪的,一般应当数罪并罚。

3. 恐怖活动组织常以劫机作为实现其恐怖活动犯罪的手段。恐怖活动犯罪与劫持航空器罪是否具有牵连关系?

劫持航空器并非实施恐怖活动犯罪的必要手段行为,劫机与恐怖活动犯罪之间并无高度伴随性,二者之间不具有牵连关系,因此不宜认定为牵连犯。另外,若将这两类行为认定为一罪,会导致无法充分评价行为人的行为性质,可能有违罪刑相适应原则。

4. 帮助恐怖活动罪的主要内容是帮助犯的正犯化。如何理解帮助犯的正犯化?

立法者在设置罪名时一般将具有直接社会危害性的行为,即实行行为设定为犯罪。例如,《刑法》第263条抢劫罪:“以暴力、胁迫或者其他方法抢劫公私财物的……”但在立法者认为某些实行行为具有过于强烈的社会危害性时，其除了将该实行行为作为单独的犯罪予以规制，还将这种实行行为的帮助行为单独设置为犯罪，此举旨在以边缘影响中心的方式加大对该种实行行为的预防力度。

帮助行为正犯化的条文规定会产生两个显著的法律后果：第一，在定罪条件上，由于帮助行为本身已经是实行行为，被帮助的人即使不构成犯罪，帮助行为也构成犯罪。第二，在量刑标准上，不需要适用总则关于从犯的处罚规定，而应适用自己独立的法定刑。

5. 帮助实施“帮助恐怖活动罪”的行为定性？

帮助犯正犯化以后，帮助恐怖活动罪已经成为一个独立的罪名，其同样可以适用刑法总论的关于共犯的相关内容。也就是说，帮助、教唆实施“帮助恐怖活动罪”的行为，构成该罪的帮助犯、教唆犯，按照共同犯罪的原理处理即可。

6. 劫持航空器罪的犯罪对象是“正在飞行中”的航空器还是“正在使用中”的航空器？

根据《海牙公约》的规定，“正在飞行中”是指航空器从装卸完毕，机舱外部各门均已关闭时起，直至打开任何一机舱门一边卸载时为止。航空器迫降时，在主管当局接管对该航空器及其所载人员和财产的责任前，应被认为仍在飞行中。“正在使用中”是指从地面人员或者机组人员为某一特定飞行而对航空器进行飞行前的准备时起，直至降落后24小时止。

劫持航空器罪的犯罪对象应为“正在使用中”的航空器。因劫持“正在使用但未在飞行中”的航空器也能造成劫持“正在飞行中”的航空器所能造成的危害后果，故不应当将“正在使用但未在飞行中”的情形排除出本罪的规制范围。例如，行为人劫持坐满了人但舱门尚未完全关闭的航空器，此时劫持行为所能造成的危害后果与航空器处于飞行状态时被劫持的后果是一样的，故行为人的劫机行为应构成劫持航空器罪。

7. 如何区分劫持航空器罪与暴力危及飞行安全罪？

劫持航空器罪与暴力危及飞行安全罪的区别主要有四个方面：第一，客观行为不同。劫持航空器罪表现为使用暴力、胁迫或者其他方法劫持航空器；飞行安全罪则表现为对航空器上的人员使用暴力。第二，主观目的不同。劫持航空器罪的目的是劫持航空器，即控制航空器；飞行安全罪的目的则是加害他人的身体。第三，构成犯罪的要求不同。劫持航空器罪为行为犯,以行为人实施完劫持航空器的行为即既遂;飞行安全罪属危险犯,只要足以危及公共安全即为既遂。第四,管辖原则不同。劫持航空器罪实行普遍管辖;飞行安全罪不实行普遍管辖。

8. 如何认定刑法中的“枪支”?

刑法中规定了有关枪支的犯罪,却并未规定枪支的具体认定标准。在司法实践中,对于枪支都是根据《公安机关涉案枪支弹药性能鉴定工作规定》来认定的。根据该规定,(1)凡是制式枪支、弹药,无论是否能够完成击发动作,一律认定为枪支、弹药;(2)凡是能发射制式弹药的非制式枪支(包括自制、改制枪支),一律认定为枪支;(3)对不能发射制式弹药的非制式枪支,按照《枪支致伤力的法庭科学鉴定判据》(GA/T 718—2007)的规定,当所发射弹丸的枪口比动能大于等于1.8焦耳/平方厘米时,一律认定为枪支。但是,根据上述第(3)种类型中规定的标准,“天津大妈”非法持有枪支案却引发了巨大的争议。刑法上的枪支是否必须依据行政法律规范来认定,在理论上涉及如何理解法秩序统一性原理的问题。在“天津大妈”非法持有枪支案之后,最高人民法院、最高人民检察院颁布了《关于涉以压缩气体为动力的枪支、气枪铅弹刑事案件定罪量刑问题的批复》,该批复规定,对于非法制造、买卖、运输、邮寄、储存、持有、私藏、走私以压缩气体为动力且枪口比动能较低的枪支的行为,在决定是否追究刑事责任以及如何裁量刑罚时,不仅应当考虑涉案枪支的数量,而且应当充分考虑涉案枪支的外观、材质、发射物、购买场所和渠道、价格、用途、致伤力大小、是否易于通过改制提升致伤力,以及行为人的主观认知、动机目的、一贯表现、违法所得、是否规避调查等情节,综合评估社会危害性,坚持主客观相统一,确保罪责刑相适应。显然,“两高”并未否定公安部发布的《公安机关涉案枪支弹药性能鉴定工作规定》在司法活动中作为枪支认定标准的地位,只是认为即便被认定为枪支,也需要综合考虑其他因素综合认定是否追究刑事责任以及如何裁量刑罚。

9. 甲向乙购买枪支,乙故意交付甲假枪。该种情形下,甲、乙是否能构成非法买卖枪支罪?

应当分情况讨论。第一种情况,乙主观上不具有买卖枪支的故意,一开始想的就是卖假枪给别人,取得他人支付的钱财,客观上也实施了售卖假枪的行为,如果犯罪数额较大的,构成诈骗罪。第二种情况,甲主观上具有买卖枪支的故意，客观上也实施了买的行为，但是由于意志以外的原因，而未买到真枪，构成非法买卖枪支罪的未遂犯。

10. 如何区分非法储存枪支罪和非法持有枪支罪？

《关于审理非法制造、买卖、运输枪支、弹药、爆炸物等刑事案件具体应用法律若干问题的解释》指出：非法储存，是指明知是他人非法制造、买卖、运输、邮寄的枪支、弹药而为其存放的行为，或者非法存放爆炸物的行为。基于此，行为人要构成非法储存枪支、弹药罪，需要其储存的枪支、弹药源于他人制造、买卖、运输、邮寄的枪支、弹药。

因此，二罪可如此进行区分：行为人明知是他人非法制造、购买、运输、邮寄的枪支，而为他人代为保管的，构成非法储存枪支罪；如果行为人通过捡、继承、租借等非制造型和平自有方式占有枪支的，则构成非法持有枪支罪。

11. 非法持有爆炸物的行为应当如何定性？

由于刑法规定了非法持有、私藏枪支、弹药罪，而没有规定非法持有、私藏爆炸物罪，若行为人并非明知是他人非法制造、买卖、运输、邮寄的爆炸物而为其存放爆炸物，按照罪刑法定的原则，非法持有爆炸物的行为应作无罪处理。

12. 甲父在临终前告知甲，其在院内埋藏了数支枪，留给甲防身。甲表示知晓，但什么都没有做。甲是否构成非法持有枪支罪？

甲构成非法持有枪支罪。

在持有枪支罪中，刑法予以否定评价的不是获取枪支的行为，也非不上交枪支的不作为，而是“持有”本身。因此，只要行为人维持非法持有的状态，就构成非法持有枪支罪。在本案中，尽管枪埋藏于地下，甲什么也没做，但甲实际控制着这些枪支，甲仍可以在他需要的时候随时取用枪支。故应当认定甲维持着对枪支的非法持有状态，构成非法持有枪支罪。

13. 依法配备、配置枪支、弹药的人员，在配备、配置枪支、弹药的条件消除后，有关人员未通知其上交枪支、弹药，其便未上交枪支、弹药。在此情况下，行为人是否构成非法私藏枪支、弹药罪？

行为人不构成该罪。

根据2009年《最高人民法院关于审理非法制造、买卖、运输枪支、弹药、爆炸物等刑事案件具体应用法律若干问题的解释》第8条第3款规定,《刑法》第128条第1款规定的"私藏",是指依法配备、配置枪支、弹药的人员,在配备、配置枪支、弹药的条件消除后,违反枪支管理法律、法规的规定,私自藏匿所配备、配置的枪支、弹药且拒不交出的行为。

从上可以看出,该罪的成立需要满足两个条件:一是配备、配置枪支、弹药的人员,配备、配置枪支、弹药的条件消除;二是配备、配置枪支、弹药的人员拒不交出枪支、弹药。在本案中,有关人员未通知行为人上交枪支、弹药,不满足该罪成立的"拒不交出"要件。故行为人不构成非法私藏枪支、弹药罪。

14. 非法出租、出借枪支罪中仅规定了"出租"与"出借"两种行为方式,若行为人非法将公务用枪赠予他人的,应如何处理?

应以非法出借枪支罪对行为人定罪处罚。

一方面,从当然解释的角度出发,非法出借公务用枪的行为构成犯罪,具有更大社会危害性的非法赠予公务用枪行为亦应当构成犯罪。故非法赠予枪支的行为,具有入罪的合理性。

另一方面,非法出租、出借枪支罪所防止的是,行为人出租、出借枪支给他人后,他人实际控制枪支,并利用枪支危害公共安全的情形。基于此,就他人实际控制枪支而言,通过扩大解释,赠予行为可以被视作永久性无偿出借的行为。因此,非法赠予枪支的行为具有以非法出借枪支罪进行规制的合法性。

综上,将公务用枪非法赠予他人的,构成非法出借枪支罪。

15. 丢失枪支不报罪中"造成严重后果"被称为"客观的超过要素",如何理解"客观超过要素"?

犯罪客观要件中,有些要素属于故意的认识与意志内容,要求行为人对之具有认识与放任或希望的态度;有些要素则超出了故意的认识与意志内容,不要求行为人对之具有认识与放任或希望的态度,但行为人至少对之具有预见的可能性。丢失枪支不报罪中,"造成严重后果"虽然是构成要件,但不需要行为人对之具有认识与希望或放任的态度,因此,"造成严重后果"便成为超出故意内容的客观要素。"客观的超过因素"的存在意义在于"基于刑事政策的考虑,将危害结果作为限制处罚范围的条件"。

课后学生总结巩固的训练案例

◇ 依斯坎达尔·艾海提等组织、领导、参加恐怖组织，故意杀人案
◇ 非遗传人制造爆炸物案
◇ 郭继东私藏枪支弹药宣告无罪案
◇ “天津大妈”非法持有枪支案

课后环节及要求

本次课堂教学结束后，运用所学相关刑法知识尝试分析推荐案例，就本次课程学习情况撰写100～500字的个人学习总结，并提出仍存疑惑；教学助理评阅每位学生的学习总结并就学生仍存疑惑作出解答，由所有主讲教师集体审改疑惑解答，反馈学生。

第四讲　危害公共安全罪(三)

■ 本讲教学要求

本讲的教学以交通肇事罪、危险驾驶罪、重大责任事故罪等实践中常见多发的罪名为重点,其中,交通肇事罪理论与实践问题错综复杂,危险驾驶罪犯罪频率最高,对此理论界与实务部门均给予了较多关注;妨害安全驾驶罪是《刑法修正案(十一)》新增罪名,该罪的理解适用同样值得关注。在本讲的教学中,可以从犯罪主观方面的相关内容、不作为犯罪的相关理论出发,引导学生分析交通肇事罪与其他罪名的界限;同时,可以结合犯罪的基本特征、犯罪的附随后果等内容,启发学生思考危险驾驶罪条文设置的适正性问题,培育学生道路交通安全防范意识,深化学生社会主义法治理念;另外,在重大责任事故罪等安全生产类犯罪的讲授中,还可以重点阐释刑法在安全生产领域的保障法作用,树立学生公共安全意识和责任感,弘扬工匠精神,培养其爱岗敬业的时代品格。

■ 本次课教学安排

◇ **时间**:第 4 次课,教学时数为 3 学时左右。

◇ **教学内容的重点、难点**:交通肇事罪中的法律拟制问题;醉驾型危险驾驶罪的犯罪成立问题;妨害安全驾驶罪中驾驶人的正当防卫问题。

◇ **教学方式**:

- 课前学生自主学习,班长收集各位同学在自主学习中的困惑点于课前交该班教学助理与主讲教师。
- 课堂教学环节实行“三环节”制:自主学习困惑交流;本次课重点难点引导性讲授;重点难点问题疑惑讨论。

■ 课前学生自主学习内容

□ 学习资料

◇ 指定在线课程的相应内容。

◇ 应阅读教程章节：贾宇主编《刑法学（各论）》第十七章；石经海主编《中国刑法学分论》的相应内容；石经海等主编《刑法重点问题案例实务教程》的相应内容。

◇ 应重点研读的法条：《刑法》第131～133条之二、第134～139条之一。

□ 学习中应思考的问题

1. 如何理解交通肇事罪中“交通肇事后逃逸”？“逃逸”的判断标准为何？“逃逸”与“致人死亡”的因果关系应当如何认定？
2. 交通肇事罪与利用交通工具故意杀人、以驾车冲撞方式实施的以危险方法危害公共安全罪、过失致人死亡罪的区别是什么？
3. 什么是监督过失？什么是管理过失？如何运用监督过失、管理过失的原理认定事故类犯罪中的责任人？
4. 醉驾型危险驾驶罪的成立并无“情节严重”之要求，这是否意味着只要血液酒精含量达到了80毫克/100毫升并驾驶机动车就一律构成危险驾驶罪？如何看待《刑法》第13条但书与醉驾型危险驾驶罪实践认定标准的关系？
5. 如何理解妨碍安全驾驶罪与以危险方法危害公共安全罪的关系？

■ 课中师生交流的重难点问题及解析要点

1. 如何理解交通肇事罪中三种“逃逸”的关系？

结合《刑法》和《最高人民法院关于审理交通肇事刑事案件具体应用法律若干问题的解释》（以下简称《交通案件解释》）的规定，交通肇事罪的犯罪构成中有三处涉及“逃逸”：(1)作为基本犯成立条件的“交通肇事致1人以上重伤，负事故全部或者主要责任，为逃避法律追究逃离事故现场”；(2)作为法定刑升格条件的“交通运输肇事后逃逸”；(3)作为法定刑升格条件的“因逃逸致人死亡”。需要注意的是，一旦“逃逸”作为基本犯的成立条件,便不得再将其当作法定刑升格条件,否则便违反了禁止重复评价原则。比如,甲交通肇事(负全部责任)致乙重伤后逃逸,此时只构成本罪的基本犯,不得将逃逸作为第二档法定刑升格条件;但是,甲因酒驾交通肇事(负全部责任)致乙重伤后又逃逸的,因为酒驾致乙重伤本来就已经构成交通肇事罪的基本犯,此时便可以将逃逸作为第二档的法定刑升格条件,加重处罚。

2.《交通案件解释》规定,"单位主管人员、机动车辆所有人或者机动车辆承包人指使、强令他人违章驾驶造成重大交通事故,具有本解释第二条规定情形之一的,以交通肇事罪定罪处罚"。如货车司机王某驾照被吊销被告知重新考取后才能再从事运输业务,但其雇主告诉王某:"你现在不运货就走人。"同时明确表明出事他会托人处理。结果王某无证驾驶闯红灯致路人死亡。雇主是否也认定为交通肇事罪?

本案的处理存在两种观点。

第一种观点认为雇主构成交通肇事罪。因为雇主出于逐利的动机,对王某软硬兼施,是造成王某违章驾驶的客观原因,即使不能满足"强令"的要求,也符合了"指使"的构成行为要求。

第二种观点认为雇主不构成犯罪。因为其虽然对于王某无证驾驶存在客观上的强令或者指使,但是王某的无证驾驶这一违反交通规则的事实与交通事故的发生没有直接的关系,所以不符合上述司法解释中所要规制的"指使、强令违章驾驶"的要求。

我们赞成第二种观点。

3. 倘若行为人逃逸后返回事故现场救治被害人,是否还属于交通肇事后逃逸?

该种行为仍属于交通肇事后逃逸。

逃逸行为一经实施,即告成立,不存在"逃逸未遂"的问题。如果行为人在逃逸过程中或是在逃逸状态持续过程中,及时放弃其逃避法律追究的目的,主动投案或返回事故现场救治被害人,该事后"中止逃逸"的行为均不得推翻对其先前逃逸行为的认定,而仅认定其事后的行为为自首,即分开认定而不相互冲抵。

4. 行为人交通肇事后将被害者送至医院后迅速离开的,是否属于交通肇事后逃逸?

该行为应当认定为交通肇事后逃逸。

交通肇事逃逸是在行为人交通肇事后,为避免法律追究而逃跑的行为。交通肇事后逃逸以行为人逃避法律责任为主观目的条件。我国刑法规定的交通肇事后逃逸并不是仅指的当场逃逸,也包括事后逃逸,如果仅将逃逸界定为逃离现场,那么性质同样恶劣的逃避法律追究的行为就得不到相应的法律追究,可能会影响对这类犯罪行为的惩处。也就是说,尽管行为人有救助被害人的行为,只要其主观上具有逃避法律追究的目的并且在客观行为上也为逃避法律责任付诸了实际行为,也成立逃逸。

5. 甲无证驾驶车辆时将乙撞成重伤,甲下车观察后以为乙已经死亡。为逃避刑事追究,甲将乙丢入池塘,后乙溺水而亡,甲的行为是否属于逃逸致人死亡?还是构成交通肇事罪的基本犯和过失致人死亡罪?

构成交通肇事罪与过失致人死亡罪。

交通肇事罪的法定刑升格条件"因逃逸致人死亡"要求逃逸与被害人的死亡之间具有因果关系,但乙的死亡结果是由溺水所导致的,并非因甲逃逸使其得不到救助而死,因此甲的行为不属于"交通肇事因逃逸致人死亡"。本案中甲存在两个行为,先是交通肇事将乙撞成重伤,后以为乙已经死亡将其丢弃,说明甲未履行肇事后确认被害人生命状态的注意义务,因疏忽大意而未预料到属于对死亡结果持过失心态,且其疏忽造成了死亡结果,所以甲的行为构成交通肇事罪与过失致人死亡罪。

6. 为什么交通肇事罪的主观方面是过失,但行为人违反交通运输管理法规的主观方面可以是故意?

日常生活中的"故意"不同于刑法上的"故意"。交通肇事罪的行为人可能有意识地违反交通运输管理法规,这在日常生活中可以说是"故意"的,但并不能成立交通肇事罪的刑法上的"故意"。

根据我国《刑法》第14条的规定,刑法上的故意是指明知自己的行为会发生危害社会的结果,并且希望或者放任这种结果发生的心理状态。具体到交通肇事罪中,《刑法》规定的是"因而发生重大事故,致人重伤、死亡或者使公私财产遭受重大损失的",因此,交通肇事罪的主观心理状态应当是对危害结果的状态,而非是对违规行为的心理状态。

7. 行人能否成为交通肇事罪的犯罪主体?

行人能够成为交通肇事罪的主体。

交通肇事罪是指违反交通运输管理法规,因而发生重大事故,致人重伤、死亡或使公私财产遭受重大损失的行为。法条并没有将该罪的犯罪主体限定在交通运输人员，因此，凡是年满16周岁具有刑事责任能力的从事交通运输的人员或非交通运输人员均可构成本罪，当行人违反交通运输管理法规，因而发生重大事故也可按本罪论处。

例如，行人违背交通信号灯的指示穿越马路，在此过程中持续使用手机，并与正常行驶的摩托车发生碰撞，致使摩托车的乘车人死亡。此情形下，该行人构成交通肇事罪。

8. 学校内允许公共车辆收费通行，若校内道路发生交通事故，肇事者是否可能构成交通肇事罪？

交通肇事罪发生于公共交通领域，一般而言，学校内部道路不属于公共交通管理范围。但《道路交通安全法》第119条规定，"公路、城市道路和虽在单位管辖范围但允许社会机动车通行的地方，包括广场、公共停车场等用于公众通行的场所"属于道路，即属公共交通领域。如果校园内存在外来驶入车辆，并且有相应的安全管理系统进行调节和管理的，则纳入公安交通管理机关管理范围内的可能性较大。就此而言，在校内交通肇事的行为可能构成交通肇事罪。

9. 危险驾驶罪与以危险方法危害公共安全罪的联系与区别是什么？

二罪的联系在于：以危险方法危害公共安全罪是一个兜底性罪名，危险驾驶作为危险方法的一种，如果达到相当危险程度也可能构成以危险方法危害公共安全罪。

二罪的区别在于：第一，从犯罪性质来看，危险驾驶罪属于抽象危险犯，即危险驾驶行为本身就包含了侵害法益的可能性而被禁止的情形，驾驶人在违反道路交通法规的情况下，发生严重后果的概率被大大提高，作为一种高度危险的行为，一经实施就足以认定犯罪直接构成；以危险方法危害公共安全罪为具体危险犯，要求给法益造成具体的危险，在公共场所中可能不存在现实的人或财产，即使实施了危险方法，也没有造成现实的、具体的危险，因此也不构成该罪。第二，从危险程度来看，能够认定为以危险方法危害公共安全罪的危险方法，要求危险程度与放火、决水、爆炸以及投放危险物质造成的危险具有相当性，造成危害后果、侵害不特定人生命、健康或财产安全的严重性较高；而危险驾驶罪中的危险驾驶行为产生的仅是一般的危害公共安全的危险，严重程度远低于以危险方法危害公共安全罪的危险方法。

10. 在厂(矿)区内机动车作业期间发生的伤亡事故案件,应定交通肇事罪还是重大责任事故罪?

首先,两罪的区别在于:第一,交通肇事罪的主体是一般主体;重大责任事故罪的主体是特殊主体,即企业、事业单位的职工。第二,交通肇事行为必须是发生在交通管理的范围内,例如,驾车行驶在公路上、城镇街道上或胡同(里弄)里;重大责任事故罪一般发生在企业、事业单位内部或者其他作业的场所。第三,交通肇事罪是因违反交通运输管理法规的结果;重大责任事故罪则是违反与生产、作业有关的规章制度的结果。

其次,实践中关于这个问题的处理,1992 年 3 月 23 日《最高人民检察院关于在厂(矿)区内机动车造成伤亡事故的犯罪案件如何定性处理问题的批复》(已失效)指出,在厂(矿)区内机动车作业期间发生的伤亡事故案件,应当根据不同情况,区别对待:在公共交通管理范围内,因违反交通运输规章制度,发生重大事故,应按交通肇事罪处理;违反安全生产规章制度,发生重大伤亡事故,造成严重后果的,应按重大责任事故罪处理;在公共交通管理范围外发生的,应当定重大责任事故罪。这一司法解释在如何定性上,强调公共交通管理范围。在公共交通管理范围外的机动车事故,均定重大责任事故罪;在此范围内的,根据业务活动的性质,分别定重大责任事故罪与交通肇事罪。

最后,对于公共交通管理范围的界定,城市街道、国道、省道、县道、乡道、"村村通"公路,以及已经开发并纳入公共交通管理范围的内河航道、海运航道、湖泊等属于实行公共交通管理的范围;公共交通管理范围外则是指工厂、矿山、林场、建筑企业或者其他企业、事业单位内尚未纳入公共交通管理的交通道路。

11. 交通肇事罪与危险驾驶罪是否为排斥关系?

交通肇事罪与危险驾驶罪为并列关系,而非排斥关系。因危险驾驶行为导致发生交通事故,符合交通肇事罪的犯罪构成时,便同时成立交通肇事罪。此时,交通肇事罪可以视为危险驾驶罪的结果加重犯,直接按照交通肇事罪定罪处罚即可。需要注意的是,将交通肇事罪视为危险驾驶罪的结果加重犯时,以交通事故的发生与危险驾驶行为有直接的因果关系为前提,不符合该条件时,便不能形成结果加重犯,而应当数罪并罚。

例如,行为人违规运输危险化学品,交通事故并非因为危险化学品引起，而是因为驾驶人超速引起的，则应当以危险驾驶罪和交通肇事罪数罪并罚。

12. 为什么交通肇事罪基本法定刑比过失致人死亡罪更轻？

交通肇事罪与过失致死罪是法条竞合关系，有观点认为交通肇事罪中的基本刑是与过失致人死亡罪中情节较轻所对应的法定刑是相对的，因为交通道路是高风险的场所，进入这一场所的人实际上要承担更多的潜在危险，所以即使发生事故而死亡，其社会危害性也只能属于“情节较轻”这个档次。有学者认为交通肇事罪基本法定刑比过失致人死亡罪更轻是因为立法者和最高司法机关将交通肇事罪视作一种极其特殊的犯罪。一方面，随着汽车时代的到来，交通肇事成为高发性犯罪，这与每个人的生活都息息相关，所有人都难免参与其中；另一方面，在几乎每一个公民都可能成为驾驶者的时代，立法可以推定每一个交通肇事者可能会是受很多偶然因素影响而被卷入事故的被害人，而不能假定驾驶者（几乎是每一个公民）都是对法规规范漠视或不以为然的人性恶者。由此，交通肇事者与其他犯罪人不同，他应当被期待留在现场，救助那些因为他的行为而遭遇更加可怜的无辜受害者，或者报警承担自己的法律责任。综上，立法在交通肇事罪上才会对应地给出了宽容，这使交通肇事者在面对死亡或者重伤3人的情形中都在刑罚程度上给出了关照。

13. 如何理解危险驾驶罪中的“追逐竞驶”？

追逐竞驶，是指行为人在道路上高速、超速行驶，随意追逐、超越其他车辆，频繁、突然并线，近距离驶入其他车辆之前的危险驾驶行为。追逐竞驶型危险驾驶罪是抽象危险犯，但构成此类危险驾驶罪，不仅要具有抽象的危险，还要求情节恶劣。认定此类危险驾驶罪时需要注意以下两点：第一，追逐竞驶以高速、超速驾驶为前提，缓慢驾驶的行为不可能成立本罪。但是，本罪不是超速驾驶罪，单纯的高速驾驶或者超速驾驶，并不必然成立本罪。第二，追逐竞驶既可能是二人以上基于意思联络实施，也可能是单个人实施。驾驶人员出于竞技、追求刺激、斗气或者其他动机，在道路上曲折穿行、快速追赶行驶的，也属于追逐竞驶。

14. 在醉驾型危险驾驶罪的司法实践中，往往只要血液酒精含量达到规定的标准就认定犯罪成立。这种入罪标准是否妥当？

该种入罪标准有失妥当。

《关于办理醉酒驾驶机动车刑事案件适用法律若干问题的意见》指出，在道路上驾驶机动车，血液酒精含量达到80毫克/100毫升以上的，属于醉酒驾驶机动车，以危险驾驶罪定罪处罚。

我们认为，虽说醉驾型危险驾驶罪是抽象危险犯，但并非只要是驾驶人员的血液酒精含量达到规定的标准就应当成立本罪。在具体的案件中，虽然驾驶人员的血液酒精含量达到了规定的标准，但如果情节显著轻微、危害不大的，应当根据《刑法》第13条但书的规定，不认定为犯罪。例如，在没有车辆与行人的荒野道路上醉酒驾驶机动车的，不应当成立危险驾驶罪。

15. 交通肇事罪能否发生于航空和铁路运输领域？

交通肇事罪能发生于航空和铁路运输领域。

虽说《刑法》规定了重大飞行事故罪与铁路运营安全事故罪，但因为两罪的犯罪主体分别为航空人员和铁路职工，所以航空人员和铁路职工以外的人员造成重大飞行事故或铁路运营事故的，不能构成重大飞行事故罪与铁路运营安全事故罪。然而，由于航空和铁路运输领域均属公共交通领域，所以航空人员和铁路职工以外的人员造成重大飞行事故或铁路运营事故的，应以交通肇事罪对行为人定罪处罚。

■ 课后学生总结巩固的训练案例

◇ 孙伟铭交通肇事案
◇ 胡斌交通肇事案
◇ 廖开田危险驾驶案
◇ 魏海涛危险驾驶案

■ 课后环节及要求

本次课堂教学结束后，运用所学相关刑法知识尝试分析推荐案例，就本次课程学习情况撰写100～500字的个人学习总结，并提出仍存疑惑；教学助理评阅每位学生的学习总结并就学生仍存疑惑作出解答，由所有主讲教师集体审改疑惑解答，反馈学生。

第五讲　破坏社会主义市场经济秩序罪概述

■ 本讲教学要求

社会主义市场经济秩序是重要的社会管理秩序，如果市场秩序混乱，不仅严重影响社会主义市场经济的健康运行，给国家和人民利益造成重大损失，而且败坏国家信誉和改革开放的形象。尽管我国社会主义市场经济体制已经初步建立，但仍存在不少问题，主要是市场秩序不规范，以违法犯罪手段谋取经济利益等。在本章节的教学过程中，应当突出党中央不断完善社会主义市场经济法治体系，加快法治经济和法治社会建设，把经济社会发展纳入法治化轨道的战略决策，强调刑法作为保障法为经济社会发展保驾护航的重要作用。

具体而言，在生产、销售伪劣商品罪的讲授中，应当弘扬诚实守信的社会主义核心价值观，同时展现国家在产品质量监督等方面的不懈努力，党的十九大报告突出强调的大力提升发展质量和效益，坚持质量第一、推动质量变革、增强质量优势、建设质量强国、实现高质量发展的重要要求。在讲授侵犯知识产权罪的过程中，应向学生强调保护知识产权就是保护创新，通过典型案例的剖析，凸显刑法在知识产权保护中的法治保障作用，从国家战略高度和进入新发展阶段要求出发，全面加强知识产权保护工作，从而使学生体会到我国社会经济发展的巨大进步以及社会主义法治建设的显著成就，激发自豪感、自信心。

■ 本次课教学安排

◇ **时间**：第 5 次课，教学时数为 3 学时左右。

◇ **教学内容的重点、难点**：假药的内涵；走私普通货物、物品罪与走私特定物品犯罪之间的关系;伪造与变造的区别;合同诈骗与普通诈骗的区别;非法经济罪的经营范围问题。

◇ **教学方式:**

- 课前学生自主学习,班长收集各位同学在自主学习中的困惑点于课前交该班教学助理与主讲教师。
- 课堂教学环节实行“三环节”制:自主学习困惑交流;本次课重点难点引导性讲授;重点难点问题疑惑讨论。

▩ 课前学生自主学习内容

□ 学习资料

◇ 指定在线课程的相应内容。

◇ 应阅读教程章节:贾宇主编《刑法学(各论)》第十七章;石经海主编《中国刑法学分论》的相应内容;石经海等主编《刑法重点问题案例实务教程》的相应内容。

◇ 应重点研读的法条:《刑法》第 102 ~ 104 条、第 109 ~ 111 条。

□ 学习中应思考的问题

1. 如何认定生产、销售伪劣产品罪的“销售金额”? 向生产者购买伪劣产品后尚未销售伪劣产品的,是否能构成本罪? 行为人销售伪劣产品,销售金额为 5 万元,货值金额为 60 万元的情形,应以哪档法定刑对其进行处罚?
2. 如何理解走私普通货物、物品罪与走私特定物品犯罪之间的关系? 如果在同一宗走私物品中既有普通物品又有武器、弹药、贵重金属等特定物品的,应如何处理? 法理依据是什么?
3. 如何理解使用假币罪中的“使用”? 用假币垫桌脚是否属于本罪中的“使用”? 将假币赠予他人是否属于本罪中的“使用”?
4. 如何理解《刑法》196 条第 3 款:盗窃信用卡并使用的,依照本法第 264 条(盗窃罪)的规定定罪处罚? 盗窃信用卡后在 ATM 上使用与在银行柜台使用,这两种行为方式的刑法性质有无区别? 侵占信用卡并使用的是否应定侵占罪?
5. 逃税罪中:“有第一款行为,经税务机关依法下达追缴通知后,补缴应纳税款,缴纳滞纳金,已受行政处罚的,不予追究刑事责任;但是,五年内因逃避缴纳税款受过刑事处罚或者被税务机关给予二次以上行政处罚的除外。”此款规定应当如何理解?

6. 非法经营罪的主观方面是否要求以非法牟利为目的?如何理解非法经营罪中“其他严重扰乱市场秩序的非法经营行为”?非法经营罪与擅自设立金融机构罪的界限是什么?

■ 课中师生交流的重难点问题及解析要点

1. “获取非法利润的目的”是不是生产、销售伪劣产品罪的主观要件?该罪的主观方面是否包含间接故意?

第一,谋取利润不是该罪主观方面的必备要件,因为,即使行为人缺乏非法谋利目的也不影响其行为破坏社会主义市场经济秩序。第二,该罪的主观方面既包括直接故意,也包括间接故意。刑法中凡是由故意构成的犯罪(目的犯除外)都未排除间接故意。具体到生产、销售伪劣产品罪,《最高人民法院、最高人民检察院关于办理生产、销售伪劣商品刑事案件具体应用法律若干问题的解释》第9条规定,“知道或应当知道他人实施生产、销售伪劣商品犯罪,而为其提供贷款、资金、账号、发票、证明、许可证件,或者提供生产、经营场所或者运输、仓储、保管、邮寄等便利条件,或者提供制假生产技术的,以生产、销售伪劣商品犯罪的共犯论处”。该解释作出这样的规定,是在充分考虑司法实践中存在的明知他人可能在实施生产、销售伪劣商品犯罪,却放纵该行为并为其提供重要帮助的情况。这些犯罪者在意志因素上就是间接故意。

2. 提供假药罪中的“提供”是否包含有偿提供?

提供假药罪的提供形式可以是有偿提供也可以是无偿提供,但应当排除以财产或财产性利益作为对价的有偿提供。以财产或财产性利益作为对价的有偿提供,本质属销售行为,可以以销售假药罪追究行为人刑事责任;如果行为人的提供是无偿提供,或是以非财产或非财产性利益作为对价的有偿提供,则能以提供假药罪追究行为人刑事责任。

3. 应如何界定刑法中的“有毒、有害的非食品原料”?

有毒、有害的非食品原料,是指无任何营养价值,根本不能食用,对人体具有生理毒性,食用后会引起不良反应,损害肌体健康的不能食用的原料。如用工业酒精兑制白酒、用不能饮用的污水兑制酱油、用石灰掺进牛奶中等。

4. 生产销售不符合卫生标准的化妆品罪的法定刑为3年以下有期徒刑或拘役并处或单处罚金,而该罪的立案标准提到,造成他人容貌毁损或者皮肤严重损伤,造成他人器官组织损伤导致严重功能障碍,致使他人精神失常或者自杀、自残造成重伤、死亡等严重情节应当立案追诉。如此严重的后果仅处以如此轻缓的刑罚,是否会造成罪刑失衡?

关于该罪的法定刑问题,因大多数行为人并没有致人死亡等严重犯罪目的,在此种情形下,触犯该罪的行为人所造成的严重后果大多并不直接危害到被害人重大的健康、生命利益,所以此罪所配置的法定刑并不过轻。此外,若行为人具有致人重伤、死亡等严重犯罪目的,并生产、销售不符合卫生标准的化妆品,且符合故意伤害罪、故意杀人罪等罪的构成要件,同时触犯生产销售不符合卫生标准的化妆品罪与故意伤害罪等罪的,则按处刑较重的罪处罚,不会造成罪刑的失衡。

5. 如何理解走私淫秽物品罪的目的? 为了自用而走私淫秽物品的行为应如何处理?

第一,关于本罪的目的问题。走私淫秽物品罪的目的包括牟利、传播。所谓以牟利为目的,是指行为人走私淫秽是为了出卖、出租、放映或者通过其他方式而获取钱财或者其他非法利益;所谓以传播为目的,是指行为人走私淫秽物品不仅是为了个人观赏和使用,而且是意图在社会上展示、赠送、播放、散布或流传等。行为人牟利或者传播的目的是否实现,不影响本罪的成立。我们认为,行为人具有以下情形之一的,可以认定行为人具有牟利或者传播目的:(1)行为人携带的淫秽物品中有大量相同、相似或者复制品的;(2)有证据证明,行为人在走私前已做好了传播相关准备的;(3)具有多次走私前科,且其中有一次走私后传播,且其余各次均与已证明的行为在购买、走私以及传播环节基本相同。

第二,关于为自用而走私淫秽物品的问题。如果行为人确实只是为个人使用,夹带少量淫秽物品出入境,即使其走私淫秽物品出于故意,也不构成本罪,仅应给予行为人行政处罚。另外,如果行为人为了赠友、受他人委托代买,夹带少量淫秽物品入境的,因其没有牟利或传播的目的一般也不宜以犯罪认定,而是走私淫秽物品的一般违法行为。

6. 使用假币罪与诈骗罪是法条竞合关系吗?伪造货币罪和出售、购买、运输假币罪的罪数关系如何判断?

第一,使用假币罪与诈骗罪不是法条竞合,但某种情况下可以存在竞合关系,即使用假币是一种特殊形态的诈骗。如使用假币去骗取他人财物,使用假币罪是特别规定,特别法优先。如果没有非法占有目的地使用假币,则与诈骗罪不存在竞合。如将假币赠送给他人,构成使用假币罪,但不构成诈骗罪。

第二,针对假币实施一连串的行为,原则上这些行为之间如果存在连贯性、必然性,则定一罪,否则应数罪并罚。具体而言,(1)伪造货币后又出售、运输的,以伪造货币罪从重处罚;(2)购买假币后又使用的,以购买假币罪从重处罚;(3)购买假币后又出售、运输的,以出售、购买、运输假币罪论处;(4)出售、运输假币,同时又使用假币的,数罪并罚;(5)持有假币是出售、购买、运输假币罪与伪造货币罪的结果行为,即存在吸收关系时,定后罪。

7. 如果行为人在真实的企业破产程序中实施了隐匿财产、承担虚构的债务或者以其他方法转移、处分财产行为的,是否应认定为虚假破产罪?

不应当认定为虚假破产罪。

虚假破产罪客观方面包含三个要素:一是实施了隐匿财产、承担虚构的债务或其他转移财产、处分财产的行为;二是实施了虚假破产行为;三是严重损害了债权人和其他人的利益。如果行为人的行为并没有达到"严重损害"债权人和其他人的利益的程度,就不应认定为虚假破产罪。如果破产程序是真实的,则行为人实施隐匿财产、承担虚构的债务或者以其他方法转移、处分财产行为的,可能成立妨害清算罪。

8. 持有、使用假币罪只包括伪造的货币,不包括变造的货币。在此前提下,持有、使用变造的货币的行为应当如何定性?

数额较大符合诈骗罪构成要件的,可以成立诈骗罪,否则无罪。

我国现行《刑法》的持有、使用假币等假币类罪名针对的都是伪造的货币,未将"变造的货币"纳入假币范畴之内。原因在于,伪造货币与变造货币的行为在行为方式、社会危害性大小、非法获利的多少均有差异。一般而言,变造货币不同于伪造货币,变造货币的行为方式决定了行为人难以大批量变造货币，也因此变造货币的社会危害性往往较小。故立法者基于罪刑相适应原则的考虑，未将“变造的货币”纳入持有、使用假币罪的规制范围。

9. 将金属货币熔化后，制作成更薄的金属货币属于变造货币还是伪造货币？

变造是对货币做“小手术”；伪造是对货币做“大手术”。

变造是对真货币的加工行为，故变造的货币与变造前的货币具有同一性，如果加工的程度导致其与真货币丧失同一性，则属于伪造货币。变造一般表现为将货币面额增加，如将 50 元的真货币变造成为 100 元的货币；还包括改变真币形态，如将 50 元真币中的年号“1990”改为“1980”，这样可在钱币收藏市场上卖出高价。减少金属货币的金属含量的行为，也应认定为变造。

以真货币为材料，制作成丧失了真货币外观的假币的行为，应认定为伪造货币罪。如将金属货币熔化后，制作成较薄的、更多的金属货币的行为；以货币碎片为材料，加入其他纸张，制作成假币的。将硬币融化后，实际上硬币已经不具备钱币功能，只能说是金属原材料，以金属原材料制造假币是伪造行为。举个例子：把 1 角钱通过技术手段变成 1 元面额的，属于变造货币；而把 1 角钱货币熔炼后重新铸造新货币，不管是 1 角还是 1 元，均属于伪造货币，是违法造假。

10. 如何区别洗钱罪与转移毒赃罪？

二罪的主要区别在于行为方式不同。前者指行为人通过中介机构将有关违法所得及其产生的收益的来源和性质加以合法化，是属于狭义上的“洗钱”行为，主要通过金融手段。后者指行为人为走私、贩卖、运输、制造毒品罪的犯罪分子窝藏、转移、隐瞒毒品或者犯罪所得财物的一切行为，是属于广义上的“洗钱”行为。

11. 为什么“自洗钱”行为也构罪？

一方面，洗钱行为完全不同于一般财产犯罪后的事后帮助行为，其目的在于使用各种手段和方式使上游犯罪所得合法化，上游犯罪行为并不能包含洗钱行为，洗钱行为是脱离上游犯罪行为而独立存在的；另一方面，上游犯罪者的自行洗钱行为侵犯了不同于上游犯罪的新客体，即国家的正常金融管理秩序和司法机关的正常活动，自行洗钱行为有了独立的犯罪客体和独特罪质，因此，应该对自行洗钱行为单独评价，不适用事后不可罚行为理论。

如果只对其上游犯罪进行处罚,这会导致自行洗钱的行为人与实施上游犯罪后没有自行洗钱的人所承担的刑事责任相同,由此将出现“异罪同罚”的现象,既违反了罪刑相适应原则,也不符合打击洗钱犯罪的立法目的。

12. 甲的微信绑定了银行卡,如果乙窃取了甲的微信支付密码,并在商场内进行消费,能否定信用卡诈骗罪?

乙的行为可以认定为信用卡诈骗罪。

信用卡账户与网络移动支付账户的本质区别是账户性质的不同,即信用卡账户是金融账户,而网络移动支付账户则是非金融账户。但是,网络移动支付账户实际上为信用卡账户提供了新的使用方式,是信用卡支付方式的延伸。原因在于,网络移动支付账户不能脱离信用卡账户而独立存在,其支付的钱款的来源实际上还是来自信用卡账户,且与信用卡账户一样具有特定的消费支付功能。

在本案中,微信作为第三方支付平台在替代金融机构处理支付业务时,就等同于金融机构向客户支付。微信支付整体流程的本质仍然是资金通过信用卡这一媒介在不同主体之间实现流转并完成支付。当网络移动支付账户绑定信用卡账户时,如果行为人利用网络移动支付账户,非法占有网络移动支付账户绑定的信用卡内的资金,那么其行为本质上等同于直接使用信用卡非法占有卡内资金。行为人非法获取他人网络移动支付账户并进行消费,本质上属于向网络移动支付平台发出调拨指令,再由网络移动支付平台向金融机构发出支付指令,最终骗取网络移动支付账户保管的他人信用卡账户内的资金。故该种情形下,盗用他人微信支付密码在商场内进行消费,可以构成信用卡诈骗罪。

13. 如何区分侵犯著作权罪和销售侵权复制品罪?实践中应如何认定二罪的罪数关系?

关于二罪的区分问题。第一,二罪客观方面不同。销售侵权复制品罪在客观方面仅表现为销售;侵犯著作权罪的行为方式则可以是复制发行,也可以是制作、出售。第二,二罪主体范围不同。销售侵权复制品罪的主体只能是侵权复制品制作者以外的其他自然人或单位;侵犯著作权罪的主体一般是制作者,有时可能是与制作者通谋的发行者或销售者。

关于实践中两罪的罪数问题。第一,行为人实施侵犯著作权的行为构成犯罪,又销售其制作的侵权复制品而且违法所得数额巨大的,后一行为属于事后不可罚的行为,对其只以侵犯著作权罪论处,而不能再定销售侵权复制品罪。第二,行为人销售的侵权复制品并非其本人制作的侵权复制品,其两个行为又符合构成犯罪的数额或情节要求的,应对其数罪并罚。第三,销售侵权复制品的行为人事先与侵犯著作权罪的行为人通谋的,为共同犯罪,对销售侵权复制品的行为人应以侵犯著作权罪论处。

14. 如何区分假冒注册商标罪和非法制造、销售非法制造的注册商标标识罪?

二罪的区别主要在于客观行为表现方式不同。

非法制造、销售非法制造的注册商标标识罪在客观上,表现为实施了伪造,擅自制造他人注册商标标识,或者是销售伪造、擅自制造的注册商标标识的行为。至于行为人是否将伪造、擅自制造的商标标识用于注册商标所有人注册的同一种商品上,不影响本罪的成立。而假冒注册商标罪在客观上,强调行为人违反了商标管理法规,没有经过注册商标所有人的许可,在同一种商品上,使用与其注册商标形同的商标的行为。至于商标标识是否是行为人自己制造,不影响犯罪的成立。在实践中,有的行为人不仅非法制造、销售他人注册商标标识,而且把这种商标标识用在他人注册商标的商品上,此时这两种行为具有牵连关系,应当择一重罪处罚。

15. 如何区分合同诈骗和合同欺诈?

两者最大的不同在于是否具有非法占有的目的,前者有而后者无。在合同诈骗罪中,合同的履行势必会在某一阶段被迫中断以达到其非法占有目的;而合同欺诈是利用信息不对称签订显失公平的合同,其需要通过合同的履行牟取利益。

16. 组织、领导传销活动罪中的“骗取财物”是本罪客观要件还是基本特征?

“骗取财物”是本罪的基本特征,不是本罪的客观要件。

一方面,骗取财物是传销活动的最本质特征。《刑法》规定的组织、领导传销活动罪是诈骗型传销,以推销商品、提供服务等经营活动为名,“收取入门费”“拉人头”皆是骗取财物的手段行为,传销活动的本质就是为了骗取财物。因此,只要行为符合本罪前面所规定的“以推销商品、提供服务等经营活动为名,要求参加者以缴纳费用或者购买商品、服务等方式获得加入资格,并按照一定顺序组成层级,直接或者间接以发展人员的数量作为计酬或者返利依据，引诱、胁迫参加或者继续发展他人参加的”，就是骗取财物的传销活动，即“骗取财物”是传销这种运营模式的本质。

另一方面，如果将“骗取财物”理解为客观构成要件，即认为只有组织、领导“骗取财物”的传销活动才构成组织、领导传销罪，那么本罪中规制的传销活动完全是骗取财物的一种方式和手段，就意味着组织、领导传销罪、集资诈骗罪与普通诈骗罪是特别关系，进而对以传销方式实施诈骗、非法集资的案件适用特别法条。而根据特别法优于普通法的原则，对以传销方式非法集资诈骗的案件，应认定为组织、领导传销活动罪，而不能以集资诈骗罪或诈骗罪从一重罪处罚，否则可能发生罪刑失衡的情形。而将“骗取财物”理解为传销活动的基本特征描述，评价的是传销模式的违法性，那么触犯本罪就不必然是诈骗了被害人财物。如果行为人实施组织、领导传销活动的行为确实骗取了他人财物，符合诈骗罪或者集资诈骗罪的构成要件，行为人就是一行为触犯数罪名，应当从一重罪论处，从而保证了罪刑均衡。

■ 课后学生总结巩固的训练案例

◇ 三鹿公司生产销售毒奶粉案

◇ 影视明星范冰冰逃税案

◇ 于润龙非法经营案

◇ 王力军非法经营案

■ 课后环节及要求

本次课堂教学结束后，运用所学相关刑法知识尝试分析推荐案例，就本次课程学习情况撰写 100 ~ 500 字的个人学习总结，并提出仍存疑惑；教学助理评阅每位学生的学习总结并就学生仍存疑惑作出解答，由所有主讲教师集体审改疑惑解答，反馈学生。

第六讲　侵犯公民人身权利、民主权利罪(一)

■ 本讲教学要求

侵犯公民人身权利、民主权利罪,是中国刑法规定的一类犯罪,指非法侵犯公民的人身权利和民主权利的行为。这类犯罪侵犯的客体,是公民的人身权利和民主权利,具体表现为公民的生命、健康、人身自由、名誉、人格以及选举权、被选举权等不受非法侵犯的权利。本讲的课程思政可将重点放置于国家尊重和保障人权方面,通过重点罪名的讲解,加强法治宣传教育,弘扬社会主义法治精神,建设社会主义法治文化,增强全民法治观念,形成全民守法的氛围和习惯。具体而言,在人身伤害类犯罪中,可通过指导性案例和典型案例的讲解,结合刑法总论中正当防卫、紧急避险等知识要点,从鼓励同犯罪作斗争、积极保障合法权益、坚持司法公正等角度,展开课程思政;在限制人身自由类犯罪的讲解中,可以从法治文化建设、国家治理能力现代化等角度,展开课程思政;在侵犯宗教权利以及民族权利的犯罪讲解中,可以从国家保障宗教信仰自由、维护民族团结等角度展开课程思政。整体而言,本讲的课程思政内容涉及面广、内容量多、敏感性高,需要以问题意识为导向、以本土法治资源为根基,对相关问题展开阐释,从而培养学生的中国问题意识和家国情怀。

■ 本次课教学安排

◇ **时间:**第 6 次课,教学时数为 3 学时左右。

◇ **教学内容的重点、难点:**故意杀人罪的认识错误问题;自杀关联行为的刑法定性问题;故意杀人罪与遗弃罪的区分。

◇ **教学方式:**

- 课前学生自主学习,班长收集各位同学在自主学习中的困惑点于课前交该班教学助理与主讲教师。
- 课堂教学环节实行"三环节"制:自主学习困惑交流;本次课重点难点引导性讲授;重点难点问题疑惑讨论。

■ 课前学生自主学习内容

□ 学习资料

◇ 指定在线课程的相应内容。

◇ 应阅读教程章节:贾宇主编《刑法学(各论)》第十七章;石经海主编《中国刑法学分论》的相应内容;石经海等主编《刑法重点问题案例实务教程》的相应内容。

◇ 应重点研读的法条:《刑法》第232~235条。

□ 学习中应思考的问题

1. 如何区分以放火、爆炸、投放危险物质方法实施的故意杀人罪、故意伤害罪与放火罪、爆炸罪、投放危险物质罪?如何区分抢劫罪的加重犯(抢劫致人重伤、死亡)与故意杀人罪、故意伤害罪?
2. 应当怎样认定相约自杀行为的法律性质?责任又当如何认定?教唆自杀、欺骗自杀、帮助自杀的行为应当怎样定性?
3. 具有抚养义务的人,为防止婴幼儿乱走而将婴幼儿放置于与外界完全隔绝的房间,后为了满足自我欲望外出而放任婴幼儿死亡,应如何定罪处罚?
4. 行为人收购未成年人的人体器官,在手术过程中消毒不当致未成年人死亡,该行为应当如何定性?

■ 课中师生交流的重难点问题及解析要点

1. 在我国安乐死尚未合法的情况下,若真的出现了安乐死的情况,应当如何处理?

应当区分不同情形进行讨论。一种情形是积极安乐死,指医务人员为解除身患不治之症的临终患者死亡过程的痛苦而采取某种措施促使病人死亡，即加速被害人死亡。该种情形一般认为成立故意杀人罪。另一种情形是消极安乐死，指对身患绝症濒临死亡的患者，为解除其痛苦，中止维持生命的医治措施，不积极救治，也不加速被害人死亡。这种情形一般认为不构成犯罪。

2. 由于围观跳楼的群众起哄，不停地在说诸如“要跳快跳”之类的话，导致跳楼者受到进一步刺激，最终跳楼身亡。此种情形下，这些起哄的群众是否应当承担故意杀人罪的刑事责任？

起哄的群众不应承担故意杀人罪的刑事责任。

一方面，跳楼者的自杀犯意并不是由围观群众故意引起的，其本身就具有自杀念头；另一方面，对于处分生命这种重大法益，是否自杀的选择权和决定权在自己，围观群众的外界干扰影响程度并未达到决定性的程度，并未使自杀者别无选择，因此不对跳楼者的死亡结果负责。

3. 受嘱托杀人的行为应如何定性？

受嘱托杀人，是指接受已有死亡决意的人的嘱托而故意直接将其杀死的行为。这种行为从广义上讲也是一种帮助自杀行为，但与一般的帮助他人自杀不同，它是直接实施剥夺他人生命的行为，而不是仅仅为他人的自杀提供帮助。由于人的生命权利是最重要的权利，而且与家人、社会联系密切，牵涉到家庭、社会一系列的权利义务关系而受到法律的严格保护，受嘱托杀人法律也不允许，对此行为应以故意杀人罪论处，但可考虑从轻处罚。

4. 两人相约自杀，但其中一人自杀中途反悔且并未告知另一人，两人同时布置自杀场景并购买工具，反悔的人在吃下安眠药后吐出，则反悔的人是否属于诱骗他人自杀，成立故意杀人罪？

反悔的人不成立故意杀人罪。

一方面，相约自杀属于二人相互约定自愿共同自杀的行为，自杀意愿是本身就有的，自杀行为是本人亲自实施的，各行为人对自己的自杀行为负责，不成立故意杀人罪。

另一方面，诱骗他人自杀属于使得被害人对生命这一法益陷入错误认识，本例中，反悔的人并未使对方对生命法益的有无、程度、情况等产生错误认识，因此也无诱骗他人自杀的行为，不构成故意杀人罪。

5. 杀死违法犯罪亲属的"大义灭亲"行为，应当如何定性？

对"大义灭亲"行为，应以故意杀人罪论处。这种行为看似是"为社会除害"，实为破坏国家法治并侵犯公民人身权利。我国不承认"家法"，对一切违法犯罪分子都应交由有关行政执法机关或司法机关处理。私自处死违法犯罪亲属的，同样构成故意杀人罪，但量刑时可以适当从宽处罚。符合正当防卫的，不在此列。

6. 如老师明知其学生患有抑郁症，精神状况不稳定，还用较为激烈的言辞对其进行教育，事后学生自杀，老师是否构成故意杀人罪？

需要结合具体情况进行判断。第一种情况，老师对学生患有抑郁症的情况了解不多，实施了一般辱骂等轻微不法行为，引起学生自杀的，不成立犯罪。第二种情况，老师很了解学生的病情和精神状况，且在知道采取比轻微不法行为更严重的行为会导致学生自杀的情况下仍然实施其行为的，成立故意杀人罪。

7. 出租车司机深夜遇到了一男子和一失血昏迷的老人，男子声称是自己开车将老人撞伤的并请求司机送自己和老人前往医院，司机答应了请求。在途中，男子找借口下车，司机等待了约30分钟之后，怀疑男子已经逃逸，司机便把伤重老人抛弃在街头。第二日，老人因失血过多死亡。该种情形下，司机是否构成故意杀人罪？

司机构成不作为的故意杀人罪。

按照结果原因支配理论，当不作为人对脆弱法益或者危险源有某种在先的事实上的控制支配时，才能要求其承担保护或者监督义务。这种支配的形成，一方面源于行为人以自己的意思主动将法益或者危险源纳入自己控制的事实（如将车祸中的伤者置于自己车内），另一方面源于行为人在社会生活中形成的对某一领域的控制支配（如父母对未成年子女的义务、管理者对公司财物的保管义务）。

本案中，司机答应肇事车主的请求，将老人扶进自己的车内，后肇事车主逃逸，且老人处于失血昏迷的状态。一是老人身处于司机可支配、控制的领域中，相当于排除其他人提供救助的可能。二是深夜里，只有司机才能将老人送往救治，没有其他人能够对该老人提供救助。因此，司机因其先前行为，产生了对该老人的救助义务。

综上，司机具有救助的义务，也有救助能力，且老人是失血昏迷的状态，有救活的可能性，司机能履行而不履行，深夜将老人遗弃在街头，导致老人因为失血过多死亡，构成不作为的故意杀人罪。

8. 如何区分故意杀人罪和故意伤害致人死亡？

二者主要区别在于犯罪故意内容不同。

故意杀人是以杀人为故意、希望追求放任死亡结果发生，对于故意杀人未遂来说，没有将人杀死，并非由于行为人主观上不愿作为，而是因意志以外的原因而不能作为；故意伤害致死只是以伤害为目的，对造成死亡结果主观上是过失的、排斥死亡结果发生，即使伤害行为客观上造成被害人的死亡，也往往是由于行为时出现未曾料到的原因而致打击方向出现偏差，或因伤势过重等情况而引起。因此，具有杀人故意的无论是否造成死亡结果的，均应认定为故意杀人罪，凡只有伤害故意的无论是否造成死亡结果，都认定为故意伤害罪。

9. 应如何认定故意杀人罪中的“情节较轻”？

情节较轻的，处 3 年以上 10 年以下有期徒刑。根据司法实践，主要包括：(1) 义愤杀人，即被害人恶贯满盈，其行为已达到让人难以忍受的程度而被私自处死。(2) 激情杀人，即本无任何杀人故意，但在被害人的刺激、挑逗下而失去理智，失控而将他人杀死，其必须具备以下条件：其一，必须是因被害人严重过错而引起行为人的情绪强烈波动；其二，行为人在精神上受到强烈刺激，一时失去理智，丧失或减弱了自己的辨认能力和自我控制能力；其三，必须是在激愤的精神状态下当场实施。(3) 受嘱托杀人，即基于被害人的请求、自愿而帮助其自杀。(4) 帮助他人自杀。(5) 生母溺婴，即出于无力抚养、顾及脸面等不太恶劣的主观动机而将亲生婴儿杀死。但如果是因为重男轻女的思想作怪，发现所生的是女儿而加以溺杀的，其主观动机极为卑劣，则不能以故意杀人罪的情节较轻情况论处。

10. 行为人故意猛踢孕妇的肚子，致胎儿发育畸形，胎儿出生后构成严重残疾。此种情形之下，该行为能否被认定为犯罪对象为胎儿的故意伤害罪？

对胎儿的伤害行为无法认定为故意伤害罪。

按照我国理论界的通说，人的出生标准采用“独立呼吸说”，即胎儿脱离母体后开始独立呼吸为生命开始。因胎儿尚未成为人，故对伤害胎儿的行为无法定罪处罚。但伤害孕妇致胎儿流产的，可视为对母亲的伤害。按照人体伤害鉴定标准，外力致流产的，可视情节，认定为轻伤或重伤。

故可以认定为对母亲的故意伤害罪。

11. 行为人殴打被害人,致被害人假牙或假肢义眼脱落的,是否成立故意伤害罪?

需分情况讨论。植入假体一般有两种作用:一种是代替人体原来组织器官的作用,这种假体承担的是人体最基本的功能,保障人体的正常生存,是人体组织的必要组成部分,如人工关节、起搏器、支架等。此种情形下,行为人破坏他人假体的,构成故意伤害罪。另一种是让人变好看,比如隆鼻,这些植入假体并没有起到替代作用,就算没有这些假体,人也可以正常生存。这种不能评定损伤程度。行为人致他人可摘式义眼、义齿等脱落,并致使假体丧失效用的,可以构成故意毁坏财物罪。

12. 行为人仅有一般殴打之意图,并无伤害、杀害他人的故意,但由于行为人的殴打行为导致他人身体产生应激反应,猝发病症而死亡,此行为应当如何定性?

应当以过失致人死亡罪定罪处罚。

一方面,行为人作为一名具备相当社会生活经验的成年人,应当能够预见到暴力行为属于带有加害风险的行为,行为人通过殴打他人发泄愤怒情绪的同时,伴有导致他人受伤或死亡的现实可能。由于殴打行为不仅具有攻击性而且力度容易失控,故致人受伤死亡的风险具有客观性。但行为人并没有积极追求造成被害人器官损伤的主观故意,故不能认定为故意伤害罪,应认定其主观上具有疏忽大意的过失。

另一方面,行为人的殴打行为,导致被害人的身体产生应激反应,猝发病症而死亡,因此殴打行为是被害人死亡结果发生的必要条件,二者之间存在刑法上的因果关系,即被害人的特殊体质不中断殴打行为与死亡结果之间的因果关系。

综上,行为人的殴打行为造成了他人死亡的结果,行为人对此持疏忽大意的过失的心理态度,故应当以过失致人死亡罪对行为人定罪处罚。

13. 故意伤害罪客体为他人的身体健康权利,心理健康是否包括在内?

应分情况讨论。第一,对于器质性精神障碍,有明确的颅脑损伤伴不同程度的意识障碍病史,并且精神障碍发生和病程与颅脑损伤相关的,可以作为故意伤害罪的认定依据。第二,反应性精神病、癔症等,为内源性疾病,不宜鉴定损伤程度,故无法作为故意伤害罪的认定依据。

14. 如何区分故意伤害罪与一般殴打行为？

一般殴打行为是指只是给他人造成暂时性的肉体疼痛，或者使他人神经受到轻微刺激，但不损害他人身体健康的行为。一般殴打行为也可能造成一定的人体损害，如脸肿、鼻腔出血、皮下出血等，但这不属于故意伤害罪中的伤害，通常情况下属于一般违法行为。二者的区别主要在于：第一，客观上造成损害不同。故意伤害罪在客观上通常有造成他人轻伤或重伤或伤害致死的结果；而一般殴打行为在客观上未造成他人身体伤害或只造成轻微伤害。第二，行为人的主观心理态度不同。故意伤害行为人主观上有非法损害他人身体健康的故意；而一般殴打行为人主观上没有非法损害他人身体健康的故意，或不能证明行为人有非法损害他人身体健康的故意。依据我国刑法有关规定，有的殴打行为有可能符合其他犯罪的构成条件，如果符合其他相应罪的成立条件则应按相应的罪论处，如寻衅滋事罪。

15. 对于取得未满18周岁人的同意摘取其器官，造成被摘取人死亡的行为，应当如何定性？

摘取未满18周岁的人的器官，致该未成年人死亡的，应以故意杀人罪定罪处罚，无论该未成年人是否同意摘取。

我国《刑法》第234条之一第2款规定表明，刑法为加大对未成年的保护力度，特将未成年人的承诺一律拟制为无效承诺。其法理在于，未成年人往往不具备完全的自治能力，不能完全理解其做出的承诺对自己未来生活可能造成的不利后果的性质及严重程度。未成年人即使进行了承诺，这种承诺往往也是具有瑕疵的，并非基于全部的意志能力而做出。

16. 立法者为何没有设置过失致人轻伤罪？

是否对行为人施与刑罚需要考虑两个要素：一是行为的社会危害性；二是行为人的主观恶性。这两个要素与刑罚惩罚必要性成正比。

立法者认为相较于故意伤害致人轻伤的行为，过失致人轻伤的行为人主观恶性较弱；相较于过失致人重伤的行为，过失致人轻伤的行为社会危害性较小。故基于刑法谦抑性的考虑，过失致人轻伤的行为尚不必动用刑法予以规制。

■ 课后学生总结巩固的训练案例

◇ 王征宇故意杀人案
◇ 乐燕饿死亲生女儿案
◇ 刘祖枝故意杀人案
◇ 季忠兵过失致人死亡案
◇ 蔡世祥故意伤害案

■ 课后环节及要求

本次课堂教学结束后,运用所学相关刑法知识尝试分析推荐案例,就本次课程学习情况撰写 100～500 字的个人学习总结,并提出仍存疑惑;教学助理评阅每位学生的学习总结并就学生仍存疑惑作出解答,由所有主讲教师集体审改疑惑解答,反馈学生。

第七讲　侵犯公民人身权利、民主权利罪(二)

■ 本讲教学要求

强奸罪是典型的自然犯,该罪性质恶劣,历来是我国重点惩治的犯罪。强奸罪理论问题复杂,例如,强奸罪的认识错误问题、轮奸未完成形态的认定、强奸罪“其他手段”的认定、强奸罪的共犯问题等。强奸罪实践问题同样突出,例如,婚内强行发生性行为的性质认定、强奸后通奸的性质认定等。负有照护职责人员性侵罪是《刑法修正案(十一)》新增罪名,该罪与强奸罪的关系问题值得研究。在本部分内容的讲授过程中,可通过我国相关刑事立法的演变,展现我国刑法与时俱进的优秀品格,特别是负有照护职责人员性侵罪的增设,体现了刑法对未成年人特殊性的重视,从根本上保障了未成年人特别是未成年女性的利益。这对于解决我国目前性侵未成年人犯罪发现难、取证难、定罪难问题具有积极的推进作用,使学生感受到国家关心关爱特殊人群利益、以人为本的科学治国理念与精神,激发起学生的爱国情怀。

■ 本次课教学安排

◇ **时间:**第7次课,教学时数为3学时左右。

◇ **教学内容的重点、难点:**强奸罪中“其他手段”的范围问题;强奸罪与负有照护职责人员性侵罪的关系问题;轮奸的认定。

◇ **教学方式:**

- 课前学生自主学习,班长收集各位同学在自主学习中的困惑点于课前交该班教学助理与主讲教师。
- 课堂教学环节实行“三环节”制:自主学习困惑交流;本次课重点难点引导性讲授;重点难点问题疑惑讨论。

■ 课前学生自主学习内容

□ 学习资料

◇ 指定在线课程的相应内容。

◇ 应阅读教程章节：贾宇主编《刑法学（各论）》第十七章；石经海主编《中国刑法学分论》的相应内容；石经海等主编《刑法重点问题案例实务教程》的相应内容。

◇ 应重点研读的法条：《刑法》第236~237条。

□ 学习中应思考的问题

1. 如何区分强奸罪（未遂）与强制猥亵、侮辱罪？
2. 甲女在学员众多的驾校学车过程中，男教练乙威胁甲道："你若不与我发生性行为，我就故意为难你，让你久久不能考试。"甲担心乙为难自己迟迟拿不到驾照，遂心不甘情不愿地与乙发生了性关系。乙是否构成犯罪？
3. 误以活人为女性尸体进行奸淫的行为如何定性？误以女性尸体为活人进行奸淫行为的定性？
4. 行为人拐卖妇女并强行与该妇女发生性行为，在奸淫过程中因妇女极力反抗，行为人一时恼怒便杀害了该妇女。此种情形下行为人行为应如何定性？其中的罪数关系应当如何认定？

■ 课中师生交流的重难点问题及解析要点

1. 在强奸罪中，如何认定妇女的意志因素？

对于强奸罪中如何认定妇女的意志因素，学界分为几种标准，包括"不等于不"原则、合理的反抗标准原则、肯定性同意原则等。

主流意见为合理的反抗标准原则，即实践中认定强奸罪需要妇女进行一定的合理反抗，在不存在反抗动作时难以认定行为人的行为为强奸行为。但在特殊情况，如妇女不敢反抗时，妇女未进行反抗也可以认定为强奸罪。

2. 在男方“误认为”女方有意愿发生性关系的情况下能否排除“违背妇女意志”？

若行为人“真诚而合理”地误认为对方有意愿发生性关系，即主观上真实地相信被害人已经同意，且在客观上具备合理性时，则可以减轻其犯罪责任乃至排除其主观故意。

“真诚而合理”应同时具备两个条件：一是行为人的错误认识基于被害人在发生性关系时含义不明的行为所产生；二是有确实的证据证明被害人在发生性关系时实施了含义不明的行为。具体而言，应首先考察行为人是否采用了暴力、胁迫等强制性手段；其次，考察案发时妇女的认知能力，双方关系或熟悉程度等；再次，考察案发时妇女的反抗能力，包括考察妇女自身对所处环境的认知和可能遭遇更大伤害的风险预估心理，以及妇女自身身体情况等；最后，考察妇女事后对行为人所实施行为的反应及态度，如果女方完全有条件进行呼救而不呼救，也未采取有效的方法加以反抗，则可认定行为人“真诚而合理”地误认为对方有意愿与其发生性关系。

3. “先强奸后和奸”的，应如何处理？

“先强奸后和奸”即第一次性交是违背妇女意志的，但女方并未告发，而后又多次自愿与该男子发生性交的，对该男子一般不宜再以强奸罪论处。但是，如果后来的多次性交并不是女方自愿的，而是行为人以要将第一次性交的事实张扬出去、败坏妇女名誉等进行威胁、恫吓，迫使妇女继续忍辱屈从的，则对行为人应以强奸罪论处。“先和奸后强奸”的，即男女双方先是通奸，后来女方不愿意继续通奸，而男方仍纠缠不休，强行与该女发生性交的，应以强奸罪论处。

4. “半推半就”情况下的性交行为，应如何定性？

“半推半就”是就女方对性交的意志态度而言的，即对男方要求的性交行为，既有不同意的表示——推，也有愿意的表示——就，它所反映的是一种犹豫不决的矛盾心理，而在女方犹豫不决时，男方实施了奸淫行为。对于这种情况能否认定为强奸，要从双方平时的关系如何，性行为是在什么环境与情况下进行的，性交行为发生后女方的态度怎样，又是在什么情况下告发等事实和情节，认真查清、全面分析。如果当时确系违背了女方的意志，则应认定为强奸；如果不是确系当时违背了女方的意志，“推”只是其羞愧的表示，则不宜认定为强奸。

5. 如果女性在性行为进行过程中表示不愿继续，男方仍继续的，是否属于“违背妇女意志”？

在性行为发生前以及进行过程中的任何时候，只要女方表示了拒绝以后，男方仍然继续性行为就算是违背妇女意志，属于强奸行为。此类问题在实践中的难点更多是证据问题，即如何证明女性在性行为进行过程中表示了不愿继续。

6. 女考生自知考试无法及格，遂要求考官关照，男考官说：“如果不和我发生性行为，就不答应你的要求。”此种情形是否属于强奸罪中的“胁迫”？

此种情形属于女考生对发生性行为动机的认识错误，不属于强奸罪中的“胁迫”。

强奸罪中的“胁迫”，实质是迫使被害人在其既有利益与性自由之间作出取舍，其后果是对被害人的既有利益造成了侵害。男方利用其在某一领域内具有一定的影响力表示如不发生关系就不为女方提供帮助的行为，只是让女方在流量、资本、学术资源等当前不具备的利益的获取与否之间做出选择，并没有对女方的既有利益造成损害。如果女方不获取上述利益，其现状也并不会比当前更为糟糕。因此，对于在某一领域内具有一定影响力，比如在娱乐圈有流量和资本、在学术界拥有在学术领域发表期刊文章的权力的男方，以如不与其发生性关系就不为女方提供帮助相“威胁”的情形，不属于强奸罪的“胁迫”，即使因此发生了性关系也不属于“违背妇女意志”。

7. 强奸罪中“其他手段”包含哪些情形？

强奸罪中的“其他手段”，是指行为人使用暴力、胁迫手段以外的，使被害妇女不知反抗或者不能反抗的手段。这又可以分为两种情形：一是行为人主动实施某种活动，致使被害妇女处于不知反抗或者不能反抗的状态，如用酒灌醉、用药物麻醉，或用催眠术催眠妇女后进行奸淫；二是行为人乘被害妇女处于无意识、无意志状况而不知反抗或不能反抗时对其实施奸淫行为，如行为人乘被害妇女昏迷、醉酒之机对其予以奸淫，或乘被害妇女熟睡之机冒充其丈夫、情人而对其予以奸淫的。

8. 双性人是否为强奸罪的对象？

双性人意味着其既具备男性性特征，也具备女性性特征。因双性人具备女性性特征，强行与双性人性交的行为，能够符合强奸罪的构成要件。

故双性人在强奸罪对象范围之内。

9. 强奸罪中,强奸妇女和奸淫幼女的既遂标准有何不同?为什么会有此区别?

对于强奸妇女的行为,我国司法实践中是以“插入”为认定标准的,即男子的生殖器插入到女子的体内为犯罪既遂。但若受害者为幼女时,既遂标准为“接触说”,即只要行为人的生殖器与幼女生殖器表皮接触,即视为强奸既遂。

两种对象的既遂标准的不同,一方面是考虑到幼女年龄小,缺乏性生活的适应能力;另一方面主要是为了强调对幼女人身权利的特殊保护。

10. 强奸罪与侮辱尸体罪应如何区分?将尸体误认为女性进行强奸的,应当如何处理?

第一,强奸罪与侮辱尸体罪的最大区别在于侵犯的客体以及对象。强奸罪针对的是被害人的性自主权和人身权利,侮辱尸体罪侵犯的主要是社会的公序良俗。

第二,误把尸体当妇女进行强奸的,属于对象认识错误,构成强奸罪的未遂;将妇女先杀后奸的,主观上可以认识其侵犯的对象是尸体的,属于故意杀人罪与侮辱尸体罪的数罪并罚;强奸妇女中的暴力行为误把妇女杀死后强奸的,属于强奸罪基本犯的未遂,强奸罪结果加重犯(致人死亡)的既遂。

11. 以自杀为由胁迫女性与其发生性关系的,是否构成强奸罪?

不构成强奸罪。

所谓胁迫是指行为人以恶害为要挟,使妇女产生恐惧心理,从而被迫与其发生性关系。行为人以自杀相要挟不符合胁迫的手段方式。朋友、恋人之间没有相互助救的义务,即使一方选择自杀,另一方也不可能有救助义务,自杀也不会对妇女的法益选择造成决定性影响,因此,以自杀相威胁与妇女发生性关系,不构成强奸罪。

12. 在关闭的公园对女性进行奸淫的,是否可以认定为“在公共场所当众强奸”?

在关闭的公园对女性进行奸淫的,可以认定为在公共场所当众强奸。

就性犯罪而言,刑法将在公共场所当众实施强奸、猥亵规定为强奸、猥亵犯罪的法定加重处罚情节,主要是因为,性活动具有高度的私密性,而当众对被害人实施强奸、猥亵，既侵犯了普通公民最基本的性羞耻心和道德情感，更重要的是，此种情形对被害人身心造成的伤害更严重，社会影响更恶劣，需要对此类猥亵犯罪配置与其严重性相适应的更重的法定刑。《最高人民法院、最高人民检察院、公安部、司法部关于依法惩治性侵害未成年人犯罪的意见》第23条指出，“当众”并不要求在场人员实际看到，性侵害行为处于其他在场人员随时可能发现、可以发现的状况即可。且“公共场所”一般应强调该场所“供非固定人员进出、使用”的功能特征，具有涉众性，将“关闭的公园”解释为“公共场所”并未超出“公共场所”概念所能包含的最广含义，也符合一般公民的理解和认知，属于合理的扩大解释。

13. 婚姻关系存续期间丈夫强行与妻子性行为的，是否成立强奸罪？

该问题在理论学界和司法实践中主要存在肯定说、否定说和折中说三种观点。目前，司法实务整体遵循折衷说，婚内强奸原则上不构成强奸罪，只有在少数情况下（如离婚诉讼期间、公共场所、伙同其他人强奸妻子等）才认定为强奸罪。

肯定说主要的观点是：首先，我国《刑法》第236条第1款规定：“以暴力、胁迫或者其他手段强奸妇女的，处三年以上十年以下有期徒刑。”由此可见，对于该罪的主体，刑法并没有特殊规定，并没有把丈夫排除在强奸罪的主体之外。那么丈夫在任何情况下只要违背了妻子意志而强行与妻子发生性行为，就能构成强奸罪。其次，性的不可侵犯的权利是妇女人身权利的重要内容。妇女结婚后并不意味着自己就要附属于丈夫，丧失自己独立的人格。夫妻在家庭中的地位应该是平等的。夫妻双方享有平等的权利和义务，性权利不能为丈夫单方所享有，妻子不仅也有过性生活的权利，还有拒绝过性生活的权利。绝不能仅仅将妻子作为发泄性欲的工具，性生活应当是夫妻之间自然默契的灵与肉的交流。认可丈夫有性侵犯的权利，否认妻子有性拒绝的权利，是对妇女权利的极端藐视，也是几千年来封建夫权思想的遗毒。

否定说认为，丈夫用强迫手段与妻子发生性行为不追究刑事责任，有利于家庭和社会的稳定，也符合我国国情。丈夫违背妻子意志强行性交，不属于犯罪，只是“违反社会道德”的“不妥当行为”。

折中说认为，判断婚内强迫性行为是否构成婚内强奸需要分情况来对待。持该种观点的学者认为,对婚内强迫性行为的法律性质应当具体问题具体分析。如果在夫妻长期分居期间,丈夫强行与妻子发生性关系,或者在夫妻离婚诉讼过程中,夫妻已经分居,丈夫强行与妻子发生性关系等,应当认定构成强奸罪。如果夫妻双方在并非处于办理离婚期间或分居期间,丈夫以暴力强迫妻子与其发生性关系,可以按照虐待罪处理,而不能认定为强奸罪。虽然婚内强奸发生在合法的婚姻关系存续期间,具有一定的特殊性,因为本来夫妻之间的性关系就是合法的,受到法律的保护,但是,这是建立在夫妻互相尊重、平等自愿基础上的性生活,并不应该包括丈夫使用暴力强迫妻子与其性交的强奸行为,妻子结婚后并不丧失自己的性自决权和独立的人格,丈夫当然也不能因为婚姻关系而使自己的强奸行为得到豁免。

14. 与女精神病患者或痴呆妇女发生性行为的,应当如何处理?

对于这类案件是否应认定为强奸,不应以女方是否对性行为表示了同意为标准来判定,而应在查明以下情况后据实确定:第一,女精神病人或痴呆妇女病情的轻重以及意识能力与控制能力状况。妇女是否因患精神病或痴呆症而丧失辨认、控制自己行为的能力。第二,行为人是否明知妇女不能辨认、控制自己的行为。对于行为人以暴力、胁迫或者其他手段强行与妇女发生性交的,不论行为人是否明知该妇女是精神病患者或痴呆,均应以强奸罪论定;对于得到了女精神病人或痴呆症患者的同意,甚至是在其性挑逗的情况下而与之性交的,则行为人必须明知该妇女是丧失辨认、控制自己行为能力的精神病患者或痴呆症患者而乘机奸淫的,才能以强奸罪论定;如果行为人确实不知道对方是丧失辨认、控制自己能力的女精神病或痴呆症患者,甚至是在受到其性挑逗的情况下,与其发生性交的,则不能对行为人以强奸罪论定,因为在这种情况下行为人并没有强奸的故意。

15. 如何区分强奸罪与强制猥亵、侮辱罪?

此二种犯罪在使用的手段上和侵害的对象上都相同,行为人在主观上都有发泄性欲的故意内容,因而二者容易混淆,尤其是强制猥亵、侮辱妇女与伴随有强制猥亵、侮辱妇女的强奸未遂容易混淆。

二者的区别主要在于:第一,主观故意内容不同。前者的行为人具有强行与被害人性交的意图;而后者的行为人没有强行与被害人性交的意图。第二,客观行为内容有所不同。前者是以强行与被害人性交为其行为的基本内容,并以此来发泄、满足性欲;而后者发泄、满足性欲的行为中不包括强行性交的行为。

司法实践中,如果认定强奸行为的证据不足,则只宜认定为强制猥亵、侮辱罪。

16. 强奸罪与负有照护职责人员性侵罪的联系与区别?

二罪的联系在于:两者有可能出现法条竞合的情况。强奸罪的行为人采用的是暴力、胁迫或者其他使得被害人不能反抗、不知反抗的手段,而负有照护职责人员性侵罪的主体使用上述手段则可能会与强奸罪发生法条竞合。

二罪区别主要在于:第一,犯罪主体不同。强奸罪是一般主体;后者是特殊主体即限于对被害人负有监护、收养、看护、教育、医疗等特殊职责的人员。第二,犯罪对象有所不同。强奸罪的犯罪对象是妇女、幼女;后者的对象限于行为人对其负有监护、收养、看护、教育、医疗等特殊职责的已满14周岁不满16周岁的未成年女性。

■ 课后学生总结巩固的训练案例

◇ 王卫明强奸妻子案
◇ 唐胜海、杨勇强奸案
◇ 谢茂强等强奸、奸淫幼女案
◇ 吴茂东猥亵儿童案

■ 课后环节及要求

本次课堂教学结束后,运用所学相关刑法知识尝试分析推荐案例,就本次课程学习情况撰写100～500字的个人学习总结,并提出仍存疑惑;教学助理评阅每位学生的学习总结并就学生仍存疑惑作出解答,由所有主讲教师集体审改疑惑解答,反馈学生。

第八讲　侵犯公民人身权利、民主权利罪(三)

■ 本讲教学要求

绑架罪与非法拘禁罪关系密切,绑架罪的外在表现就是非法拘禁行为,因此,如何区分绑架罪与非法拘禁罪是值得注意的问题,尤其是绑架罪与索债型非法拘禁罪的区分,更是应当给予关注。拐卖妇女、儿童罪严重冲击人们的道德情感。拐卖妇女、儿童罪性质严重,实践多发。并且拐卖妇女、儿童罪理论问题繁多,例如,民间送养与父母卖子的界限、拐卖妇女、儿童罪的罪数问题等。在本讲的教学中,可以立足本国国情,结合近年来我国打击治理拐卖类犯罪方面的典型案例和取得的具体成就,促使学生认识到我国在依法治国道路上的决心和毅力,同时体会到国家在充分尊重和保障人权方面的种种努力,坚定学生的道路自信、制度自信。

■ 本次课教学安排

◇ **时间:**第 8 次课,教学时数为 3 学时左右。

◇ **教学内容的重点、难点:**危害国家安全罪的犯罪主体问题;煽动型犯罪与教唆犯的区别;危害国家安全罪的预备行为实行化问题。

◇ **教学方式:**

- 课前学生自主学习,班长收集各位同学在自主学习中的困惑点于课前交该班教学助理与主讲教师。
- 课堂教学环节实行“三环节”制:自主学习困惑交流;本次课重点难点引导性讲授;重点难点问题疑惑讨论。

■ 课前学生自主学习内容

□ 学习资料

◇ 指定在线课程的相应内容。

◇ 应阅读教程章节:贾宇主编《刑法学(各论)》第十七章;石经海主编《中国刑法学分论》的相应内容;石经海等主编《刑法重点问题案例实务教程》的相应内容。

◇ 应重点研读的法条:《刑法》第238~241条、第246~247条、第258~262条。

□ 学习中应思考的问题

1. 索债型非法拘禁与绑架罪、抢劫罪的界限为何?
2. 通过语言侮辱等网络暴力行为致人自杀死亡的行为性质应如何认定?如何认定侮辱罪中"严重危害社会秩序和国家利益"提起公诉的情形?
3. 重婚罪和破坏军婚罪的关系如何?是否属于法条竞合关系?行为人的行为触犯破坏军婚罪时是否也一定触犯重婚罪?
4. 行为人长期辱骂其恋人,是否构成虐待罪?故意以不作为的方式伤害对方(不给吃、不给穿、不给治病)的行为应如何定性?

■ 课中师生交流的重难点问题及解析要点

1. 利用他人智力和理解能力上的缺陷,通过欺骗的手段来剥夺他人人身自由的,是否构成非法拘禁罪?

该行为构成非法拘禁罪。

非法拘禁罪的本质是剥夺他人人身自由,而剥夺人身自由的方法既可以是有形的,也可以是无形的。一般可分为两类:一类是直接拘束人的身体,剥夺其身体活动自由,如捆绑;另一类是间接拘束人的身体,使其客观上不能、不敢或明显难以离开、逃出。通过欺骗方式使其对自己的人身法益陷入错误认识从而实现自身监禁他人的目的,属于利用被害人的行为实施犯罪,可以成立非法拘禁罪的间接正犯。

2. 非法限制他人人身自由的行为是否构成非法拘禁罪？

根据罪刑法定的原则，对"非法限制他人人身自由"的行为不宜定为非法拘禁罪。"限制"与"剥夺"是两个明显不同的概念，两者在强制程度上有一定差别，"限制"强制程度相对较"剥夺"轻。"剥夺"带有"完全"夺去的意思，就是使被控制对象"完全"失去自由行动，而"限制"则是确定一定范围和一定程度的自由行动，两者不能等同。

3. 如何区分绑架罪与非法拘禁罪？

二者的区别主要在于：第一，主观故意内容不同。绑架罪是以勒索财物为目的，或者是勒索财物、索取债务、出卖为目的以外的，获取其他利益的目的；非法拘禁罪只是故意非法剥夺他人人身自由。第二，客观方面有所不同。绑架罪通常既有绑架人质的行为，又有勒索财物或要求获取其他利益的行为，剥夺被害人的人身自由既是绑架的手段又是其当然结果；非法拘禁罪一般只有非法剥夺他人人身自由的行为，除因索取债务的情况外，既没有勒索财物的行为，也没有要求其他利益的行为。另外，绑架罪只能以作为方式实施；非法拘禁罪主要是以作为方式实施，但也可以不作为方式实施。第三，犯罪客体有所不同。绑架罪主要侵犯了被害人的人身自由，但还可能侵犯被害人的健康权、生命权以及财产所有所权；非法拘禁罪只是侵犯了被害人的人身自由权。

4. 偷盗婴幼儿的行为应当如何定性？

按照我国《刑法》规定，对于偷盗婴幼儿的案件应根据行为人偷盗婴幼儿的不同目的分别定罪：第一，以勒索财物为目的偷盗婴幼儿的，定绑架罪；第二，以出卖为目的偷盗婴幼儿的，定拐卖儿童罪；第三，基于收养目的偷盗婴幼儿的，定拐骗儿童罪；第四，出于索取债务的目的偷盗婴幼儿的，定非法拘禁罪。根据有关司法解释，婴幼儿是指不满6周岁的儿童。

5. 卖亲案应如何定性？

卖亲案件，是指父母卖子女、丈夫卖妻子、子女卖母亲、兄弟卖姐妹等亲属卖亲属的案件。对这类案件，应根据不同情况，区别对待：第一，对于以非法获利为目的出卖自己的亲属的，应以拐卖妇女、儿童罪论处；第二，对于受生活所迫或封建思想影响或出于其他遗弃意图而出卖自己亲属，符合遗弃罪的构成要件的，应以遗弃罪论处；第三，对于与亲属共谋，把亲属卖给他人，得款项后双双潜逃的，即俗称的"放飞鸽"，骗得款项数额较大的，对其都应以诈骗罪论处。

6. 拐卖妇女罪与借介绍婚姻索取财物行为的界限？

借介绍婚姻索取财物，是指行为人借为男女双方做婚姻介绍人之机，向其中一方或者双方索取一定财物的行为。显然，这是一般违法行为，不构成犯罪。二者的区别主要在于：第一，拐卖妇女罪把妇女作为商品出卖，所获取的财物是被害妇女的“身价”；借介绍婚姻索取财物行为是将一方介绍给另一方，索取“介绍费”或“报酬”。第二，拐卖妇女罪通常是先拐骗妇女，再寻找买主，标价出卖，或先找买主，再拐骗妇女；借介绍婚姻索取财物行为通常是受人之托，为他人物色婚姻对象，待婚事谈成，再索要财物。第三，拐卖妇女罪通常违背妇女意志；借介绍婚姻索取财物行为介绍婚姻并不违背妇女意志。

7. 拐卖妇女罪与买卖婚姻行为的界限？

买卖婚姻是指女方家长或监护人向男方索取财物作为结婚的条件。这与拐卖妇女有所相似。二者的区别主要在于：第一，拐卖妇女罪将妇女当作商品出卖，侵犯的客体是妇女的人格尊严和人身自由；买卖婚姻行为是将妇女的婚姻当作获取钱财的机会，侵犯的客体是妇女婚姻自由权利。第二，拐卖妇女罪一般是当场讲价当场成交，一手交钱一手交人的“商品”交易；买卖婚姻行为则是通过订立“婚约”，或履行“婚约”前双方就结婚条件讨价还价，达成协议，双方到期履约完婚。第三，拐卖妇女罪通常表现为以拐骗、绑架、收买等方式使被害人脱离家庭而置于自己的控制之下，然后予以贩卖；买卖婚姻行为被买卖婚姻的当事人不一定离开家庭，多数是强迫包办，利用婚姻索要钱财。

依照我国《刑法》，买卖婚姻行为本身并不构成犯罪，但在买卖婚姻过程中，对婚姻当事人实施暴力强制的，则可构成暴力干涉婚姻自由罪。

8. 行为人并未直接参与以出卖为目的的拐骗妇女的行为，但聚众阻碍国家机关工作人员的解救，行为人的行为该如何定性？

应当分情况讨论。第一，成立拐卖妇女罪的共犯。拐卖妇女罪是继续犯，若某甲以出卖为目的拐骗妇女，在尚未卖出的时候被国家机关发觉，此时甲的好朋友乙明知甲拐卖妇女儿童而阻碍国家机关工作人员的解救行为，乙应成为拐卖妇女罪的帮助犯；第二，不构成共犯的情况下，单独构成聚众阻碍解救被收买的妇女、儿童罪。

9. 拐卖妇女、儿童罪与绑架罪的联系与区别?

二者的联系在于:二者在客观方面有所相同,如拐卖妇女、儿童罪可以绑架为手段;绑架罪可以表现为绑架妇女、儿童,偷盗婴幼儿,还常常有获取财物的行为。

二者的区别主要在于:第一,犯罪对象不同。拐卖妇女、儿童罪的对象仅限于妇女、儿童;绑架罪的对象可以是任何人。第二,主观目的不同。拐卖妇女、儿童罪是以出卖为目的;绑架罪是以勒索财物为目的,或者以获取除勒索财物、索取债权、出卖目的以外的其他利益为目的。第三,获取的利益及其方式不同。拐卖妇女、儿童罪是将妇女、儿童出卖获取钱财;绑架罪是向人质的亲属或其他利害关系人或有关单位要挟,可以是为钱财,也可以是为其他利益。

10. 诽谤罪与诬告陷害罪的界限?

二者的区别主要在于:第一,犯罪客体不同。诽谤罪只侵犯被害人的人格、名誉权;诬告陷害罪既侵犯了被害人的人身权利,又扰乱了司法机关的正常活动。第二,客观方面有所不同。诽谤罪表现为捏造并散布贬损他人人格、名誉的事实的行为;诬告陷害罪表现为捏造他人犯罪事实并向司法机关或有关单位告发的行为。第三,犯罪目的不同。诽谤罪中行为人是以贬损他人人格、名誉为目的;诬告陷害罪行为人是以使他人受刑事追究为目的。

11. 行为人举报某官员刑讯逼供,查证后发现该官员只存在贪污行为而无刑讯逼供行为。这种情况下,举报人是否构成诬告陷害罪?举报瑕疵与诬告陷害的界限应当怎么认定?

第一,对于举报人行为的定性问题。如果举报人基于部分事实情况而认为官员存在刑讯逼供的行为,举报人并无想要官员受到莫须有的刑事追究的意图,即便最后查证该官员不是刑讯逼供而是贪污,举报人也不构成诬告陷害罪;如果举报人述说刑讯逼供行为与官员的实际行为之间的因果联系推断并不能为一般人所正常认知,而且还捏造事实并向司法机关告发,主观就有诬告陷害的故意,客观上也实施了该行为,只是结果并没有按照举报人设想的罪名处罚,但依旧扰乱司法机关的正常活动,构成诬告陷害罪。

第二,对于举报瑕疵与诬告陷害的界限问题。应当考量举报内容中事实的客观性是否符合一般人的认知,因为非法律人士和专业人士对行为性质的认识存在较大差别。即便最终被举报人实际的罪行和举报人所举报的内容差别较大,只要举报人没有编造事实,或者事实的偏差符合常理,就不能认定举报人有诬告陷害的故意。因此,行为人不是有意诬陷,而是错告,或检举失实的,不适用诬告陷害罪的规定。

12. **虐待被监管人员罪和刑讯逼供罪的联系与区别?**

二罪的联系:虐待被监管人罪与刑讯逼供罪都侵犯了公民的人身权利和司法机关的正常活动,在客观方面都实施了殴打或其他肉体折磨等侵犯他人健康的行为,主观方面均是出于直接故意。

两罪的区别在于:第一,客体不完全相同。虐待被监管人罪侵犯的司法机关的活动具体为监管活动,对象可以是一切被监管机关监管的人,包括已被判刑而正在服刑的已决犯、被司法机关怀疑但未判决有罪而在看守所羁押的犯罪嫌疑人与被告人,以及被行政拘留、刑事拘留、司法拘留或劳动教养的人员;刑讯逼供罪侵犯的司法机关的正常活动具体为审讯活动及证据收集制度,犯罪对象限于犯罪嫌疑人与被告人(包括被监管的犯罪嫌疑人与被告人)。第二,犯罪主体范围不同。虐待被监管人罪的主体为监狱、拘留所、看守所、法院临时羁押室等监管机构的监管人员;刑讯逼供罪的主体可以是各种司法工作人员。第三,犯罪目的不同。刑讯逼供罪中行为人的目的在于逼取口供;虐待被监管人罪中行为人则无此目的。

13. **为什么暴力干涉他人婚姻自由致使被害人死亡的,不实行数罪并罚?**

暴力干涉婚姻自由罪中的"致使被害人死亡的"一般包括两种情形:第一,由于暴力干涉导致被害人自杀的,必须证明暴力干涉和自杀之间具有刑法上的因果关系才能追究刑责,此种情况下,即使有刑法上的因果关系行为人对于死亡后果一般是过失;第二,暴力干涉的过程中过失导致被害人死亡的,此情形构成暴力干涉婚姻自由罪和过失致人死亡罪的竞合,择一重论处,由于二者最高刑都是7年,可直接以暴力干涉婚姻自由罪定罪处罚。

可以看到,暴力干涉婚姻自由罪中的"致使被害人死亡"仅包含过失造成死亡后果的情形,想象竞合择一重,由于二者法定最高刑相同再加上法律有明确规定,故直接以暴力干涉婚姻自由罪定罪处罚。

暴力干涉婚姻自由致人死亡的，主观上对于干涉婚姻自由的行为是故意，对死亡结果是过失，若行为人是故意造成被害人重伤或死亡的，则构成故意伤害罪（致人重伤）或故意杀人罪。

综上所述，暴力干涉他人婚姻自由致使被害人死亡的，仅以暴力干涉婚姻自由罪一罪定罪处罚并不会造成罪刑失衡，故无须数罪并罚。

14. 被拐卖的已婚妇女为生存不得已形成了事实婚姻的，是否构成重婚罪？

在该种情形下，一般认为，行为人因缺乏期待可能性而出罪。因为行为人在连生存都成问题时，我们并不期待当事人会避免犯罪行为。期待可能性的核心是“法律不强人所难”，法律不能命令人民实施不可能实施的行为，也不能禁止人们实施不可避免的行为。

15. 行为人在实施虐待犯罪过程中，可能导致被害人重伤、死亡的结果，此种情形下虐待罪与故意伤害罪、故意杀人罪应如何区分？

虐待罪与故意伤害罪、故意杀人罪的区别主要在于：第一，故意内容不同。虐待罪行为人在主观上只有从肉体上、精神上摧残、折磨被害人的虐待故意，虽然虐待行为也可能导致被害人重伤或者死亡，但这只是虐待行为过失引起的，并不是行为人希望或放任的结果；后二者的行为人主观上有非法损害被害人身体健康的故意或非法剥夺被害人生命的故意。第二，在客观方面不同。虐待罪之虐待行为具有经常性、连续性、一贯性，单纯的一次举动不能构成；后二者通常表现为一次行动即能构成犯罪。第三，犯罪主体不同。前者是特殊主体，行为人与被害人共同生活在同一家庭之中，二者之间具有特定的亲属关系；后二者的主体是一般主体。

综上，行为人在实施虐待犯罪过程中，导致被害人重伤、死亡的结果的情形，可能有以下几种处理结果：第一，行为人基于伤害或者杀人的故意，非法伤害或杀害他人（包括行为人的家庭成员）的，即使行为不是一次完成的，则对行为人也应以故意伤害罪或故意杀人罪论处；第二，行为人基于虐待的故意，在实施虐待的过程中过失致被害人重伤、死亡或导致被害人因不堪忍受而自残、自杀身亡的，则对行为人仍应以虐待罪论处，这属于结果加重犯；第三，行为人在情节恶劣的经常性虐待过程中，其中一次产生伤害或杀害被害人的故意，而实施伤害或杀害行为的，则应构成虐待罪与故意伤害罪或故意杀人罪，应予以两罪并罚。

课后学生总结巩固的训练案例

◇ 辜正平非法拘禁案

◇ 熊志华绑架案

◇ 王建平绑架案

◇ 北京杨勇猛诽谤前女友案

◇ 方伍峰重婚案

课后环节及要求

本次课堂教学结束后,运用所学相关刑法知识尝试分析推荐案例,就本次课程学习情况撰写100～500字的个人学习总结,并提出仍存疑惑;教学助理评阅每位学生的学习总结并就学生仍存疑惑作出解答,由所有主讲教师集体审改疑惑解答,反馈学生。

第九讲 侵犯财产罪(一)

■ 本讲教学要求

侵犯财产罪是指故意非法地将公共财产和公民私有财产据为已有,或者故意毁坏公私财物的行为。刑法侵犯财产相关犯罪的规定,既是对宪法保护合法公私财产规定的贯彻落实,也是坚持罪刑法定原则、维护包括犯罪人在内的合法权益的典型体现,彰显了我国刑法在积极惩治犯罪与保守谦抑之间的微妙平衡。具体而言,在非法占有型侵财犯罪的教学过程中,可以结合司法解释,以相对刑事责任年龄人实施转化型抢劫行为是否构罪的理论争议入手,阐释我国刑法宽严相济的刑事政策以及对未成人年犯罪教育为主、惩罚为辅的司法方针,体现出刑法谦抑人道的侧面,增强学生对社会主义法治的认同;在挪用型侵财犯罪的讲授过程中,可以结合监察全覆盖的监察体制改革内容,彰显我国反腐倡廉的坚定决心,增强学生建设中国特色社会主义事业的信心;在毁坏型侵财犯罪的讲授过程中,应当体现国家对不同性质经济主体的平等保护,突出刑法在维护社会生产经营秩序的重要作用。

■ 本次课教学安排

◇ **时间:**第 9 次课,教学时数为 3 学时左右。

◇ **教学内容的重点、难点:**抢劫罪的既遂标准;抢劫罪中"其他方法"的内涵;转化型抢劫的相关问题。

◇ **教学方式:**

- 课前学生自主学习,班长收集各位同学在自主学习中的困惑点于课前交该班教学助理与主讲教师。

- 课堂教学环节实行“三环节”制：自主学习困惑交流；本次课重点难点引导性讲授；重点难点问题疑惑讨论。

■ 课前学生自主学习内容

□ 学习资料

◇ 指定在线课程的相应内容。

◇ 应阅读教程章节：贾宇主编《刑法学（各论）》第十七章；石经海主编《中国刑法学分论》的相应内容；石经海等主编《刑法重点问题案例实务教程》的相应内容。

◇ 应重点研读的法条：《刑法》第263条、第269条。

□ 学习中应思考的问题

1. 侵犯财产权益犯罪是否都须以非法占有为目的？何为非法占有目的？
2. 抢劫罪“两个当场”的客观行为特征如何理解？怎样界定抢劫罪暴力、胁迫和其他方法的内涵？抢劫罪的暴力是否必须达到足以排除被害人反抗的程度？
3. 抢劫罪八种加重量刑情节具体如何理解？八种加重情节有无未遂？
4. 乙抢劫妇女高某财物，路人曾某上前制止，乙用自制火药枪将曾某打死。乙是否属于抢劫致人死亡？

■ 课中师生交流的重难点问题及解析要点

1. 欠条等财产性利益凭证能否成为抢劫罪的犯罪对象？

实践中以暴力、威胁方式抢得欠条后销毁，或使用暴力、威胁方式强迫并不欠债的他人写下欠条，如何定性多有争议。多数观点认为，如果欠条不是证明双方债权债务关系的唯一凭证，则抢得欠条并不必然导致债权灭失，债权人还可通过其他方式主张和实现其债权，这种情况下抢劫欠条不构成抢劫罪。但设若欠条是双方债权债务关系唯一证明，欠条灭失则债权人彻底无法主张债权，这时行为人抢劫欠条相当于当场抢走欠条所载同等金额的财产，应以抢劫罪定罪处罚。

2. 劳务是否能成为侵犯财产罪的犯罪对象?

对于劳务能否成为侵犯财产罪的犯罪对象,传统观点认为是否定的,认为劳务是不能作为盗窃罪的犯罪对象的,原因如下:第一,人和物分别是主、客体,人的行为具有人身专属性,作为主体人不可割裂的人的行为是不能被视作物的。第二,作为侵犯财产罪的犯罪对象往往是一种客观存在,有一定的物质载体,并有着一定的客观经济价值,能在一定程度负有货币的职能。而人的行为作为一种抽象的存在,不可能具有以上的功能特点,所以不能作为侵犯财产罪的犯罪对象。

应当注意的是,劳务本身虽然不是财产权,但通过提供劳务,能够使得提供者对被提供者产生财产权。这里的产生的财产权,往往是一种债权,而债权属于财产性利益,则可以纳入侵犯财产罪的对象犯罪。注意,债权可以作为侵犯财产罪的对象并不意味着欺骗劳务的行为即侵犯了债权。如果行为人通过欺骗的方式让工人自愿放弃债权即工资,可以构成诈骗罪。但行为人在工人付出劳务前便欺骗工人,此时还没有债权存在,不属侵犯债权。

同时,劳务要区分情形,是否有密切的人身专属或依附性。如果具有强烈的人身专属性,如工人具体搬砖的行为,行为本身难以与主体脱离而单独作为财物或财产性利益认定。但像出租车跑完之后的运费,除了司机的身体付出外,还有车的损耗和油的消耗,此时车费就不具有那么强烈的人身依附性,此时可以作为财物。对应地,他人已经实际垫付或投入的材料费或其他客观财产,当然可以成为侵犯财产罪的对象。

3. 不动产能否成为抢劫罪的对象?

理论界存在两种不同的观点:

一种观点认为,“非法抢占不动产的,不属于抢劫罪”。主要理由有以下两点:第一,抢劫罪的性质决定,抢劫罪是当场取得财物,而当场可以取得财物只能是动产,因为只有动产才便于携带移离,不动产是难以当场取走并非法占有的;第二,取得不动产所有权单靠占有和使用是不能完成的,必须要经过严格的法律程序才能使所有权发生改变,即使行为人通过暴力、胁迫等手段对不动产有了实质上或事实上的占有、使用行为,也并不能完全取得所有权,并完全排除权利人在法律上的有效控制。

另一种观点认为,“抢劫罪的对象既可以是动产,也可以是不动产,如使用暴力手段当场非法占有、控制他人房屋的,应认定为抢劫罪”。

我们认为应该区分不同情况分别看待,具体如下:

第一种情况,是行为人用暴力、胁迫等方法强行进入并霸占他人住宅的,可定非法侵入住宅罪;若致人伤害或杀人的,分别以故意伤害罪或故意杀人罪定罪处罚;若致其他财物损毁的,可以故意毁坏财务罪或破坏生产经营罪处罚;情节显著轻微,按一般违法行为处理,适用《治安管理处罚法》,或责令其承担民事责任。

第二种情况,是行为人使用暴力手段当场非法占有、控制他人房屋,并要求所有权人书写房屋赠与合同,如果被害人依靠政府有关机关顺利收回了自己的房产,保护了自己的合法权利,则只能按照第一种情况处理;如果被害人被迫与行为人顺利办理了房产转移手续,那么,该不动产就完全变成了抢劫罪的犯罪对象,虽说抢劫不动产的行为表现可能不如同抢劫动产般具有明显的直接性和当场性,却难以改变该行为仍属抢劫行为的本质,故我们认为,在此种情况下,不动产能成为抢劫罪的对象。

4. 行为人在故意杀人后在拿走死者的财物的,应当如何定罪?对于单纯拿走死者财物的行为应当如何定性?

应当分情况讨论。

第一,故意杀人后,临时起意拿走死者财物的,定故意杀人罪和盗窃罪,并数罪并罚。《关于审理抢劫、抢夺刑事案件适用法律若干问题的意见》第8条规定,行为人实施伤害、强奸等犯罪行为,在被害人未失去知觉,利用被害人不能反抗、不敢反抗的处境,临时起意劫取他人财物的,应以此前所实施的具体犯罪与抢劫罪实行数罪并罚;在被害人失去知觉或者没有发觉的情形下,以及实施故意杀人犯罪行为之后,临时起意拿走他人财物的,应以此前所实施的具体犯罪与盗窃罪实行数罪并罚。

第二,为了劫取财物预谋故意杀人,或者在劫财过程中为了制服被害人反抗杀害被害人的,定抢劫罪,以抢劫致人死亡的加重情节进行处罚。

第三,对于单纯拿走死者财物的行为是否构成犯罪,涉及死者的占有问题,对此存在观点争议:

第一种观点为死者占有肯定说:被害人死后对财物的占有继续进行,对行为人利用被害人死亡的状态取得财物的一连串行为,应作整体把握,故拿走死者财物的行为成立盗窃罪。

第二种观点为死者占有否定说：占有是“人”的占有，占有主体死亡，其对财产的占有自动消失；但该财物自动转归死者继承人所有（而非占有），属于遗忘物，故无论是杀人者临时起意拿走财物，还是事后回到现场拿走财物，抑或第三人路过拾取死者身上财物的，都成立侵占罪。

第三种观点为死者的生前占有说：死者生前的占有在其死亡不久之际还在延续，杀人者临时起意夺取财物的行为就是侵害占有的行为，成立盗窃罪。但要符合以下条件：取得财物者就是先前侵害被害人的行为人；取得财物的行为与先前的侵害行为时间间隔极短，几乎同时存在；取得财物与先前的侵害行为几乎在同一场所。

第四种观点为继承人占有说：继承人自动取得占有了死者身上的财物，故行为人临时起意拿走死者身上的财物，或者事后回到现场拿走财物，抑或第三者经过现场拿走财物的，都成立盗窃罪。

5. 抢劫罪中要求当场夺取财物，如果被害人并未随身携带财物，而是返回家中取出后再交由犯罪人，此种情形下，行为人是否构成抢劫罪？

构成抢劫罪。

对劫取财物“当场”的解释应包括时间上、空间上具有一定的接续性、邻接性，行为人仅离开现场一段时间就返回抢劫场所将财物交予行为人，或者家离抢劫场所并不远，也应认定为在现场实施的行为，是当场取财。

6. 抢劫对象变更，即行为人实际取得的财物与意欲取得的财物完全不同的，应当如何定性？

只要是客观上压制了被害人的反抗而取得财物的，均应认定为抢劫既遂。例如，甲为了抢劫他人户内的现金，在使用暴力压制他人反抗后，在寻找现金的过程中发现了金银首饰，将金银首饰拿走。对此，应认定为抢劫既遂。但是，当行为人针对特定财物实施抢劫行为，而被害人对该特定财物并没有丧失反抗能力时，行为人乘机取得被害人没有防备、没有保护的其他财物的，应认定为盗窃。

7. 行为人受邀进入甲家，后发现甲十分富有，遂实施了抢劫。该行为能否认定为入户抢劫？

该行为不能被认定为入户抢劫。

行为人被允许进入甲家，进入户内之后才产生抢劫的意图，没有侵犯住宅安宁权，所以只能认定为普通型抢劫。入户抢劫在主观上要求“入户”目的具有非法性，要与“在户内抢劫”区别开来。以侵害户内人员的人身、财产为目的，入户后实施抢劫，包括入户实施盗窃、诈骗等犯罪而转化为抢劫的，应当认定为“入户抢劫”。因访友办事等原因经户内人员允许入户后，临时起意实施抢劫或者临时起意实施盗窃、诈骗等犯罪而转化为抢劫的，不应认定为“入户抢劫”。

8. 宿舍是否属于“入户抢劫”中的“户”？

一般而言，集体宿舍不能被视作“户”。

“入户抢劫”的本来含义是指进入私人住宅抢劫。其所以对进入私人住宅抢劫要作为加重犯看待，这是因为私人住宅关系到公民的人身、财产安全和生活安宁。入户抢劫不仅侵犯公民的人身权和财产权，而且还危及公民的住宅居住安全。

《宪法》第39条规定：“中华人民共和国公民的住宅不受侵犯。禁止非法搜查或者非法侵入公民的住宅。”以此为根据，《刑法》第245条规定了独立的“非法侵入住宅罪”。而“入户抢劫”除了抢劫财物之外还存在非法侵入住宅的问题，这也是刑法把“入户抢劫”规定为抢劫罪加重犯的根本理由。最高人民法院2000年11月作出的《关于审理抢劫案件具体应用法律若干问题的解释》也基本上是从严格限制的立场来解释“入户抢劫”的。该司法解释明确指出：“‘入户抢劫’是指为实施抢劫行为而进入他人生活的与外界相对隔离的住所，包括封闭的院落、牧民的帐篷、渔民作为家庭生活场所的渔船、为生活租用的房屋等进行抢劫的行为。”至于机关、团体、企业事业单位的院落、办公室、旅馆的客房、学校的学生宿舍、单位职工的集体宿舍则不属于私人住宅，进入这样的场所抢劫，不危及公民的住宅居住安全不存在刑法中的“非法侵入住宅”的问题，因而不能认定为“入户抢劫”。

对“户”的认定，很重要的一点在于某种空间须具有家庭功能，此时入户才能造成相当程度地对他人住宅安全的侵害感。至于家庭功能具备与否，更多是一种心理感受，要以多数人普遍认识到的是否具有家庭的温馨、自由、随意、不被轻易打扰等感受为基点。集体宿舍整体上缺乏上述家庭功能的感受，至少一般情形下家庭功能的认知度不强。故一般情形下，集体宿舍不能被认定为户。

9. 如何理解抢劫罪中“抢劫银行或其他金融机构”？

“抢劫银行或者其他金融机构”并不是指在银行内抢劫，而是抢劫银行或者其他金融机构的经营资金、有价证券和客户的资金等。抢劫正在使用的银行或者其他金融机构的运钞车的，视为“抢劫银行或者其他金融机构”。如果行为人以银行的办公用品，如电脑等作为抢劫的对象时，不属于抢劫银行或者金融机构。正在银行或者其他金融机构等待办理业务的客户不是金融机构本身，抢劫这些客户财物的行为不能认定为“抢劫银行或者其他金融机构”。但是，如果这些客户的财物已经递交银行或者其他金融机构工作人员后，行为人进行抢劫的，应以“抢劫银行或者其他金融机构”论处。

10. 抢劫罪中“抢劫军用物资或者抢险、救灾、救济物资”这项加重犯的成立，是否要求行为人明知抢劫的是军用、抢险、救灾、救济物资？如果行为人误以为是普通财物，但客观上抢劫了军用物资的，以及误以为是军用物资，而客观上抢劫了普通财物的，该如何定性？

“抢劫军用物资或者抢险、救灾、救济物资”这项抢劫罪加重犯的成立，必须以行为人明知其抢劫的财物中包含这些特定用途的物资为条件，如果行为人事前或者事中并不知道其特定用途，则不能构成本项加重犯。因此，依主客观相统一原则，误以为是普通财物，但客观上抢劫了军用物资的，按照抢劫罪的基本犯论处；误以为是军用物资，而客观上抢劫了普通财物的，按照抢劫罪的加重犯（未遂）论处。

11. 后介入者利用先介入者的暴力获取财物是否构成抢劫罪？

先考察后介入者对先介入者的暴力行为是否有通谋，如果有通谋，当然构成抢劫罪的共同犯罪；如果无通谋，需要考察后介入者对先介入者的暴力行为是否有认识，如果无认识（后介入者不知道被害人被他人暴力压制），那只能构成盗窃，属于利用了他人不能反抗的处境窃取财物，但如果对先介入者的暴力行为有认识，则构成抢劫罪。

12. 转化型抢劫以盗窃、诈骗、抢夺既遂为前提吗？

转化型抢劫的成立不以盗窃、诈骗、抢夺等罪的既遂为前提。

如果要求成立转化型抢劫罪必须以行为人构成盗窃罪、诈骗罪、抢夺罪为前提条件，必然会使大量具有严重社会危害性的行为无法处理。成立转化型抢劫罪的前提条件是实施盗窃、诈骗、抢夺行为，因此，只要行为人在实施盗窃行为过程中，为窝藏赃物、抗拒抓捕或者毁灭罪证而当场使用暴力或者以暴力相威胁的，就应当以抢劫罪定罪处罚，盗窃等是否既遂不影响抢劫罪的成立。

13. 盗窃枪支、弹药后为抗拒抓捕而当场使用暴力的,能否成立转化型抢劫?

盗窃枪支、弹药后为抗拒抓捕而当场使用暴力的,可以成立转化型抢劫。

看似《刑法》第269条规定的"犯盗窃、诈骗、抢夺罪",表明抢劫罪转化范围只限于侵犯财产罪之内。因此,转化型抢劫,其先行之对象必须是公私财物,如盗窃、抢夺国家机关公文、证件、印章罪就不能转化为抢劫罪。但事实上,抢劫罪转化的范围并不仅仅限于《刑法》第五章规定的侵犯财产罪的范围,如第三章第五节规定的金融诈骗罪,第127条规定的盗窃、抢夺枪支、弹药、爆炸物罪,第345条规定的盗伐林木罪等都符合这类犯罪的特征。其他类型的盗窃、诈骗、抢夺罪其本质属性和普通盗窃、诈骗、抢夺罪是一样的,且往往危害性更为严重,所以其他类型的盗窃、诈骗、抢夺是可以转化为抢劫罪的。

但还应注意一个问题:若行为人实施其他类型的盗窃、诈骗、抢夺行为构成的犯罪的法定刑较抢劫罪更重,应适用择一重罪处罚原则。即按转化的罪定罪的,只能比原犯的罪处罚重,而不能相反。因为转化犯的立法目的旨在严惩某类犯罪行为。例如,行为人犯《刑法》第127条的盗窃、抢夺、枪支、弹药、爆炸物罪,为了抗拒抓捕而当场使用暴力或者以暴力相威胁,情节严重的情形。按《刑法》第127条第1款规定,盗窃、抢夺枪支、弹药、爆炸物,情节严重的,处10年以上有期徒刑、无期徒刑或者死刑,按《刑法》第263条的转化型抢劫罪之规定,只有具有该条所列的8种加重情形之一,才可判处10年以上有期徒刑、无期徒刑或者死刑。由此可见,如果案件不具备抢劫罪的加重情节,对上述行为按照转化型抢劫罪定罪的,对行为人只能判处10年以下有期徒刑,此时若以转化型抢劫罪定罪则不能充分评价行为人行为的社会危害性与主观恶性。因此,在此情况下,应该采取择一重罪处罚原则,依照《刑法》第127条第1款,以情节严重的盗窃、抢夺枪支、弹药、爆炸物罪对行为人定罪处罚。这样既能够体现罪责刑相适应的原则,又不违反罪刑法定原则。

14. 在共同盗窃时,部分行为人为了抗拒抓捕而当场使用暴力的,其余行为人应如何处理?

应分情况讨论。

第一种情况,若其中部分行为人当场使用暴力时,其余行为人知情,并且可以阻止，而不予阻止，默认暴力行为继续实施时，其余共犯也转化为抢劫罪。

第二种情况，如部分行为人使用暴力时，其余行为人并不在场，且并不知情时，则实施暴力的行为人转化为抢劫罪，没有实施暴力行为人不转化为抢劫罪。因为在此种情形下，行为人之间仅有实施盗窃、诈骗、抢夺罪的犯罪故意，并没有抢劫的犯罪故意；而共同犯罪的客观要件，必须要有共同的犯罪故意。故不形成抢劫罪的犯罪故意。例如，甲、乙两人共同实施盗窃，犯罪完成后，甲携赃物已离开现场，乙正要离开时即被被害人抓住，乙为了挣脱逃跑，暴力击伤被害人后逃跑。本案中乙的行为可以认定为抢劫罪。那么对甲的行为是否也以抢劫罪定罪呢？甲、乙两人是否构成共同故意的转化型抢劫罪呢？在本案中甲、乙有着共同盗窃的共同故意，但无抢劫的共同故意，乙为抗拒抓捕而实施的暴力行为甲并不知情，也没有提供任何的支持和帮助。因此，乙的行为应该是实行犯过限。所以对于甲的行为仅以盗窃罪定罪处罚，不应转化为抢劫罪。

15. 未成年人能否构成转化型抢劫？

应分情况讨论。根据《最高人民法院关于审理未成年人刑事案件具体应用法律若干问题的解释》第10条规定："已满十四周岁不满十六周岁的人盗窃、诈骗、抢夺他人财物，为窝藏赃物、抗拒抓捕或者毁灭罪证，当场使用暴力，故意伤害致人重伤或者死亡，或者故意杀人的，应当分别以故意伤害罪或者故意杀人罪定罪处罚。已满十六周岁不满十八周岁的人犯盗窃、诈骗、抢夺罪，为窝藏赃物、抗拒抓捕或者毁灭罪证而当场使用暴力或者以暴力相威胁的，应当依照刑法第二百六十九条的规定定罪处罚；情节轻微的，可不以抢劫罪定罪处罚。"

故已满14周岁不满16周岁的未成年人依法对盗窃罪、抢夺罪、诈骗罪不负刑事责任，因此不能构成转化型抢劫罪的前提条件，不构成转化型抢劫罪；已满16周岁的未成年人可构成转化型抢劫。

▩ 课后学生总结巩固的训练案例

◇ 戚道云等抢劫案

◇ 包胜芹等故意伤害、抢劫案

◇ 白雪云等抢劫案
◇ 梁克财等抢劫案
◇ 陈祥国等抢劫案

■ 课后环节及要求

本次课堂教学结束后,运用所学相关刑法知识尝试分析推荐案例,就本次课程学习情况撰写100~500字的个人学习总结,并提出仍存疑惑;教学助理评阅每位学生的学习总结并就学生仍存疑惑作出解答,由所有主讲教师集体审改疑惑解答,反馈学生。

第十讲　侵犯财产罪(二)

■ 本讲教学要求

本部分的教学内容主要集中在盗窃及其相关犯罪的讲解中。盗窃罪,是指以非法占有为目的,秘密窃取公私财物数额较大或多次盗窃、入户盗窃、携带凶器盗窃、扒窃公私财物的行为。《刑法修正案(八)》对本罪客观方面进行了修正,增加了"入户盗窃、携带凶器盗窃、扒窃"成立盗窃罪的规定,并删去了"盗窃金融机构,数额特别巨大""盗窃珍贵文物,情节严重"要处"无期徒刑或者死刑,并处没收财产"的规定,从而在立法上彻底废除了盗窃罪的死刑。教学过程中,可以许霆案等盗窃罪的典型案例切入,从盗窃罪的类型完善以及法定刑的轻缓化等立法变化角度,揭示我国刑事法治在保障公民财产权益、积极回应社会需求、贯彻落实人人平等、重视强调罪刑均衡等方面的重要作用,使得学生真切体会"让人民群众在每一个司法案件中感受到公平正义"的深刻含义,从而激发其爱国爱家的深厚情怀,增强课堂的育人效果。

■ 本次课教学安排

◇ **时间**:第 10 次课,教学时数为 3 学时左右。

◇ **教学内容的重点、难点**:盗窃罪秘密性的理解;破坏性手段盗窃的定性问题;盗窃特殊对象的定性问题。

◇ **教学方式**:

- 课前学生自主学习,班长收集各位同学在自主学习中的困惑点于课前交该班教学助理与主讲教师。
- 课堂教学环节实行"三环节"制:自主学习困惑交流;本次课重点难点引导性讲授;重点难点问题疑惑讨论。

■ 课前学生自主学习内容

□ 学习资料

◇ 指定在线课程的相应内容。

◇ 应阅读教程章节:贾宇主编《刑法学(各论)》第十七章;石经海主编《中国刑法学分论》的相应内容;石经海等主编《刑法重点问题案例实务教程》的相应内容。

◇ 应重点研读的法条:《刑法》第264~265条。

□ 学习中应思考的问题

1. 入户盗窃、携带凶器盗窃、扒窃的情形,立法为什么未作入罪数额要求?
2. 如果行为人只有取得很少量财物的意图,实际却窃取了数额巨大的财物,或相反情形,应如何处理?
3. 行为人在商场6楼电器专门柜台盗窃空调1台,搬至1楼门口时因形迹可疑被商场保安查扣。系盗窃罪的既遂还是未遂?
4. 如何区分盗窃罪与危害公共安全相关犯罪的界限?行为人盗窃消火栓、公交车制动器的行为应当如何定性?

■ 课中师生交流的重难点问题及解析要点

1. 盗窃罪中的"非法占有"目的,是否包括"为他人非法占有"的目的?

刑法之"占有"与民法之作为所有权权能之一的"占有"有显著区别。"非法占有",意指行为人以财物所有人的意思,意欲建立其对财物的有效管理、控制,排除其他人对财物的干涉;盗窃罪中的"非法占有",不仅仅是占为己有,还可以为他人占有和转送、无偿提供给他人占有。

2. 如何理解"秘密窃取"?

秘密窃取财物是盗窃罪区别于其他财产犯罪的显著客观特征,"公然盗窃"不成立盗窃罪。所谓秘密窃取,是指行为人采取自认为不被被害人发现的方式取财。盗窃罪的"秘密"具有三个属性:(1)秘密具有主观性。只要行为人主观上自认为是秘密的,即使客观上被害人已经察觉或密切注视，都不影响秘密性的成立。(2)秘密具有针对性。盗窃罪的秘密性是针对财物所有人、占有人、持有人、保管人而言的，因此即使其他人都有所发觉，只要上述人员并不知情，仍然具有秘密性。(3)秘密具有贯彻始终性。盗窃罪的秘密必须贯穿取财的始终，若在秘密取财的过程中被发现，转而采用暴力、胁迫等方式取财，秘密性被打破，不应构成盗窃罪，而要根据具体情况不同评价为其他侵财犯罪。

3. 行为多次盗窃“数额很小”的财物，是否成立盗窃罪？

《最高人民法院、最高人民检察院关于办理盗窃刑事案件适用法律若干问题的解释》第3条规定，二年内盗窃三次以上的，应当认定为“多次盗窃”。“多次盗窃”的定罪根据是盗窃行为达到多次，而不是因为累计数额达到“数额较大”的标准，累计数额作为量刑情节考虑。因此，从理论上说，只要行为人二年内盗窃三次以上的，即使每次只盗窃数额很小的财物，也构成盗窃罪。但实践中，若情节轻微危害不大，一般不会直接以盗窃罪定罪处罚，可依照《治安管理处罚法》对行为人进行行政处罚。

4. 如何理解“扒窃”？是否凡是扒窃的，就应当不论数额，一律入罪？

刑法意义上的“扒窃”，是指在公共场所或者公共交通工具上盗窃他人随身携带的财物。“公共场所”主要指车站、码头、广场、商场、影剧院、集贸市场等，公共交通工具指正在运营中的大中型旅客运输机动交通工具。公共场所具有开放性和人员的不特定性，公共交通工具载客量大，流动性强，扒窃行为往往采取掏兜、割包等手法，技术性强，扒窃行为人多为屡抓屡放的惯犯，不仅侵害财产权利，更严重侵犯人身安全，使公民感到人人自危从而降低社会安全感。正因如此，刑法未对扒窃构罪作数额限制，理论上扒窃无需数额较大就可构成犯罪。但是，具体扒窃行为是否构成犯罪，还应综合全案情况具体分析，以刑法总则关于犯罪概念及但书的规定为指引和约束，避免机械司法，不适当扩大扒窃入罪犯罪圈。

5. 行为人客观携带了凶器，但行为人主观不明知的，是否属于“携带凶器盗窃”？

该情形不能认定为携带凶器盗窃。

携带凶器是主客观相统一的行为，要求行为人具有准备使用凶器的意识，包括两种情况：一是行为人在盗窃前为了使用而提前准备携带该凶器；二是行为人出于其他目的而携带了可能用于杀伤他人的物品，在现场意识到自己携带的凶器方便取财进而使用实施盗窃行为。如果行为人携带凶器根本不是为了违法犯罪,实施盗窃时也根本没有使用的意思,不能认定为携带凶器盗窃。

6. 快递员窃取包裹行为的,应当如何定性?

司法实践对此存在分歧。第一种观点认为快递员以非法占有为目的,秘密窃取他人财物构成盗窃罪;第二种观点认为快递员利用经手本单位财物的职务之便,采取盗窃方法侵占本单位财物,其行为属职务侵占性质,构成职务侵占罪。

我们认为,应定盗窃罪。因为真正占有快递包裹的主体是快递公司,而非快递员。委托合同签订的主体是快递公司与客户,故快递公司基于委托关系占有、控制、管理客户交付的财物。在这个过程中,快递公司占有快递包裹。而快递公司与分拣员之间的关系属于雇佣与被雇佣的关系,分拣员的工作主要是在快递公司的监管下分拣、运输、派送快递包裹,是依照快递公司的指示而占有快递包裹的,实质上属于占有辅助。分拣员的身份属于占有辅助人,其并不真正占有快递包裹,而是快递公司真正占有快递包裹。所以,行为人采取窃取手段非法占有快递包裹并不属于"职务侵占罪"的手段,更不属于侵占罪的手段,应当认定为盗窃罪的秘密窃取手段。

7. 盗窃亲属财物的,应如何处理?

一般情况下,由于共同生活的家庭成员的共有财产不能成为盗窃罪的对象,因此偷拿家庭成员或者近亲属的财物,获得谅解的,可不认为是犯罪;追究刑事责任的,应当酌情从宽。但如果不是家庭财产或近亲属所有的财物,而是由家庭成员或者近亲属代为保管的他人公私财物,行为人明知而秘密窃取,由于侵犯到他人的财产所有权,应以盗窃罪论处。

8. 擅自提取他人支付宝、微信余额的,构成盗窃罪还是诈骗罪?

擅自提取他人支付宝、微信等第三方支付平台的余额成立盗窃罪,不成立诈骗罪。诈骗罪要求被害人产生错误认识,而产生错误认识的前提是被害人能够对客观事实进行认识、分析、判断。被害人分析判断出现错误时才有可能陷入错误认识。也就是说,产生错误认识的前提是必须具有自由意识。而支付宝只是按照预先设定的程序,在用户提供账号和密码之后机械性地进行操作,并不体现任何意识,也就没有陷入错误认识的可能性,不能成为被骗的主体。由此,支付宝公司作为一个第三方支付平台,完全是按照支付系统正常的程序来操作，其没有基于自愿的意思而将财产交付给嫌疑人，而诈骗罪的本质特征就在于犯罪行为的欺骗性和交付财物的自愿性，故擅自将他人微信余额转入自己名下的行为不构成诈骗罪。

9. 盗窃假币的，应如何定性？

应分情况讨论。第一种情形，行为人将假币误以为是真币而实施盗窃行为：由于行为人主观上具有盗窃的故意，客观上实施了盗窃的行为，只是由于对盗窃对象的认识错误而未能达至既遂的，按照盗窃未遂进行处理。第二种情形，行为人明知是假币而予以盗窃：根据2013年最高人民法院、最高人民检察《关于办理盗窃刑事案件适用法律若干问题的解释》（法释〔2013〕8号）的规定，盗窃毒品等违禁品，应当按照盗窃罪处理的，根据情节轻重量刑，也就是因违禁品没法计算数额而不计数额。此时，盗窃假币行为直接按照盗窃罪处理即可。

10. 窃取虚拟货币（如比特币）的行为是按照非法获取计算机信息系统数据等计算机犯罪定罪处罚，还是按照盗窃罪定罪处罚？

窃取虚拟货币应定非法获取计算机信息系统数据罪。

在2009年非法获取计算机信息系统数据罪出台之前，涉及非法获取计算机信息系统数据的行为往往被列为盗窃罪。比如非法获取计算机信息系统账号、游戏币、游戏装备的行为，都是以盗窃罪规制。但《刑法修正案（七）》非法获取计算机信息系统数据罪出台以后，对于非法获取计算机系统内的账号、游戏、货币、游戏装备等行为，都应当按照非法获取计算机系统数据罪定罪量刑。而根据我国现行刑法，盗窃罪的犯罪对象是公私财物，并不应该包括计算机信息系统数据。理由在于：

第一，虚拟货币不是商品，也不是货币，不是盗窃罪的犯罪对象。根据2017年9月4日央行等七部委《关于防范代币发行融资风险的公告》：代币或“虚拟货币”是不由货币当局发行，不具有法偿性与强制性等货币属性，不具有与货币等同的法律地位，不能也不应作为货币在市场上流通使用。也就是说，包括比特币在内的相关虚拟货币，都不是真正的货币。2013年央行等部委《关于防范比特币风险的通知》提道：“从性质上看，比特币应当是一种特定的虚拟商品，不具有与货币等同的法律地位，不能且不应作为货币在市场上流通使用。”该通知基本体现了我国金融监管部门对比特币等虚拟货币的定性，即虚拟货币不是货币，但属于一种虚拟商品和虚拟财产，但是最高人民法院、最高人民检察院在起草《关于办理盗窃刑事案件适用法律若干问题的解释》过程中答复道：盗窃游戏币等虚拟财产的，不宜认定为盗窃罪。因为最高人民法院认为将虚拟货币认定为盗窃罪中的公私财物，超出了该司法解释的权限和范围，计算机系统中的虚拟产品和虚拟商品并没有被纳入盗窃罪所谓的财物范畴。

第二，本质上而言，虚拟货币属于计算机信息系统数据。从定义上看，广义的虚拟货币既包括游戏币，也包括门户网站或者即时通讯工具服务商发行的专用货币，用于购买本网站内的服务（使用最广泛的当属腾讯公司的Q币，可用来购买会员资格、QQ秀等增值服务），还包括基于区块链技术发行的限量代币，如比特币（BTC）、莱特货币（LTC）等。本质上，它们都属于"计算机信息系统中存储、处理或者传输的数据"，即存放在信息系统中的数据。它们的状态或是处于存储状态下，或是正被有关人员编辑，或正被传输，传输行为方式则为通过网络发送到其他终端和通过一些专门工具发送到移动存储设备上，属于非法获取计算机信息系统数据罪的犯罪对象。

第三，大量盗窃虚拟货币的行为，符合非法获取计算机信息系统数据罪行为模式。在大量的盗窃虚拟货币案件中，被告人多是未经他人许可或国家许可采用，设置，账号密码拦截工具和木马，强行突破安全工具等。

第四，盗窃罪的处罚远远高于非法获取计算机信息系统数据罪。如果是盗窃罪，如果数额特别巨大（30万元到50万元以上，各省不一样）最高可判处无期徒刑。如果是非法获取计算机信息系统数据罪，最高刑是7年。因此，相对于盗窃罪而言，非法获取计算机信息系统数据罪是处罚相对较轻的罪名。

11. 盗窃违禁品之后又持有、出售的行为是否属于事后不可罚行为？

不属于事后不可罚的情形。

一般而言，盗窃普通物品后出售的行为虽然在形式上符合某一犯罪的犯罪构成，但因法律对该事后行为缺乏适法行为的期待可能性，故不单独定罪处罚。但由于盗窃的对象是违禁品，事后出售违禁品侵害了新的客体、扩大和加剧了前行为的损害范围和程度，不能为前罪所包含，因此应数罪并罚。

12. 甲将手提箱忘在了出租车的后备箱,而后乙搭乘该出租车时,将自己的手提箱也放进了后备箱,并在下车时将甲的手提箱一并拿走。该行为应当如何定性?

应以盗窃罪对乙定罪处罚。

出租车属于他人管控的较为封闭的空间,甲将手提箱遗忘在出租车上,手提箱并未转化为无人占有物,而是从甲占有转化为出租车司机占有。乙以秘密方式转移了出租车司机的占有物,构成盗窃罪。

应当注意的是,该种情形下,乙不构成侵占罪,因为该手提箱属于有人占有之物,不属于遗忘物。

13. 电信诈骗与电信盗窃的区别?

二者的关键区别在于被害人是否具有处分意识。电信诈骗中被害人处分财产必须是因诈骗行为产生错误认识而处分财产,要求受骗者处分财产时必须有处分意识,即认识到自己将某种财产转移给行为人或第三者占有。凡是在行为人同意之下而终局性地转移财产的,构成诈骗罪;相反的,违背被害人意思而采用秘密手段,终局性地转移财物的,构成盗窃罪。当行为人通过某种行为,使得被害人根本无法认识到与其处分意思不同种类的特定财产的转移时,不能认为被害人对该特定财产具有处分意思。

14. 破坏电力设备罪与盗窃罪如何区分?

第一,破坏电力设备罪是危险犯,只要行为人的行为有足以危害公共安全的危险性就构成犯罪既遂,而并不要求实际上已经造成人身伤亡或公私财产重大损失的严重后果;盗窃罪是结果犯,应当以是否使公私财产所有权遭受实际侵犯为标准。

第二,犯罪客体不同。破坏电力设备罪所侵犯的客体属于公共安全,犯罪对象是正在使用中的电力设备。盗窃罪侵犯的客体是公私财物的所有权,一般是指动产,但不动产上之附着物,可与不动产分离的,例如,田地上的农作物、山上的树木、建筑物上之门窗等,也可以成为本罪的对象。另外,能源如电力、煤气也可成为盗窃罪的对象。

第三,客观方面不同。盗窃罪在客观方面表现为行为人具有秘密窃取数额较大的公私财物或者多次秘密窃取公私财物的行为。所谓秘密窃取,是指行为人采取自认为不为财物的所有者、保管者或者经手者发觉的方法,暗中将财物取走的行为。而破坏电力设备罪的客观方面除秘密窃取外,还可以爆炸、放火等破坏性手段进行。

15. 盗窃财物后产生毁坏财物的意图,遂将财物毁坏的,应如何定性?

根据《最高人民法院、最高人民检察院关于办理盗窃刑事案件适用法律若干问题的解释》第 11 条盗窃公私财物并造成财物损毁的,按照下列规定处理:

第一,采用破坏性手段盗窃公私财物,造成其他财物损毁的,以盗窃罪从重处罚;同时构成盗窃罪和其他犯罪的,择一重罪从重处罚;第二,实施盗窃犯罪后,为掩盖罪行或者报复等,故意毁坏其他财物构成犯罪的,以盗窃罪和构成的其他犯罪数罪并罚;第三,盗窃行为未构成犯罪,但损毁财物构成其他犯罪的,以其他犯罪定罪处罚。

综上,盗窃后为毁灭罪证等目的故意毁坏财物的,故意毁坏财物行为可单独定罪,并与盗窃罪数罪并罚。除此之外的情形原则上仅系盗窃罪后的不可罚行为,仅定盗窃罪。

■ 课后学生总结巩固的训练案例

◇ 孔庆涛盗窃案

◇ 薛佩军等盗窃案

◇ 孟动、何立康网络盗窃案

◇ 钱炳良盗窃案

◇ 叶文言、叶文语等盗窃案

■ 课后环节及要求

本次课堂教学结束后,运用所学相关刑法知识尝试分析推荐案例,就本次课程学习情况撰写 100 ~ 500 字的个人学习总结,并提出仍存疑惑;教学助理评阅每位学生的学习总结并就学生仍存疑惑作出解答,由所有主讲教师集体审改疑惑解答,反馈学生。

第十一讲　侵犯财产罪(三)

■ 本讲教学要求

本讲的教学内容主要集中在诈骗罪、侵占罪等罪名中。诈骗罪的理论及实践问题较为复杂,在介绍域外相关理论研究成果的同时,应当结合中国立法及司法实际,由浅入深、由表及里地解析其中的重要概念,例如"非法占有目的""处分意识""被害人过错"等;同时,应当提醒学生注意诈骗犯罪与民事欺诈行为之间的联系与区别,并阐释刑法作为保障法在维护社会秩序、保障基本权益方面的针对性、限缩性和功能性,展现宽严相济的刑事政策和谦抑人道的刑法精神。此外,可结合典型案例,教育学生树立正确的人生观、价值观,自觉排斥"拜金思想",爱国敬业、诚信友善,厚植社会主义核心价值观,将法学教育和立德树人紧密结合起来。

■ 本次课教学安排

◇ **时间:**第 11 次课,教学时数为 3 学时左右。

◇ **教学内容的重点、难点:**三角诈骗中受骗人的处分权限问题;携带凶器抢夺的理解;敲诈勒索与正当维权的界限。

◇ **教学方式:**

- 课前学生自主学习,班长收集各位同学在自主学习中的困惑点于课前交该班教学助理与主讲教师。
- 课堂教学环节实行"三环节"制:自主学习困惑交流;本次课重点难点引导性讲授;重点难点问题疑惑讨论。

■ 课前学生自主学习内容

□ 学习资料

◇ 指定在线课程的相应内容。

◇ 应阅读教程章节:贾宇主编《刑法学(各论)》第十七章;石经海主编《中国刑法学分论》的相应内容;石经海等主编《刑法重点问题案例实务教程》的相应内容。

◇ 应重点研读的法条:《刑法》第266~267条、第270~271条、第274~275条。

□ 学习中应思考的问题

1. 三角诈骗、诉讼诈骗、二重买卖等诈骗类型应当如何认定?三角诈骗中如何判断受骗人有无财产处分权力?诉讼诈骗中如何区分诈骗罪与虚假诉讼罪?二重买卖中如何区分罪与非罪?
2. 如何理解诈骗罪与金融诈骗罪、合同诈骗罪的关系?这些诈骗型犯罪为什么不规定在一个章节?
3. 行为人为壮胆携带成年藏獒实施抢夺,是否属于"携带凶器抢夺"?行为人携带凶器抢夺,为抗拒抓捕而当场实施暴力的,能否构成转化型的抢劫罪?
4. "拒不退还、拒不交出"是否为侵占罪在客观方面的独立必备要素?如何判断默示的"拒不退还、拒不交出"?

■ 课中师生交流的重难点问题及解析要点

1. 应如何认定诈骗罪的既遂标准?

诈骗罪既遂与未遂的标准,理论上有"失控说""占有说""控制说"等观点分歧。一般认为,不论是根据刑法总则关于犯罪未遂的规定并结合诈骗罪的构成特征,还是以非法占有为目的的财产类犯罪的共性特征,诈骗罪的既遂标准都应采取控制说。实际控制财物,并不一定实际占有了他人财物,特别是随着科技现代化及交易结算电子化、网络化的发展,行为人能够控制他人财物不一定与实际占有他人财物同步。至于控制时间的长短与是否利用财物、如何利用财物，不影响犯罪既遂的认定。

2. 如何认定诈骗罪的犯罪数额？

对于该问题，理论与实践争议较大，主要形成了“主观说”“所得说”“交付说”“侵害说”“双重标准说”等观点，其中，“双重标准说”近年来得到更多支持，也与司法解释的相关内容保持一致。所谓“双重标准说”，认为诈骗犯罪的不同形态数额应坚持不同的定罪标准，在诈骗犯罪既遂的情况下，诈骗数额是受害人实际交付的数额；在诈骗未遂的情况下，诈骗数额是行为人主观上希望骗到的财物数额。拆东墙补西墙的情况下，以行为人最终未归还的数额作为认定标准，行为人已经归还、支付的数额，不应计算在内。

3. 骗取不法原因给付能否构成诈骗罪？

所谓骗取不法原因给付，指采用欺骗手段让对方交付财物，但依照相关法律法规规定，被害人的此种交付是不法交付，不具有返还请求权的情况。如谎称卖淫骗取嫖资后逃走，谎称其认识某领导而骗取他人行贿款项后消失等，此类案件中虽然被害人行为涉嫌违法或犯罪，但行为人通过欺骗行为使他人陷入错误认识从而仿佛“自愿”交付钱财，客观上骗取了他人财产，造成了他人财产损失，如不定罪难以制止黑吃黑现象，且这些财物依法应收归国有，同样侵犯了公私财产所有权，可以诈骗罪论处。

4. 诈骗罪与一般借贷纠纷应当如何区分？

诈骗与一般借贷纠纷区别主要在于借款人借款当时是否存在归还意图，是否存在非法占有目的，借款时即采用虚构事实行为不存在归还意图的，构成诈骗罪。实务中往往以借款合同、字据是否存在且真实来判断。合法借款后丧失归还意图的也只能认定为借款纠纷。

5. 行为人通过虚假民事诉讼获得法院具有支付内容的判决，非法获取他人财物的行为，应当如何定性？

在《刑法修正案（九）》增设虚假诉讼罪之前，通过虚假民事诉讼获得法院具有支付内容的判决并非法占有他人财物的，都视为三角诈骗，以诈骗罪定罪处罚。增设虚假诉讼罪以后，可能会同时构成虚假诉讼罪与诈骗罪，对此，根据2018年最高人民法院、最高人民检察院《关于办理虚假诉讼刑事案件适用法律若干问题的解释》（法释〔2018〕17号）第4条的规定，实施虚假诉讼行为，非法占有他人财产或者逃避合法债务，又构成诈骗罪，职务侵占罪，拒不执行判决、裁定罪，贪污罪等犯罪的，依照处罚较重的规定定罪从重处罚。

6. 行为人编造虚假事实使被害人认识错误，被害人因此产生恐惧心理，随后被害人交付财物的，应当如何定性？

应当分情况讨论。

第一，行为同时具有诈骗与恐吓性质，使被害人同时陷入认识错误、产生恐惧心理，而后被害人基于错误认识与恐惧心理双重因素而处分财物的，应认定为诈骗罪与敲诈勒索罪的想象竞合。

第二，行为人仅实施恐吓行为，被害人虽陷入一定认识错误，但完全或主要基于恐惧心理交付财物的，宜认定为敲诈勒索罪，不能认定为诈骗罪与敲诈勒索罪的想象竞合。例如，甲、乙经过某村时，对村主任说："你的儿子得罪了我们，我们和黑社会的头儿是哥们儿，如果不交出赔偿费，我们就叫黑社会的哥们儿砍下他的手臂。"村主任听后害怕，问要交多少钱。甲说只要3000元就够了，村主任急忙回家拿出3000元交给甲。甲、乙并不认识所谓"黑社会"的头儿，虚构事实的行为使被害人陷入了认识错误。但是，一方面，行为人虚构"和黑社会的头儿是哥们儿"这一事实，是为了使被害人产生恐惧心理，而不属于使被害人陷入处分财产认识错误的欺骗行为；另一方面，被害人对行为人是否"和黑社会的头儿是哥们儿"的认识错误并非以处分财产为内容，其交付财产是基于恐惧心理。所以，认定甲、乙的行为成立敲诈勒索罪更为合适。

第三，对方陷入认识错误并基于认识错误处分财产，而并非基于恐惧行为人可能对其施加的恶害而处分财产的，宜认定为诈骗罪。例如，陈甲与陈乙在某宾馆用餐时，无意中得知该宾馆住宿部504房间有人在赌博，于是两人商定冒充公安人员去抓赌，收缴赌客的赌资平分。当晚，陈甲与陈乙穿着警服来到该宾馆住宿部，叫服务员打开房门，房内四人正在赌博。陈甲自称是城郊公安分局民警，并对赌客说："我们是公安人员，接到报警后来没收赌资的，请把钱全部留下来。"四名赌客一见陈甲和陈乙身穿警服，均将钱交给陈甲（共6000余元），陈甲清点后，出具了一张收条给四名赌客。陈甲与陈乙的行为具有欺骗与恐吓性质，但赌客并没有产生恐惧心理，而是基于认识错误交付了财产。将陈甲、陈乙的行为认定为诈骗罪较为合适。

7. 如何理解三角诈骗?

一般情况下,诈骗行为使他人陷入错误认识,受骗人与被害人角色统一。但是,在三角诈骗的情况下,被骗而交付财物人不一定是财产损失者,当财物的交付者与财物的损失者发生分离时为三角诈骗。例如,行为人到被害人家中谎称是受主人之托来家中取财物,保姆知道行为人是主人朋友,信以为真将财物交给行为人,财产损失人系雇主,受骗人、处分财物人是保姆,属于三角诈骗。又如,行为人故意碰瓷制造交通事故,致使交警部门认定被害人承担事故全部或主要责任,被害人为此支付赔偿款。

需要注意的是,并非所有被骗交付财物的人和被害人分离都属于三角诈骗,只有交付财物人具有处分财物的权利才属三角诈骗,如其无处分财物的权利,则不是诈骗而是盗窃。比如,行为人冒充物主要洗衣店工人去被害人屋门口取晾晒的高级西服熨烫,受骗工人取走晾晒衣服熨烫后将衣服交给行为人。尽管洗衣店工人也受了骗,还交付了财物,但因其对财物无处分权利,故行为性质属于盗窃而非诈骗。

8. 行为人无故殴打他人后临时起意乘机夺取财物的,构成抢劫罪还是抢夺罪?

该行为构成抢夺罪。

抢劫罪区别于其他侵犯财产犯罪的本质特征是,其在主观上必须以非法占有财物为目的,且行为人客观上对被害人实施暴力、胁迫的手段必须是服务于其当场取财的目的。行为人无故殴打他人之时仅是为了打人取乐,并无劫财的目的和故意,与其后个人见财临时起意,乘机夺取他人财物,是在两种不同的主观内容支配下实施的性质截然不同的两个独立行为。因此,行为人无故殴打他人的行为不属于抢劫罪的暴力行为。

行为人前行为是无故殴打他人,情节恶劣的可成立寻衅滋事罪,若造成重伤或死亡,定故意伤害罪或故意杀人罪,后行为符合抢夺罪的构成要件,即以非法占有为目的,乘人不备,公然夺取数额较大的公私财物。

另外,两行为符合两个犯罪构成,应数罪并罚。

9. "携带凶器抢夺"中"凶器"的范围应当如何认定?

凶器,是指在性质上或者用法上,足以杀伤他人的器物。凶器必须是用于杀伤他人的物品,仅具有毁坏物品的特性而不具有杀伤他人机能的物品,不属于凶器。凶器分为性质上的凶器与用法上的凶器。性质上的凶器，是指枪支、管制刀具等本身用于杀伤他人的物品。用法上的凶器，是指从使用的方法来看，可能用于杀伤他人的物品。如家庭使用的菜刀，用于切菜时不是凶器，但用于或准备用于杀伤他人时则是凶器。

判断某个具有杀伤力的物品是否是凶器，可以从以下几个方面进行判断：第一，物品的杀伤机能的高低。某种物品的杀伤机能越高，被认定为凶器的可能越大。第二，物品供杀伤他人使用的可能性大小，可能性越大被认定为凶器的可能性越大。第三，根据一般社会观念，该物品所具有的对生命、身体的危险感的程度。第四，物品被携带的可能性大小，即在通常情况下，一般人外出或在马路上通行时，是否会携带此物品。

10. 遗忘物和遗失物应当如何区分？

第一，遗忘物是遗忘人有意识地将自己持有的财物放在某处，因为一时疏忽而忘记拿走而暂时失去控制的财物；遗失物则是偶然将某物失落在某处，以至脱离自己的控制。通俗来说，遗失物的主人很难知道物品遗失在什么地方，难以找回。而遗忘物的物主一经回忆较容易找回。

第二，我国刑法只规定侵占遗忘物，而未规定侵占遗失物。也就是说，侵占遗忘物的，可能构成侵占罪；而拾到遗失物拒不归还的，不构成侵占罪。

第三，有人占有物到遗失物的转变模式为从有人占有转换到无人占有；有人占有物到遗忘物的转变模式为一人占有转移为另一人占有。

11. 侵占罪中的“埋藏物”应如何理解？

所谓埋藏物，是指埋藏于地下、水中之物。由于民法中对埋藏物也有规定，因此关于刑法中的埋藏物如何理解，有三种观点：其一，认为刑法中的埋藏物与民法中的埋藏物同义，都指埋藏于地下所有人不明应归国家所有的财物；其二，认为刑法中的埋藏物是指除了所有人不明的埋藏物以外的其他可查明合法所有人的埋藏物；其三，认为刑法中的埋藏物不论有主物还是无主物都包括在内，也不论埋藏物最终所有权归属。

我们认为，刑法上的埋藏物与民法上的埋藏物概念和范围不尽相同。民法中关于埋藏物的规定主要是为了解决权利归属的问题，而刑法上所说的埋藏物，是为了解决侵占不归行为人所有的埋藏物的刑事责任问题。从这个角度出发，我们认为，刑法中作为侵占罪对象的埋藏物，是指但凡不归行为人所有的埋藏于地下的财物，无论埋藏时间多久，所有人是否明确，最终归属是个人还是国家，财物本身是什么种类和存在形态，只要不是出于明知而盗窃的目的，而是在对地面挖掘时，偶然发现地下埋藏物，行为人明知不归自己所有，在他人要求交出时拒不交出，据为己有，数额较大的，就构成侵占罪。

12. 甲是干洗店的老板，洗衣时发现衣袋内有钱，将钱藏匿，甲的行为如何定性？

甲构成侵占罪。

衣服的主人将衣服交给甲干洗，是基于自愿让甲代为保管，由甲占有。但是，主人没有意识到衣服里有钱，没有拿出来，和衣服一起交给了甲。对于钱而言，甲属于非自愿而脱离占有，属于遗忘物。此时，钱的权利状态属于主人所有，甲在占有。简言之，衣服属于代为保管的财物，衣服里面的钱属于遗忘物，但都属于甲在占有的财物，甲将钱藏起来，属于非法据为己有，属于侵占遗忘物，构成侵占罪。

13. 行为人甲将自己合法保管，他人所有的上锁保险箱打开，取得其中部分数额较大的财物，归还保险箱及剩余财物，甲的行为应如何定性？

该问题涉及非法占有封缄物属于盗窃还是侵占。赞成构成侵占罪的观点认为：保险箱内财物即封缄物也属于行为人合法占有管理之物，属于代为保管的他人财物，行为人窃取自己占有的封缄物拒不归还当然构成侵占罪。主张构成盗窃罪的观点则认为：物主在保险箱上锁或加封行为本身表明物主并未委托行为人代为保管，行为人只合法占有管理整体物，封缄物归物主占有，故行为人盗窃封缄物是采取被害人不知情的方法从被害人占有控制之下取财，因而只能构成盗窃罪。

我们认为，非法占有封缄物的，应构成盗窃罪。同时，《刑法》第253条第2款规定邮政工作人员私自开拆他人信件窃取当中财物依照盗窃罪从重处罚的规定也支持了该观点。

14. 职务侵占罪中的企业是否包括正在筹建中的企业？

筹建中的公司的工作人员利用职务上的便利侵吞财物构成职务侵占罪。

一般认为，只要是依法设立的企业，其工作人员利用职务便利实施受贿犯罪活动的，就应当适用该条款。同时，企业的成立需要一个过程，不能将依法设立理解为取得营业执照。实践中，筹建中的公司、企业因管理不规范，更容易出现侵占、受贿、挪用等腐败问题，如不将筹建中的公司、企业认定为刑法意义上的公司、企业，会纵容大量此类犯罪行为。

15. 职务侵占罪中的企业是否包括独资私营企业？

职务侵占罪中的企业应当包括独资私营企业。

最高人民法院研究室2011年作出的《关于个人独资企业员工能否成为职务侵占罪主体问题的复函》指出："刑法第二百七十一条第一款立法的目的基于保护单位财产，惩处单位内工作人员利用职务便利，侵占单位财产的行为，因此该款规定的'单位'应当也包括独资企业。"

■ 课后学生总结巩固的训练案例

◇ 黄艺等诈骗案
◇ 臧进泉等盗窃、诈骗案
◇ 林华明等敲诈勒索案
◇ 张建忠侵占案
◇ 于庆伟职务侵占案

■ 课后环节及要求

本次课堂教学结束后，运用所学相关刑法知识尝试分析推荐案例，就本次课程学习情况撰写100～500字的个人学习总结，并提出仍存疑惑；教学助理评阅每位学生的学习总结并就学生仍存疑惑作出解答，由所有主讲教师集体审改疑惑解答，反馈学生。

第十二讲　妨害社会管理秩序罪(一)

■ 本讲教学要求

妨害社会管理秩序罪,是指妨害国家机关对日常社会生活的管理活动,破坏社会秩序,达到严重程度,依法应当受到刑罚处罚的行为。平稳良好的社会秩序以及国家对社会的有效管理,是开展其他各项事业的基础和保证,也是国家赖以存在和发展的前提条件。因此,我国历来十分重视对社会秩序的管理,并运用刑法惩治严重破坏社会管理秩序的犯罪行为,实现社会的稳定和国家的长治久安。在妨害公务罪的教学中,应教导学生区别本罪与袭警罪的区别。在寻衅滋事罪的教学中,从刑法基本原则出发,引导学生把握刑法安定性与灵活性之间的关系。在组织、领导、参加黑社会性质组织罪的教学中,应启发学生思考黑社会性质组织与其他组织的联系与区别,并积极展现我国打黑除恶斗争的显著成果,让学生切实体会到刑法在打击震慑黑恶势力犯罪过程中的巨大威力;同时,充分阐释扫黑除恶专项斗争的重大现实意义和历史意义,深刻理解打黑除恶对社会主义事业建设和人民群众幸福生活的重要意义,体现刑法在夯实建设更高水平的平安中国,进一步保障人民安居乐业、社会安定有序、国家长治久安方面的重要作用。

■ 本次课教学安排

◇ **时间:**第 12 次课,教学时数为 3 学时左右。

◇ **教学内容的重点、难点:**妨碍公务罪与袭警罪的区别;招摇撞骗罪与诈骗罪的关系问题;“寻衅滋事”的范围问题。

◇ **教学方式:**

- 课前学生自主学习,班长收集各位同学在自主学习中的困惑点于课前交该班教学助理与主讲教师。

- 课堂教学环节实行“三环节”制：自主学习困惑交流；本次课重点难点引导性讲授；重点难点问题疑惑讨论。

■ 课前学生自主学习内容

□ 学习资料

◇ 指定在线课程的相应内容。

◇ 应阅读教程章节：贾宇主编《刑法学（各论）》第十七章；石经海主编《中国刑法学分论》的相应内容；石经海等主编《刑法重点问题案例实务教程》的相应内容。

◇ 应重点研读的法条：《刑法》第 277 条、第 279 条、第 287 条、第 292 ~ 294 条、第 301 ~ 303 条。

□ 学习中应思考的问题

1. 招摇撞骗罪与诈骗罪的关系如何？行为人冒充国家机关工作人员骗取财物的同时还骗取其他非财产性利益的，应当以招摇撞骗罪与诈骗罪数罪并罚还是仅定招摇撞骗罪？
2. 如何理解寻衅滋事罪所谓的“流氓”动机？寻衅滋事与故意伤害罪应当如何区分？如何判断一个行为应构成寻衅滋事罪还是仅应受到治安管理处罚？
3. 在网络空间里，如何认定寻衅滋事罪中的“造成公共场所秩序严重混乱”？
4. 如何理解黑社会性质组织的基本特征？黑社会性质组织与其他类型的组织有何区别？黑社会性质组织成员实施故意杀人、故意伤害、敲诈勒索等罪时应当如何认定组织、领导、参加黑社会性质组织罪与这些犯罪的罪数关系？

■ 课中师生交流的重难点问题及解析要点

1. 如何理解妨害公务罪中的“暴力”与“威胁”？

第一，妨害公务罪的暴力，是指对正在依法执行职务、履行职责的国家机关工作人员、人大代表、红十字会工作人员进行外力的攻击或者强制，如捆绑、殴打、伤害、阻挡等。这里的暴力包括对国家机关工作人员不法行使的所有强制的外力，既可以通过针对与国家机关工作人员执行职务具有密不可分关系的辅助者实施暴力，以阻碍国家机关工作人员执行职务，也可以是通过对物行使有形力，从而给国家机关工作人员的身体以物理影响的间接暴力，以阻碍国家机关工作人员执行职务。暴力的方式有有形暴力，还有无形暴力。所谓的无形暴力具体表现为：施行催眠术、用酒灌醉、用药物麻醉以及纠集多人将公务执行人员围困在人墙中等无形力之一系列程度不同的侵犯公务人员人身的行为。

第二，威胁是指以对国家机关工作人员进行心理的强制为目的，以恶害相胁迫，迫使国家机关工作人员不得不放弃职务行为或者使其无法正确执行职务行为。恶害的内容、性质、通告方法没有限制。威胁的表现方式也是多种多样的。比如，以将对公务人员及其亲友的人身实施暴力相威胁；以将毁坏公务人员的人格、名誉相威胁；以将毁坏财物相威胁；以揭发被害人的隐私或弱点相威胁、要挟；甚至是以自残等行为相威胁。应当注意的是，自伤自残行为原则上不属于威胁。但公务执行人员面对他人自伤自残的威胁时，基于自身职责要求并为了防止危害后果的出现，通常会暂且搁置甚至放弃原定的执法活动。因而，如行为人故意以自伤自残行为妨害公务的，可以视为胁迫。

2. 暴力袭击已经下班的警察能否构成袭警罪？

袭警罪的犯罪对象是正在执行职务的警察。不能简单地把人民警察“正在执行职务”与其“工作时间”相等同，认为上班时间就是“正在执行职务”，而下班时间就不属于“正在执行职务”。其实，“正在执行职务”关注的核心是人民警察实施某个行为时是否体现了职务性，而并非其行为是否在上班时间实施。即使是上班时间，只要人民警察实施的是非职务行为，也不属于正在执行职务，如接送自家小孩上下学的行为；相反，即使是下班时间，只要人民警察实施的是职务行为，就属于正在执行职务，如下班回家途中偶遇在逃人员而实施抓捕的行为。《人民警察法》第19条关于“人民警察在非工作时间，遇有其职责范围内的紧急情况，应当履行职责”的规定，也从立法上肯定了前述观点。

因此，暴力袭击已下班但正在执行职务的警察的，构成袭警罪；暴力袭击已下班且未在执行职务的警察的，不构成袭警罪。

3. 冒充公安人员或者其他行政执法人员，强行对他人“罚款”或者“没收”财物的，应如何处理？

需要分情况予以界定：第一，行为人取得财物主要是靠其冒充的国家机关工作人员身份获得的，应定招摇撞骗罪；第二，行为人虽然冒充了国家机关工作人员的身份，但是获得财物主要是靠“要挟”，则定敲诈勒索罪；第三，行为人虽然冒充了国家机关工作人员的身份，但是却是以暴力或者暴力相威胁的方式获得财物，则应当认定为抢劫罪。

4. 编造、传播险情、疫情、灾情、警情之外的虚假信息，严重扰乱社会秩序的，应如何处理？

首先，编造、故意传播虚假信息罪的“虚假信息”范围包括虚假险情、疫情、灾情、警情。因此，编造、传播险情、疫情、灾情、警情之外的虚假信息的行为不构成编造、故意传播虚假信息罪。

其次，若行为人编造的信息是虚假恐怖信息，则应当以编造、故意传播虚假恐怖信息罪对其定罪处罚。《刑法》第 291 条之一规定的“虚假恐怖信息”包括：“爆炸威胁、生化威胁、放射威胁等。”另外，《最高人民法院关于审理编造、故意传播虚假恐怖信息刑事案件适用法律若干问题的解释》第 6 条规定的“虚假恐怖信息”除《刑法》规定的上述三类恐怖威胁外，还包括“劫持航空器威胁、重大灾情、重大疫情”等不真实的恐怖信息。

最后，险情、疫情、灾情、警情之外的虚假信息也能使人们心理产生恐慌，但不具有爆炸威胁、生化威胁同等程度的恐怖性，不应以编造、故意传播虚假恐怖信息犯罪论处。如果编造此类使人心理恐慌的信息，严重扰乱社会秩序的，可根据最高人民法院、最高人民检察院《关于办理利用信息网络实施诽谤等刑事案件适用法律若干问题的解释》第 6 条的规定，以寻衅滋事罪定罪处罚。

5. 高空泼洒浓硫酸的，可能构成什么罪名？

第一，根据场所、时间等要素判断，行为人高空泼洒浓硫酸足以危害公共安全。该种情形构成以危险方法危害公共安全罪。第二，行为人高空泼洒浓硫酸足以危害公共安全，且泼洒浓硫酸是为了杀害特定人。该种情形构成以危险方法危害公共安全罪与故意杀人罪的想象竞合。第三，行为人高空泼洒浓硫酸不足以危害公共安全，该种情形构成高空抛物罪。第四，行为人高空泼洒浓硫酸不足以危害公共安全，且行为人泼洒浓硫酸是为了杀害特定人。该种情形构成高空抛物罪与故意杀人罪的想象竞合。

6. 高空抛物罪中的“情节严重”应如何界定？

对于高空抛物罪的“情节严重”目前还没有相关司法解释予以规定，但根据相关法律规定及《最高人民法院〈关于依法妥善审理高空抛物、坠物案件的意见〉》，应当从行为人的主观动机、抛物场所、抛掷物品的情况以及造成的危害后果等方面进行把握。

具体说来，“情节严重”可以分为三个层面：第一，行为人主观恶性大小。故意高空掷物的；多次实施的；经劝阻仍继续实施的；受过刑事处罚或者行政处罚后又实施的。第二，行为实施的场合、危险程度。在人员密集场所实施的；抛掷重物、锐器、腐蚀物、毒害物、高温液体的；其他情节严重的情形。第三，造成损失（危害）大小。导致他人轻微伤或数额较大财产损失的；严重扰乱公共场所秩序的；造成人身伤亡的和重大财物损失的（可能竞合其他犯罪，从重处罚）。

7. 在聚众斗殴罪中，斗殴行为是否要求双方积极作为？如单方组织多人攻击另一方，另一方不具有斗殴的主观积极性的，是否构成本罪？

单方组织多人攻击另一方，另一方不具有斗殴的主观积极性，不能构成聚众斗殴罪。

纠集多人成帮结伙互殴的行为，表现为行为人双方的合意行为，具有对偶性。“斗殴”是指互相厮打，双方都是出于主动，都具有加害行为，而并非一方的主动加害，另一方被动的挨打和反抗。

聚众斗殴罪是从原来的流氓罪中分离出来的，侵犯的是社会管理秩序。如果只是一方有斗殴故意，另一方没有斗殴故意，针对特定的人的，即使发生在公共场所，但主要侵犯的还是公民的人身权利，只能构成故意伤害或故意杀人行为；如果针对的是不特定的人，虽然也是侵犯社会管理秩序，但对方并无斗殴故意，应认定为随意殴打他人的寻衅滋事行为，而非聚众斗殴行为。

8. 为斗殴而携带器械但未使用的，是否构成聚众斗殴罪的加重处罚情节“持械聚众斗殴”？

为斗殴而携带器械的，不论是否使用均应界定为“持械”。持有本身就是一种十分危险的行为，这种持有随时都有可能转化成对对方或是旁人的直接伤害,故只要为斗殴而持有器械无论是否外露、是否使用都可以认定为聚众斗殴中的“持械”,对其加重处罚。

9.“持械聚众斗殴”为聚众斗殴罪法定刑加重情节,若双方聚众斗殴,一方持械,而另一方未持械,或部分人持械、部分人未持械,应当如何确定“持械斗殴”的范围?

第一,聚众斗殴中,对于一方持械而另一方未持械的情况,一般而言,对持械一方以持械聚众斗殴论处,对未持械一方则不认定为持械聚众斗殴。

第二,对于持械聚众斗殴中未持械者的处理的情况,如果未持械者参与预谋持械聚众斗殴,或者明知本方人员为斗殴而携带器械,即使本人未携带和使用器械,构成共同犯罪的,也应以持械聚众斗殴论处。对于预谋持械聚众斗殴但没有将器械带到斗殴现场,对本方人员为斗殴而携带器械进行积极阻止的,可不以持械聚众斗殴论处。

10.如何区分聚众斗殴罪与聚众扰乱社会秩序罪?

聚众斗殴罪与聚众扰乱社会秩序罪区别在于:第一,犯罪动机不同。聚众斗殴罪大多是为了争霸一方、私仇宿怨和寻求精神刺激等动机而破坏公共秩序;后罪则多是为了实现个人某种不合理的要求而破坏公共秩序。第二,情节要求不同。聚众斗殴罪不要求情节严重;后罪要求情节严重,必须致使工作、生产、营业和教学科研无法进行,造成严重损失,否则不构成犯罪。第三,两者犯罪方法不同。聚众斗殴罪的犯罪方法一般是暴力方法;聚众扰乱社会秩序罪除了暴力方法外,还可以是非暴力方法,如游行、静坐等。

11.如何区分“任意损毁财物”型寻衅滋事罪与故意毁坏财物罪?

两者的区别在于:第一,主观方面不同。寻衅滋事罪常常以卖弄淫威、逗乐开心、争强逞能、寻求刺激等为作案动机;后者以毁坏特定公司财物为目的。第二,犯罪成立标准不同。寻衅滋事罪达到严重破坏社会公共秩序的程度便构成犯罪,即便毁坏财物价值较少也不受影响;后者需要达到“数额较大”的标准。

12.如何区分寻衅滋事罪与聚众哄抢罪?

两者的区别在于:第一,客观方面不同。寻衅滋事罪的“强拿硬要或者占有公私财物”,是行为的表现形式之一;后者只有“聚众哄抢”一种形式。第二,犯罪主体不同。寻衅滋事罪是一般主体;后者只处罚首要分子和积极参加者。第三,主观方面不同。寻衅滋事罪不以非法占有公私财物为根本目的,而是出于卖弄淫威、逗乐开心等心态;后者以非法占有公私财物为主要目的。

13. **黑社会性质组织中,组织成员为个人利益而实施了违法犯罪,未得到组织者、领导者的认可或者默许的,应当如何定性?**

应依照个人犯罪处理。

并非涉黑组织成员实施的所有犯罪都属于组织犯罪。组织成员为了个人利益,未得到组织者、领导者的认可或者默许的行为,即组织成员在其黑社会性质组织意志之外单独实施的犯罪行为属于个人犯罪行为。根据《全国部分法院审理黑社会性质组织犯罪案件工作座谈会纪要》(以下简称《纪要》)的规定,黑社会性质组织实施的违法犯罪活动主要包括以下情形:由组织者、领导者直接组织、策划、指挥、参与实施的违法犯罪活动;由组织成员以组织名义实施,并得到组织者、领导者认可或者默许的违法犯罪活动;多名组织成员为逞强争霸、插手纠纷、报复他人、替人行凶、非法敛财而共同实施,并得到组织者、领导者认可或者默许的违法犯罪活动;组织成员为组织争夺势力范围,排除竞争对手,确立强势地位,谋取经济利益,维护非法权威或者按照组织的纪律、惯例、共同遵守的约定而实施的违法犯罪活动。具备上述情形之一的,就能够认定为黑社会性质组织实施的违法犯罪活动。

"有组织性"是黑社会性质组织行为方式的主要特征之一,是黑社会性质组织犯罪和组织成员个人犯罪的根本区别所在。根据《纪要》的规定,我们认为,界分组织犯罪和成员个人犯罪,主要根据以下标准:

第一,是否由组织者、领导者直接组织、策划、指挥、参与实施。组织、领导者是黑社会性质组织的发起者、创建者,或者在组织中实际处于领导地位,对整个组织及其运行、活动起着决策、指挥、协调、管理作用的犯罪分子,由组织者、领导者直接组织、策划、指挥、参与实施的犯罪行为,都应认定为组织犯罪。

第二,是否基于组织意志实施。黑社会性质组织的犯罪行为应体现组织意志,受组织意志的制约。也就是说,组织成员实施的犯罪行为是得到了组织者、领导者认可或者默许的,抑或是按照组织的纪律、惯例、共同遵守的约定而实施的犯罪活动。

第三,是否为了组织利益实施。实施犯罪活动的目的是为犯罪组织谋取利益,而不是为了追求个人利益或其他个人目的。对于组织成员为了组织利益而实施的犯罪,并不要求组织者、领导者知情。如组织成员为组织争夺势力范围、排除竞争对手、确立强势地位、谋取经济利益、维护非法权威而实施的违法犯罪活动。反之,如果是组织成员仅仅为了个人利益,在组织意志之外单独实施的违法犯罪活动,组织、领导者并不知情,则不应认定为该黑社会性质组织实施的犯罪活动,而应认定为组织成员个人犯罪。

故黑社会性质组织中,组织成员为个人利益而实施了违法犯罪,未得到组织者、领导者的认可或者默许的,应按个人犯罪处理。

14. 包庇、纵容黑社会性质组织进行违法犯罪活动的行为人归案后如实供述相关黑社会性质组织的犯罪活动的,能否认定立功?

该种情形不能认定立功情节,属于如实供述自己的犯罪事实。

立功是指,犯罪分子到案后有检举、揭发他人犯罪行为,包括共同犯罪案件中的犯罪分子揭发同案犯共同犯罪以外的其他犯罪,经查证属实;提供侦破其他案件的重要线索,经查证属实;阻止他人犯罪活动;协助司法机关抓捕其他犯罪嫌疑人(包括同案犯);具有其他有利于国家和社会的突出表现的,应当认定为有立功表现。

在共同犯罪案件中,犯罪嫌疑人、被告人如实供述,既包括如实供述自己的罪行,还应当包括供述所知的同案犯,主犯则应当供述所知其他同案的共同犯罪事实。犯罪嫌疑人、被告人到案后如果检举、揭发了与其无关的他人的犯罪事实,或者共同犯罪案件中的犯罪分子揭发了同案犯共同犯罪以外的其他犯罪的,已经超出了如实供述的范畴,经查证属实的,属于立功。如果被告人如实供述自己犯罪事实中必然包含有他人的犯罪事实的,换言之,没有超出如实供述范畴的,依法不应当认定为立功。例如,受贿人如实供述受贿事实必然包含行贿人的犯罪事实。又如,2009 年年初,陈富伟等人被刘维授意、组织的人员当街杀害。被告人刘忠伟明知刘维有重大作案嫌疑,却不依法履行职责,隐瞒不报。同年 5 月,刘忠伟在公安机关找其调查时陈述了刘维等人商议杀害陈富伟的经过。刘忠伟据此主张其有立功表现。一审、二审法院均未认定刘忠伟的行为构成立功。

综上，包庇、纵容黑社会性质组织进行违法犯罪活动的行为人如实供述自己的犯罪事实的过程必然包含了其包庇、纵容的黑社会性质组织所实施的犯罪行为。因此，行为人的行为未超出如实供述的范畴，不构成立功。

15. 赌场受雇的服务人员能否成为赌博罪的犯罪主体？

一般服务人员不能成为赌博罪的犯罪主体。

刑法将本罪的行为方式严格限定为聚众赌博、以赌博为业，也就是将赌博罪的主体严格限定为赌头、赌棍、赌场业主这三种人，赌场受雇服务人员作为一般工作人员，无论他发挥的作用有多大（如“操盘手”），他也仅仅是被雇佣的一般工作人员而已，并不直接参与赌博分成、承担赌场风险等，只按照约定领取固定工资，因此无法将本罪的主体扩大解释至这些赌场受雇人员。

但是，有证据证明他们不仅从事一般服务，而且还参与了开办、设立赌场，为赌博活动提供赌具或者组织、招引他人参与赌博，并从中抽头营利的，应追究其赌博罪的责任，但此时不是因为他们成立赌博罪的共犯，而是他们行为本身已经单独构成赌博罪。

■ 课后学生总结巩固的训练案例

◇ 梁其珍招摇撞骗案

◇ 周洪宝妨害公务案

◇ 余某扰乱公共场所秩序案

◇ 任中顺等聚众斗殴案

◇ 李军等参加黑社会性质组织案

■ 课后环节及要求

本次课堂教学结束后，运用所学相关刑法知识尝试分析推荐案例，就本次课程学习情况撰写100～500字的个人学习总结，并提出仍存疑惑；教学助理评阅每位学生的学习总结并就学生仍存疑惑作出解答，由所有主讲教师集体审改疑惑解答，反馈学生。

第十三讲　妨害社会管理秩序罪(二)

■ 本讲教学要求

妨害社会管理秩序罪是指妨害国家机关对社会的管理活动,破坏社会正常秩序,情节严重的行为。由于社会管理秩序范围较为广泛,因此本讲罪名内容较多,课程思政的展开应当根据授课内容的特点分别进行。例如,在妨害司法类犯罪的讲授过程中,可以结合我国新时期社会主义法治建设的本质特征、价值功能、内在要求、基本原则、发展方向等进行讲解,阐明刑法在维护司法秩序、巩固社会主义法治方面的重要作用,激发学生的使命感、责任感、荣誉感;又如,在环境污染类犯罪的教学过程中,务必结合习近平总书记生态文明思想,使学生充分理解生态环境保护的重要意义;从刑法修正案着手,突出刑法在保护环境、维护生态安全方面的积极努力和重要作用。此外,通过分析新时期生态环境保护的新举措和新成就,帮助学生树立保护生态环境必须依靠制度、依靠法治的内在思想。

■ 本次课教学安排

◇ **时间:**第 13 次课,教学时数为 3 学时左右。

◇ **教学内容的重点、难点:**伪证罪的构成特征;窝藏、包庇罪的主体问题;妨害传染病防治罪的构成特征。

◇ **教学方式:**

- 课前学生自主学习,班长收集各位同学在自主学习中的困惑点于课前交该班教学助理与主讲教师。
- 课堂教学环节实行“三环节”制:自主学习困惑交流;本次课重点难点引导性讲授;重点难点问题疑惑讨论。

■ 课前学生自主学习内容

□ 学习资料

◇ 指定在线课程的相应内容。

◇ 应阅读教程章节：贾宇主编《刑法学（各论）》第十七章；石经海主编《中国刑法学分论》的相应内容；石经海等主编《刑法重点问题案例实务教程》的相应内容。

◇ 应重点研读的法条：《刑法》第305～307条、第310条、第312条、第330条、第335～336条。

□ 学习中应思考的问题

1. 伪证罪的主体范围如何？犯罪人教唆同案犯在刑事诉讼过程中作伪证的，该犯罪人是否构成伪证罪的共犯？
2. 如何区分医疗事故罪与过失致人重伤、死亡罪？如何认定医疗事故罪中的“严重不负责任”？
3. 如何理解有学者认为妨害传染病防治罪系外国刑法理论中的“过失危险犯”？
4. 造成严重损害后果是否为污染环境罪的必要要件？故意实施排污行为造成了严重后果（如致人死伤），是污染环境罪还是相应的危害公共安全罪？认定标准为何？

■ 课中师生交流的重难点问题及解析要点

1. 如何认定伪证罪的既遂与未遂？

因伪证罪的构成并不需要司法机关对相应当事人作了实际的错误处理，即不需要当事人被实际错误定罪或被释放，只需要相应行为可能引起司法机关错误办案即可，故该罪属于行为犯，只需把相应程度的伪造行为实施完毕便可构成既遂。但即便是行为犯仍存在未遂形态，如虚假的供述行为都没有实施完毕、刚虚假供述了一半便被识破进而被查获，则仍属于未遂。

2. 诬告陷害罪与伪证罪的区别?

第一,发生时间不同。诬告陷害罪发生在刑事诉讼启动前;伪证罪发生于刑事诉讼启动后。第二,诬告陷害罪主体为一般主体,伪证罪主体仅为证人、鉴定人、记录人和翻译人。第三,行为表现不同。诬告陷害罪行为上表现为向有关机关做虚假告发;伪证罪行为上表现为向有关机关故意作虚假证明、鉴定、记录、翻译。第四,犯罪目的不同。诬告陷害罪的目的在于致使他人遭受刑事处罚;伪证罪的目的在于陷害他人或者隐匿罪证。

3. 应当如何理解窝藏、包庇罪中“犯罪的人”?

关于“犯罪的人”的含义,学界具体表述各有不同,主要有以下三种观点。第一种观点:本罪的对象“只限于犯罪分子,包括实施了犯罪行为应受刑罚处罚的人,包括在逃尚未归案的犯罪嫌疑人和已被采取刑事强制措施或者已被判处刑罚而被剥夺、限制人身自由的犯罪嫌疑人、刑事被告人、罪犯”。第二种观点:本罪的对象“必须是已经实施了犯罪行为的人,即触犯刑法并构成犯罪的人,既包括作案后潜逃的犯罪分子,也包括已被拘留、逮捕、关押、监管而潜逃的未决犯和已决犯”。第三种观点:“犯罪对象为犯罪人,包括犯罪嫌疑人、刑事被告人及从服刑场所逃脱的罪犯,也包含已实施犯罪行为尚未被司法机关发觉的人。”

实践中更多认可的是:首先,原则上,窝藏、包庇罪中“犯罪的人”应当包括犯罪嫌疑人、刑事被告人及从服刑场所逃脱的罪犯,也包含已实施犯罪行为尚未被司法机关发觉的人。理由在于:本罪保护的法益是司法机关的刑事追诉和刑罚执行活动的正常进行。窝藏犯罪嫌疑人、被告人同样会阻碍司法机关的刑事追诉活动的正常进行。其次,对于“犯罪的人”的理解,原则上要以法律的规定为准,而不是依据于对行为人主观的认定。通常情形下他人的行为符合了犯罪所需的一切构成要求即在法律认定上完全构成犯罪,但在例外情况下,不满足部分构成要件的行为亦可认定为此处的“犯罪”,如主体适格的情形:11 岁的小孩故意杀人后,行为人认为其为已满 14 周岁的人而故意窝藏。此时,小孩的行为从法律事后评价上不构成犯罪,但未经警方认真查证后,难以明确其具体年龄,进而难以准确认定其犯罪与否。故窝藏行为严重扰乱了司法机关的办案秩序,可认定为窝藏罪。最后,法律例外规定了包庇非犯罪的一般违法行为人亦构成窝藏包庇罪，如特定的人员明知警察在查处卖淫嫖娼行为，而故意向卖淫嫖娼人员通风报信、帮助藏匿的，构成窝藏罪。

4. 伪证罪与窝藏、包庇罪的联系与区别是什么？

二者的联系在于：当伪证罪的目的是隐匿罪证时，本质上也是一种包庇行为，因此伪证罪和窝藏、包庇罪是法条竞合的关系，伪证罪是特殊罪名。

二者的区别在于：第一，两者主体不同。伪证罪是特殊主体；窝藏、包庇罪则无要求。第二，犯罪目的不同。伪证罪的犯罪目的还可以是陷害他人；窝藏、包庇罪则不包括。第三，行为表现不同。伪证罪表现为对案件有重要关系的情节，故意做虚假证明、鉴定、记录和翻译；窝藏、包庇罪表现为替明知犯罪的人提供隐瞒的处所、财物，帮助其逃匿以及作假证明包庇的情况。第四，对象不同。伪证罪仅包括未决犯；窝藏、包庇罪则包括未决犯和已决犯。第五，发生时间不同。伪证罪只能发生在刑事诉讼的过程中；窝藏、包庇罪可以发生在犯罪人实施犯罪后的任何时间。

5. 共同犯罪人之间互相实施的窝藏、包庇行为，是否构成窝藏、包庇罪？

共同犯罪人之间互相实施的窝藏、包庇行为，不能以窝藏、包庇罪定罪处罚。

第一，共同犯罪人之间相互窝藏、包庇的，不具有期待可能性，属于事后不可罚行为。第二，窝藏、包庇犯罪的主体，应当是被窝藏、包庇犯罪以外的人，自己不能成为窝藏、包庇自己犯罪的主体，包括共同犯罪人也不属于窝藏、包庇罪的犯罪主体。因为窝藏、包庇罪的前提是明知窝藏、包庇的对象是犯罪的人，而明知当然是指自己以外的犯罪人。另外，从“帮助其逃匿”等用语分析，也不可能包括帮助自己逃匿。第三，相关司法解释也规定，共同犯罪人之间互相实施的窝藏、包庇行为，不以窝藏、包庇罪定罪处罚，但对共同犯罪以外的犯罪人实施窝藏、包庇行为的，以所犯共同犯罪和窝藏、包庇罪并罚。

6. 甲刚开始不知道乙是犯罪人而向乙提供了帮助，后甲获知了乙是犯罪人，于是没有继续提供帮助，亦没有将乙告发。甲提供帮助的行为与甲知情不报的不作为应当如何评价？

一方面，甲先前的提供帮助行为应当依据主客观相统一原则认定甲无窝藏之故意，因此前行为不构成窝藏罪。另一方面，甲获知了乙是犯罪人后未继续提供帮助,因此甲后来的消极不作为不宜直接认定为窝藏罪,因为行为人没有作为的义务。

另外,甲在何种情形下才构罪?只有在甲获知了乙是犯罪人后仍然提供帮助的,才应当以窝藏罪对其定罪处罚。例如,甲知道乙是犯人后,乙自己提出离开,而甲劝其继续留下的情形。

7. 窝藏、包庇犯罪的近亲属的行为应当如何定性?

在司法实践层面,根据《刑法》的规定,窝藏、包庇罪的犯罪主体是一般主体,不论其与犯罪人有任何身份关系,即使是当事人的近亲属,实施了窝藏、包庇行为也构成本罪,也即我国现行立法和司法并未对近亲属间的窝藏、包庇行为网开一面,而是予以同等对待。

但是,可以在理论层面上对近亲属间窝藏、包庇行为应否入罪进行探讨。对此,我们认为:保护亲人乃人之本性,近亲属之间的日常生活行为,如短时间内为犯罪的近亲属提供食宿,或者为其提供几十元或者数百元的少量财物的行为,应作为日常生活行为看待,不应认为符合窝藏罪的定型的客观行为要件。对于近亲属之间的日常生活行为,即使客观上对近亲属犯罪后的逃匿起了促进作用,但只要没有超出社会相当性的范围,就可以认为没有达到可罚的违法性的程度,从而不作为犯罪处理。

此外,根据期待可能性理论,即考察行为人在行为时是否存在履行守法义务并避免实施犯罪行为的可能性,如果存在这种可能性,则应当负刑事责任;如果不存在期待可能性,则应当免除或减轻责任。制定法律的目的在于使公民遵守,并不是为了对公民进行惩罚,不管是基于血缘亲情的认可,还是基于对人趋利避害的本性的尊重,明知不可能期待亲属之间的不可能不窝藏,却把这种行为规定为犯罪,这样的要求超出了人们对法律的认可,可能会产生不好的法律与社会效果。

8. 包庇罪和帮助犯罪分子逃避处罚罪有何区别?

二者的区别在于:第一,二者主体不同。前罪是一般主体;后罪是特殊主体。第二,二者客体不同。前罪为妨碍司法类犯罪,客体为司法秩序;后罪为渎职犯罪,客体为国家机关的正常活动。第三,客观行为不同。前罪是向司法机关作假证明以包庇;后罪是以通风报信或提供便利的方式帮助犯罪分子逃避处罚。

9. 掩饰隐瞒犯罪所得、犯罪所得收益罪的客观方面包括以其他方法掩饰、隐瞒犯罪所得及其产生的收益的行为。如何界定“其他方法”的范围?

根据2021年《最高人民法院关于审理掩饰、隐瞒犯罪所得、犯罪所得收益刑事案件适用法律若干问题的解释》的规定,本罪中的“其他方法”还包括居间介绍买卖,收受,持有,使用,加工,提供资金账户,协助将财产转换为现金、金融票据、有价证券,协助将资金转移、汇往国外等。

应当注意的是,如果没有对司法机关的查处追诉活动产生妨害,则不能认定为掩饰、隐瞒的行为,如知道是赃物而进行价格评估、品质鉴定等。

10. 组织他人偷越国(边)境罪既遂标准为何?

根据相关司法解释,只有被组织者成功越过国(边)境,才对国(边)境管理秩序构成实际妨害,才能认定为犯罪既遂;若仅有组织行为,但因意志以外的原因未能偷越国边境,应以未遂处罚,这同本罪行为犯的性质并不矛盾。

11. 故意损毁文物罪的对象范围具体应如何确定?

故意损毁文物罪的犯罪对象包括:国家保护的珍贵文物以及被确定为全国重点文物保护单位、省级文物保护单位的文物。

具体而言:第一,所谓珍贵文物,主要是指《文物保护法》《文物保护实施细则》《文物认定管理暂行办法》《文物藏品定级标准》等法律规范所确定的一级、二级文物和部分经过国家文物鉴定委员会确认的三级文物。第二,所谓全国重点文物保护单位的文物,是指由国务院核定公布的具有重要历史、艺术、科学价值的古文化遗迹,古墓葬、古建筑、古石窟寺庙、石刻;与重大历史事件、革命运动和著名人物有关的,具有重要纪念意义、教育意义和史料价值的建筑物、遗址等不可移动的文物。第三,所谓省级文物保护单位的文物,即各省、自治区、直辖市人民政府核定公布的不可移动的文物。

12. 倒卖文物罪与非法向外国人出售珍贵文物罪有哪些联系和区别?

二罪的联系在于:第一,二罪都侵犯了国家的文物管理制度。第二,两罪也存在法条竞合的现象,当行为人向外国人倒卖自己收藏的国家禁止出口的珍贵文物的,可按照非法向外国人出售珍贵文物罪处罚。

二罪也有显著区别:第一,两者犯罪对象不同。倒卖文物罪的对象是国家禁止经营的一切文物;后者仅限于单位或者个人收藏的国家禁止进出口的珍贵文物。第二,出售对象不同。倒卖文物罪并未对出售对象作出限制;后者只能是外国人或无国籍人。第三,犯罪主体不同。倒卖文物罪只要是未经许可经营文物的单位或个人都可以构成倒卖文物罪的主体;后者的主体只能是收藏珍贵文物的单位或个人。

13. 对不具有行医资格的赤脚医生,应该如何处理?

应分情况讨论。

第一,在中国存在的很多民间赤脚医生、土医生,如果利用自学的医疗知识或者偏方、秘方偶尔为群众治病的,不属于违法犯罪;第二,因为当地正规卫生条件无法满足群众需要而长期行医的,即便收取费用,一般也不作违法犯罪处理;第三,行为人利用群众的愚昧无知,最终由于自身医术的低劣而导致严重损害患者身体健康等结果发生,则可以以非法行医罪定罪处罚。

14. 医疗事故罪和非法行医罪的联系和区别是什么?

非法行医罪与医疗事故罪的联系:二者都是发生在医疗卫生领域,都违反了医疗管理制度,情节严重,都会危及公民个人的身体健康。

非法行医罪与医疗事故罪的区别:第一,主体不同。前罪主体是未取得医生职业资格的人;后罪主体则限于已取得医生职业资格的医务人员。第二,客观方面不同。前罪表现为无医生职业资格而擅自行医,情节严重的行为;后罪则表现为在合法行医过程中,严重不负责任,造成严重后果的行为。第三,主观方面不同。前罪主观罪过为故意;后罪的主观罪过是过失。

15. 如何理解医疗事故罪中的“严重损害就诊人身体健康”?

所谓“严重损害就诊人身体健康”,是指造成就诊人严重残疾、重伤、感染艾滋病、病毒性肝炎等难以治愈的疾病或者其他严重损害就诊人身体健康的后果。错开手术部位造成较大创伤、致使严重毁容等,可认定为严重损害就诊人身体健康。需要强调的是,就诊人死亡或身体健康遭受严重损害的结果必须同医务人员的严重不负责任有关,医务人员轻微过失、患者拒不配合治疗、正常的医疗风险以及意外事件均不构成医疗事故罪。

■ 课后学生总结巩固的训练案例

◇ 孙某伪证案

◇ 毛建文拒不执行判决、裁定案

◇ 王之兰非法行医案

◇ 孟广超医疗事故案

◇ 昌某甲等污染环境案

■ 课后环节及要求

本次课堂教学结束后,运用所学相关刑法知识尝试分析推荐案例,就本次课程学习情况撰写 100 ~ 500 字的个人学习总结,并提出仍存疑惑;教学助理评阅每位学生的学习总结并就学生仍存疑惑作出解答,由所有主讲教师集体审改疑惑解答,反馈学生。

第十四讲　妨害社会管理秩序罪(三)

■ 本讲教学要求

毒品犯罪社会危害性大,极易造成对社会秩序的破坏,是我国重点打击的犯罪。走私、贩卖、运输、制造毒品罪在我国最高法定刑为死刑的罪名中,其死刑适用率排名前列。在走私、贩卖、运输、制造毒品罪教学中,可以从运输毒品罪的既遂标准、走私、贩卖、运输、制造毒品罪与非法持有毒品罪的关系等方面开展教学。需要注意的是,毒品犯罪的教学应当加强思政内容的融入,可结合晚清时期鸦片曾经带给中国人民的巨大侮辱和国人反抗斗争等史实,提高学生对毒品危害的认识,进而延伸到新中国成立后在党的领导下所取得的禁毒成就,辩证看待当前国内毒品犯罪的发展情势;此外,还可以从禁毒问题出发,展现我国作为一个负责任的大国在国际事务中的重要地位和突出贡献,深刻领悟习近平总书记“构建人类命运共同体”的讲话精神。

■ 本次课教学安排

◇ **时间:**第 14 次课,教学时数为 3 学时左右。

◇ **教学内容的重点、难点:**非法持有毒品罪与其他毒品犯罪的关系问题;风化犯罪的关系问题;淫秽物品的范围问题。

◇ **教学方式:**

- 课前学生自主学习,班长收集各位同学在自主学习中的困惑点于课前交该班教学助理与主讲教师。
- 课堂教学环节实行“三环节”制:自主学习困惑交流;本次课重点难点引导性讲授;重点难点问题疑惑讨论。

■ 课前学生自主学习内容

□ 学习资料

◇ 指定在线课程的相应内容。

◇ 应阅读教程章节：贾宇主编《刑法学（各论）》第十七章；石经海主编《中国刑法学分论》的相应内容；石经海等主编《刑法重点问题案例实务教程》的相应内容。

◇ 应重点研读的法条：《刑法》第 347 ~ 349 条、第 356 ~ 359 条、第 363 ~ 364 条。

□ 学习中应思考的问题

1. 司法实践采取了什么样的毒品数量认定方法？对定罪量刑会产生何种影响？现行的毒品数量认定方法是否合理？有无改革可能？
2. 如何理解毒品再犯与累犯之间的关系？为何总则设立了累犯制度，分则还设立毒品再犯制度？
3. 组织多人进行视频裸聊行为的定性？该行为是否属于"传播淫秽物品"？是否属于"组织淫秽表演"？又或是属于"组织他人卖淫"？
4. 传播淫秽物品罪与传播性病罪中的"传播"内涵有何区别？《刑法》中是否还存在其他同字不同意的表述？如何合理地进行解释？

■ 课中师生交流的重难点问题及解析要点

1. 为自用而交换毒品的行为是否属于贩卖毒品？

互易毒品的行为不能视作贩卖毒品。

贩卖毒品罪中的卖出行为本质上以买卖关系为基础，为自用而互易毒品行为与其存在性质差别。在为自用而进行毒品互易的时候，行为人是为了追求毒品的使用价值的实现而进行的交易行为，而行为人在贩卖毒品时是在追求毒品价值的实现，故交换行为不等同于贩卖毒品行为。

2. 为吸毒者代购毒品的行为应如何定性？

代购行为本身指的是：代购者在毒品交易中，以买方的身份参与交易，实际购买者并未直接参与毒品交易。此时,代购者的身份为实际买毒者的代理人。具体的行为模式为:实际买毒者将购毒款交付代购者,代购者代其与贩毒者联系,购买毒品,后将毒品交付给买毒者。

对于代购行为,一般从是否牟利角度考虑,具体区分如下:

第一,不以牟利为目的,帮助他人代购毒品的,虽然客观上促进了毒品交易,但主观上不具有牟利的目的,实际上没有贩卖毒品的故意,不以贩卖毒品罪论处。当然,这种代购行为具有一定的社会危害性。如果代购毒品的数量满足《刑法》第348条关于非法持有毒品罪的数量,则构成非法持有毒品罪。

第二,以牟利为目的代购的,例如,加价二次销售给实际买毒者或克扣毒品数量变相加价销售的情况,因行为人主观上具有贩卖毒品的故意,以贩卖毒品罪论处。

3. 走私、贩卖、运输、制造毒品罪的构成要求行为人明知行为对象是毒品。如何判断行为人是否“明知”?

判断行为人对涉案毒品是否明知,应当结合其具体行为、到案前后表现、供述、社会阅历、智力状况等综合判断,坚持证据原则。根据2008年最高人民法院《全国部分法院毒品犯罪审判工作座谈会纪要》(法〔2008〕324号,简称《大连会议纪要》),有下列情形之一且行为人无法做出合理解释、无证据证明其受人蒙蔽的,应当推定其“明知”:(1)执法人员在口岸、机场、车站、港口和其他检查站点检查时,要求行为人申报为他人携带的物品和其他疑似毒品物,并告知其法律责任,而行为人未如实申报,在其携带的物品中查获毒品的;(2)以伪报、藏匿、伪装等蒙蔽手段,逃避海关、边防等检查,在其携带、运输、邮寄的物品中查获毒品的;(3)执法人员检查时,有逃跑、丢弃携带物品或者逃避、抗拒检查等行为,在其携带或者丢弃的物品中查获毒品的;(4)体内或者贴身隐秘处藏匿毒品的;(5)为获取不同寻常的高额、不等值报酬为他人携带、运输物品,从中查获毒品的;(6)采用高度隐蔽的方式携带、运输物品,从中查获毒品的;(7)采用高度隐蔽的方式交接物品,明显违背合法物品惯常交接方式,从中查获毒品的;(8)行程路线故意绕开检查站点,在其携带、运输的物品中查获毒品的;(9)以虚假身份或者地址办理托运手续,在其托运的物品中查获毒品的;(10)有其他证据足以认定行为人应当知道的。

4. 行为人以假毒品或者掺杂的毒品进行贩卖，由此获利的，应当如何处理？

应当分情况区别：第一，行为人明知是假毒品而贩卖的，以诈骗罪论处；第二，行为人或共犯误将假毒品当作真毒品贩卖的，以贩卖毒品罪的未遂论处；第三，掺杂的毒品仍然含有毒品成分，依然认定为贩卖毒品罪。

5. 制造毒品失败的，是否构成制造毒品罪的未遂犯？

对此问题，学界存在不同观点。

第一种观点认为，走私、贩卖、运输、制造毒品罪为行为犯，故制造毒品的行为一经实施，无论是否成功，犯罪都已既遂。

第二种观点认为，《刑法》第347条第1款规定了"走私、贩卖、运输、制造毒品，无论数量多少，都应当追究刑事责任，予以刑事处罚"。故只有成功制造出了毒品，才存在数量"多"或"少"的问题，未成功制造毒品则不存在该问题。基于该认识，只有成功制造出毒品才构成制造毒品罪的既遂。

我们支持第一种观点。不支持第二种观点的理由在于：首先，我们认为《刑法》第347条之所以做出上述规定，是为了区分走私、贩卖、运输、制造毒品罪与非法持有毒品罪的社会危害性。即走私、贩卖、运输、制造毒品的行为社会危害性更大，所以无论毒品数量多少，均应当入罪；而非法持有毒品的行为社会危害性较小，故只有持有相当数额毒品的，才应当入罪。其次，就语义学而言，"走私、贩卖、运输、制造毒品，无论数量多少，都应当追究刑事责任，予以刑事处罚"，该规定叙述了在有毒品数量的情况下，应当如何处理，并未说明在尚未制造出毒品的情况下应如何处理。即"制造出毒品的，无论数量多少，一律应当入罪"的语句并不能从语义上推断出："尚未制造出毒品的，一律不可以入罪。"

6. 在运输毒品罪中，行为人因搬家而导致毒品位移的，是否构成运输毒品罪？

不构成运输毒品罪。

运输毒品罪的成立需要行为人具有将毒品从一地转移到另一地的目的，还需要行为人具有将毒品从一人控制置于另一人控制之目的。在该情形下，行为人搬家虽导致了毒品发生位移，但毒品仍属行为人控制，且行为人无将毒品转移给他人控制的目的。故行为人不构成运输毒品罪。

7. 行为人走私、贩卖、运输、制造毒品后非法持有毒品的，应如何处理？

行为人实施走私、贩卖、运输毒品的行为自然会伴随持有毒品的状态，在此情形下，非法持有毒品的行为不具有独立性。因此，因走私、贩卖、运输、制造而持有毒品的,持有毒品的行为被走私、贩卖、运输、制造毒品的行为吸收,无论数量多少,均以走私、贩卖、运输、制造毒品罪论处,不定非法持有毒品罪。

8. 如何区分非法持有毒品罪与窝藏、转移毒品罪?

二者的区别在于:第一,对象不同。非法持有毒品罪对于行为人持有毒品的来源并无限制,可以是拾得、继承、赠予或者购买得到,或者丧失毒品持有资格后继续持有;后者必须是他人走私、贩卖、运输、制造毒品的犯罪分子所有的毒品。第二,主观目的不同。非法持有毒品罪中行为人无须具备特殊目的;后者须有掩饰、隐瞒犯罪事实,帮助行为人逃避司法追查的目的。

9. 累犯与毒品再犯的联系与区别是什么?

二者的联系在于:当出现因走私、贩卖、运输、制造、非法持有毒品罪被判处有期徒刑以上的刑罚的犯罪分子,刑罚执行完毕或者被赦免以后,在五年内再犯毒品犯罪一节规定之罪的情形时,累犯与毒品再犯为法条竞合,毒品再犯为特殊法条。

二者的区别在于:第一,适用的罪名范围不同。累犯适用的前、后罪的罪名范围为除危险驾驶罪以外的所有故意犯罪;后者前罪仅适用于走私、贩卖、运输、制造、非法持有毒品罪,后罪仅适用于毒品犯罪一节所规定之罪。第二,犯罪的宣告刑不同。累犯的成立要求前、后罪均被判处有期徒刑以上刑罚;后者仅需前罪被判处过刑罚,后者成立犯罪。第三,后罪再犯时间不同。累犯的构成需要后罪在前罪的刑罚执行完毕或者被赦免以后,在五年内再犯新罪,但危害国家犯罪、恐怖活动犯罪、黑社会性质的组织犯罪的犯罪分子,在刑罚执行完毕或赦免以后,再犯危害国家犯罪、恐怖活动犯罪、黑社会性质的组织犯罪中任一类罪的,不受五年期限的限制;后者的成立只需后罪在前罪判刑后实施即可。

10. 如何理解刑法意义的“卖淫”?

“卖淫”是指以营利为目的,与不特定的他人发生性交或变相性交的行为。结合我国目前的司法实践,口交、肛交应当认定为刑法意义上的“卖淫”;替异性手淫、乳交等方式因不符合性交的通常理解,因此不属于刑法意义上的“卖淫”。

11. 组织卖淫罪是否以盈利为构成要件?

组织卖淫罪不以盈利为构成要件。

组织卖淫罪的主要客体是社会管理秩序与良好的社会风化，换言之，组织卖淫行为的社会危害性体现在有无侵害社会管理秩序与良好的社会风化。而行为人客观有无盈利、主观有无盈利目的并不能反映出其行为是否侵害了社会管理秩序与良好的社会风化。因此，盈利与否不能影响组织卖淫行为的社会危害性大小，也即，组织卖淫罪无须以盈利为构成要件。

12. 如何区分组织卖淫罪与容留卖淫罪？

第一，是否具有组织特征不同。组织卖淫罪中组织者对卖淫者实施了一定的管理、控制行为；容留卖淫罪中容留者对卖淫者并无管理、控制行为。第二，是否具有规模特征不同。组织卖淫罪中，被组织的卖淫者须达三人以上，若不达此规模要求，即使组织人员对卖淫者实施了一定的管理、控制行为，亦不能构成组织卖淫罪；容留卖淫罪无规模要求。

13. 实施暴力、胁迫、虐待等手段迫使他人卖淫的，应如何定罪处罚？

强迫卖淫罪中的“强迫”必然包括了暴力、胁迫、虐待等行为手段，因此，在这些手段尚未单独构成犯罪时，应当将这些手段认定为强迫卖淫罪的构成要件要素，不对其进行单独评价，仅以强迫卖淫罪一罪对行为人定罪处罚。但也应当认识到，行为人强迫手段极易对被害人的人身权益造成伤害，因此，当行为人的具体强迫手段触犯其他罪名时，应当数罪并罚才能保证罪刑均衡。例如，实践中经常出现行为人通过强奸的方式强迫被害人卖淫，此时便应当实行数罪并罚。

14. 甲暴力逼迫乙偿还高利贷，乙不得已通过卖淫来偿还高利贷，甲是否构成强迫卖淫罪？

不构成强迫卖淫罪。

虽说乙的卖淫行为是因甲的暴力行为而起，甲也有通过暴力胁迫乙的意图，但甲胁迫乙是为逼其还债，并非逼其卖淫，甲的行为虽客观上引起了乙卖淫的行为，但甲并无逼迫乙卖淫的意图。因此，根据主客观相统一原则，甲的行为不构成强迫卖淫罪。

15. 行为人实施组织卖淫或者容留卖淫、介绍卖淫等犯罪时，卖淫嫖娼人员的性交易尚未开始，即被公安机关查获，此时犯罪是否既遂？

组织卖淫或者容留卖淫、介绍卖淫等犯罪的既遂不以发生两性关系为标准，只要引诱、容留、介绍行为已经完成，即构成犯罪既遂。

从主观要件来看,本罪在主观方面表现为故意,即行为人明知自己是在引诱、容留、介绍他人卖淫,并且明知这种行为会造成危害社会的结果,而希望或放任这种结果的发生,行为人所追求的促成他人卖淫嫖娼目的就得以实现。至于他人卖淫行为本身完成与否,与本罪既遂的成立无关,更不是区分犯罪既遂和未遂的标准。

从客观方面来看,本罪在客观方面表现为引诱、容留、介绍他人卖淫的行为,是指行为人为他人卖淫提供场所、便利条件或者引诱卖淫嫖娼的行为。至于行为人的引诱、容留、介绍行为是否最终真正促成双方发生两性关系,不影响既未遂的认定,容留时间长短、有无获利在所不问。

从行为状态来看,引诱、容留、介绍他人卖淫系行为犯。换言之,只要他人在行为人的引诱、容留、介绍下,已经着手实施卖淫行为,就应当认定行为人犯罪既遂。故他人卖淫行为本身完成与否,与本罪既遂的成立无关。

16. 以牟利为目的,与多人进行网络视频裸聊的行为是否构成传播淫秽物品牟利罪?

对此问题,学界存在不同认识。有一种观点认为,人的裸体显然不能界定为“淫秽物品”,故为牟利而与他人裸聊的行为,不能认定为传播淫秽物品罪。

我们认为,一般而言,人的裸体不能解释为“淫秽物品”,但在行为人与他人网络视频裸聊的情况下,行为人的裸体经过电子介质上传到网络空间,此时,网络空间中行为人的裸体并不是现实生活中行为人的裸体,而是一种承载着行为人裸体的电子信号。因为这种电子信号可以搜集、固定、储存,故将承载着行为人裸体的电子信号认定为“淫秽物品”符合一般人对于“物品”的认识,亦未超出词语的可能含义,继而,以牟利为目的而与多人进行网络视频裸聊的行为可以认定为传播淫秽物品牟利罪。

■ 课后学生总结巩固的训练案例

◇ 佟波非法持有毒品案

◇ 唐友珍运输毒品案

◇ 李伊斯麻贩卖毒品案

◇ 高红霞、郑海本等组织卖淫、协助组织卖淫案

◇ 何肃黄、杨柯传播淫秽物品牟利案

课后环节及要求

本次课堂教学结束后，运用所学相关刑法知识尝试分析推荐案例，就本次课程学习情况撰写 100～500 字的个人学习总结，并提出仍存疑惑；教学助理评阅每位学生的学习总结并就学生仍存疑惑作出解答，由所有主讲教师集体审改疑惑解答，反馈学生。

第十五讲　贪污贿赂罪

■ 本讲教学要求

贪污贿赂罪，是指国家工作人员实施的贪污、受贿，或者国有单位实施的受贿、私分国有资产等侵犯国家廉政建设制度，以及其他人员或单位实施的与受贿具有对向性的情节严重的行为。习近平总书记指出："人民群众最痛恨腐败现象，腐败是我们党面临的最大威胁。只有以反腐败永远在路上的坚韧和执着，深化标本兼治，保证干部清正、政府清廉、政治清明，才能跳出历史周期率，确保党和国家长治久安。"为保护得来不易的中国特色社会主义改革、发展成果，惩治贪污贿赂犯罪必然成为党和国家的重要课题。本讲的讲授，重点在于帮助学生掌握贪腐类犯罪的构成要件及特点，明确罪与非罪、此罪与彼罪之间的界限。课程思政方面，一方面可以通过重大典型案例的剖析、监察体制改革、刑法修改演进等角度，向学生阐释反腐倡廉的极端重要性，展现党的十八大以来反腐败斗争所取得的伟大成就，体现出我党自我净化、自我完善、自我革新、自我提高能力，永不动摇信仰，永不脱离群众的优良政治品质；另一方面可以将反"四风"、群众路线、八项规定等反腐败措施的理论依据同刑法相关条文的解释理解相结合，使学生对反腐倡廉具有更加真切深刻的体会，树立学生正确的人生观、价值观、世界观，建立良好的政治思想品德，培养其勇于担当的历史责任感和使命感。

■ 本次课教学安排

◇ **时间：**第 15 次课，教学时数为 3 学时左右。

◇ **教学内容的重点、难点：**贪污罪的犯罪主体问题；贿赂罪的行为方式；挪用公款罪的犯罪对象问题；利用职权便利的界定；巨额财产来源不明罪的行为方式问题。

◇ **教学方式：**

- 课前学生自主学习，班长收集各位同学在自主学习中的困惑点于课前交该班教学助理与主讲教师。
- 课堂教学环节实行“三环节”制：自主学习困惑交流；本次课重点难点引导性讲授；重点难点问题疑惑讨论。

▩ 课前学生自主学习内容

□ 学习资料

◇ 指定在线课程的相应内容。

◇ 应阅读教程章节：贾宇主编《刑法学（各论）》第十七章；石经海主编《中国刑法学分论》的相应内容；石经海等主编《刑法重点问题案例实务教程》的相应内容。

◇ 应重点研读的法条：《刑法》第 372 条、第 382 ~ 386 条、第 388 ~ 390 条、第 395 ~ 396 条。

□ 学习中应思考的问题

1. 甲不知其可依法申请 8 万元补助，局长乙告知甲，乙可为其申请 13 万元补助，但甲需将 5 万元交给乙。甲答应，获取 13 万元补助后，依约将 5 万元交予乙。甲、乙行为应如何定性？
2. 行为人挪用公款 4 万元进行饭店经营，三个月内归还，挪用公款 4 万元进行其他活动，三个月内未归还。行为人挪用的公款数额是否达到挪用公款罪“数额较大”的要求？
3. 受贿罪中的“情节严重”应当如何理解？“数额较大”性质为何？与行贿罪中的“数额较大”性质是否相同？
4. 索贿型受贿罪是行为犯还是结果犯？索贿型受贿罪是否以“为他人谋取利益”为成立条件？
5. 利用影响力受贿罪的犯罪主体是否仅限于国家工作人员的亲朋好友？掌握国家机关把柄者是否属于“关系密切的人”？
6. 介绍贿赂罪与行贿罪帮助犯、受贿罪帮助犯的区别何在？

课中师生交流的重难点问题及解析要点

1. 如何理解“利用职务便利”与“利用工作便利”?

“利用职务便利”是指直接利用本人职务上的权力,包括:利用本人主管、经管财物的职务的便利条件或是利用担任其他职务的国家工作人员,因执行其公务而临时经手、管理公共财物。“利用工作便利”是指利用从事某种工作的时机、对工作环境的熟悉、在工作过程中建立的人际关系、在工作单位偶然获得的某种信息等。与“利用职务便利”不同,工作便利本质上与本人职务无关,既没有利用职权,也没有利用职务或地位形成的制约力,只不过这种便利或人与人之间的关系是在工作中建立的。

2. 受国家机关、国有公司、企业、事业单位、人民团体委托管理、经营国有财产的人员,挪用国有资金的,是否成立挪用公款罪?

此种情形不能构成挪用公款罪。

根据《刑法》第382条第2款的规定,受国家机关、国有公司、企业、事业单位、人民团体委托管理、经营国有财产的人员可以成为贪污罪的犯罪主体。但这类人员本不属于国家工作人员,仅是该条款将其拟制为国家工作人员。因此,受国家机关、国有公司、企业、事业单位、人民团体委托管理、经营国有财产的人员不属于国家工作人员,不能成为挪用公款罪的犯罪主体,故无法成立挪用公款罪,而成立挪用资金罪。

3. 如何界定挪用公款罪的犯罪对象范围?

挪用公款罪有两种类型的犯罪对象。第一,“公款”,即国有资金,但不限于现金,亦可是公有国库券、失业保险基金等。第二,《刑法》第384条第2款规定了:“挪用用于救灾、抢险、防汛、优抚、扶贫、移民、救济款物归个人使用的,从重处罚。”即此处以法律拟制的方式规定了救灾、抢险、防汛、优抚、扶贫、移民、救济的物品亦能够成为挪用公款罪的犯罪对象。

应当注意的是,仅有挪用“救灾、抢险、防汛、优抚、扶贫、移民、救济”这七种特定物才可能构成挪用公款罪,挪用用于防疫等用途的特定物不能构成本罪。另外,挪用“救灾、抢险、防汛、优抚、扶贫、移民、救济”的特定物,其目的在于“归个人使用”时才能够构成本罪,否则将可能构成挪用特定款物罪。

4. 如何区分挪用公款罪与挪用特定款物罪?

二者的区别在于:第一,犯罪客体不同。挪用公款罪的客体是国家工作人员职务行为的廉洁性和公款的占有、使用、收益权;后者的客体是国家对于特定款物专门适用的管理制度。第二,犯罪对象不同。挪用公款罪的对象是公款和用于救灾、抢险、防汛、优抚、扶贫、移民、救济的款物;后者的对象是仅为用于救灾、抢险、防汛、优抚、扶贫、移民、救济的款物。第三,犯罪主体不同。挪用公款罪的主体是国家工作人员或国有公司、企业或者其他国有单位中从事公务的人员和国有公司、企业或者其他国有单位委派到非国有公司、企业以及其他单位从事公务的人员;后者的主体是对特定款物具有管理、控制权限的人。第四,主观目的不同。挪用公款罪中行为人的目的在于挪作私用;后者行为人的目的在于挪作其他公用。

5. 知识产权是否可以作为受贿罪的犯罪对象?

受贿罪的犯罪对象是能够用金钱衡量的财产性利益。财产性利益是指动产、不动产、有价证券等财物或者期权、债权等其他具有经济性价值的利益。知识产权同样具有经济性价值,可以作为受贿的犯罪对象。

6. 如何区分收受礼金行为与受贿行为?

一是看财物给付人给付财物时是否提出了具体请托事项、给付财物行为与国家工作人员职务行为之间有何关系、国家工作人员收受财物时是否承诺为他人谋取利益以及是否为他人谋取了利益,这是区分收受礼金违纪与受贿违纪的关键因素。根据上述标准,国家工作人员虽收受他人财物,但对方未提出具体请托事项且国家工作人员没有为其谋取利益的,一般按收受礼金违纪处理。反之,如果国家工作人员明知他人有具体请托事项而收受财物,或收受财物时承诺为他人谋取利益以及事后为他人谋取了利益的,则一般按受贿违纪处理。值得注意的是,他人给付财物时虽未提出具体请托事项,但如果国家工作人员多次收受其财物,且日后利用职务之便为其谋取了利益,则应将多次收受财物的数额累计,以受贿违纪论处。

二是看收受财物的时间、方式、价值大小以及当事人关系的亲疏等情况,这是区分收受礼金违纪与受贿违纪的重要因素。一般来说,国家工作人员收受礼金行为多发生在节日、生病住院、婚丧嫁娶期间,且礼金的数额有一定的限度,一般不会太高。同时,与贿赂相比,礼金馈赠的方式相对公开，且当事人之间的关系相对亲密。而贿赂一般见不得光，且其中所谓的朋友关系，多是建立在权钱交易基础之上的权力寻租关系。值得注意的是，在区分收受礼金违纪和受贿违纪时，也要正确区分收受礼金违纪与正常的人情往来。如果双方之间存在长期交往，所送礼金数额较小，且通常是相互赠送、有来有往，则一般视为正常人情往来，不宜按违纪处理。

7. 国家工作人员事先实施某种职务行为，为他人谋取利益时，没有受贿的故意，事后明知他人交付的财物是对自己职务行为的不正当报酬而予以收受的，是否成立受贿罪？

该种受贿方式称为事后受贿，事后受贿的行为同样成立受贿罪。就行为性质而言，收受财物是“事前”还是“事后”，并不影响行为的性质。因为单独的收钱行为或单独的办事行为均非受贿罪的实行行为，权钱交易行为，即将财物与职务行为形成对价的行为才是受贿罪的实行行为。故在事后型受贿罪中，只要行为人认识到他人交付的财物是对自己职务行为（已经完成的行为或即将实施的行为）的不正当回报，财物就与职务行为形成了对价关系，也就成立受贿罪。

8. 对于国家工作人员收受贿赂但是没有为他人谋取利益的行为，该如何定性？

应分情况讨论。

第一，行为人利用职务上的便利，向他人索取财物的。索贿是受贿人以公开或暗示的方法，主动向行贿人索取贿赂，有的甚至是公然以要挟的方式，迫使当事人行贿。鉴于索贿情况突出，主观恶性更严重，情节更恶劣，社会危害性相对于收受贿赂更为严重。因此，刑法明确规定，索贿的从重处罚。因被勒索给予国家工作人员以财物，没有获得不正当利益的，不是行贿。索取他人财物的不论是否为他人谋取利益，均可构成受贿罪。

第二，行为人利用职务上的便利，收受他人贿赂而为他人谋取利益的。收受贿赂，一般是行贿人以各种方式主动进行收买腐蚀，受贿人一般是被动接受他人财物或者是接受他人允诺给予财物，而为行贿人谋取利益。该种类型的受贿罪以“为他人谋取利益”为客观要件，其内容是许诺为他人谋取利益。国家工作人员在非法收受他人财物之前或者之后许诺为他人谋取利益，就在客观上形成了以权换利的约定，同时使人们产生以下认识：

国家工作人员的职务行为是可以收买的，只要给予财物，就可以使国家工作人员为自己谋取各种利益。这本身就使职务行为的不可收买性受到了侵犯。这样理解，也符合刑法的规定：为他人谋取利益的许诺本身是一种行为，故符合刑法将其规定为客观要件的表述；为他人谋取利益只要求是一种许诺，不要求有谋取利益的实际行为与结果；为他人谋取利益只是一种许诺，故只要收受了财物就是受贿既遂，而不是待实际上为他人谋取利益之后才是既遂。

9. 实践中应如何区分索贿型受贿罪与敲诈勒索罪？

索贿型受贿罪和敲诈勒索罪的主要区别在于：索贿型受贿罪本质上是利用国家工作人员职务上的便利进行的，行为人之所以向对方提出索取贿赂的要求就是基于行为人自身有职务上的便利，可以对对方造成影响，帮助其实现目的；而敲诈勒索罪一般是行为人利用自己采取胁迫、揭发隐私等手段要挟受害人，行为人并没有掌握可以挟制对方的公权力，或并未以可以挟制对方的公权力相威胁。同时，受贿罪的行为人主观上明知自己利用职务上的便利为对方谋取利益仍向对方索取财物；但敲诈勒索罪的行为人主观罪过中并不具有上述内容，仅仅具有非法占用财物的目的。

所以，区分索贿型受贿罪和敲诈勒索罪的关键就在于行为人是否利用职务上的便利，行为人索取他人财物如果没有利用职务上的便利，即使行为人具有国家工作人员的身份也应该认定为敲诈勒索罪。

10. 怎样区分斡旋受贿与利用影响力受贿？

斡旋受贿与利用影响力受贿的主要区别在于：

第一，犯罪主体不同。斡旋受贿的主体可以是任何国家工作人员。而利用影响力受贿的犯罪主体仅限于：(1)国家工作人员——利用私人情感而非职权便利；(2)国家工作人员的近亲属；(3)与国家工作人员关系密切的人；(4)离职国家工作人员；(5)离职国家工作人员的近亲属；(6)与离职国家工作人员关系密切的人。

第二，犯罪行为不同。在斡旋受贿中收钱的国家工作人员本人没有直接为请托人谋取利益，而是利用自己职权或地位形成的便利条件让其他国家工作人员利用职权便利为请托人谋取利益；而利用影响力受贿的犯罪主体是利用自己对国家工作人员的影响力，使国家机关工作人员利用职权便利为请托人谋取利益。

11. 国家工作人员的近亲属收受请托人财物，答应游说国家机关工作人员为请托人谋取不正当利益。但该近亲属游说过后，国家机关工作人员并不同意为请托人办事，该近亲属亦未返还请托人财物。该近亲属的行为是否构成利用影响力受贿罪？

该近亲属的行为不能构成利用影响力受贿罪。

利用影响受贿罪的犯罪客体是国家工作人员的职务廉洁性。这一客体决定了只有当国家工作人员至少许诺了为请托人谋取不正当利益时，才能成立本罪。换言之，如果国家工作人员的近亲属或者其他与国家工作人员关系密切的人，索取或者收受了请托人的财物，但没有要求国家工作人员为请托人谋取不正当利益，或者虽然要求国家工作人员为请托人谋取不正当利益，但国家工作人员并不许诺，就没有侵犯本罪的犯罪客体，不能认定为贿赂罪。即在问题设定的场景下，不成立贿赂犯罪。但是，如果行为符合诈骗、侵占等侵犯财产罪的犯罪构成，可以认定为侵犯财产罪。

12. 行贿罪与受贿罪一定同时成立吗？

行贿罪与受贿罪不一定同时成立，可能出现以下情形：

第一，因被勒索而给予国家工作人员以财物，没有获取不正当利益的，不成立行贿罪，成立受贿罪；第二，为谋取正当利益，给予国家工作人员以财物的，不成立行贿罪，国家工作人员收受财物的，成立受贿罪；第三，为谋取不正当利益，给予国家工作人员以财物的，成立受贿罪，但国家工作人员无受贿之故意，将财物送至有关部门处理的，不成立受贿罪。

13. 如何界定贪污贿赂罪中的“谋取不正当利益”？

根据《最高人民法院、最高人民检察院关于在办理受贿犯罪大要案的同时要严肃查处严重行贿犯罪分子的通知》的规定，“谋取不正当利益”是指谋取违反法律、法规、国家政策和国务院各部门规章规定的利益，以及要求国家工作人员或者有关单位提供违反法律、法规、国家政策和国务院各部门规章规定的帮助或者方便条件。即刑法中的“不正当利益”包括两种情况：一是谋取的利益本身违反了法律、法规、国家政策和国务院各部门规章；二是提供不符合法律、法规、国家政策和国务院各部门规章规定的帮助或者方便条件，也就是说，国家工作人员违背公平公正公开原则，帮助请托人谋取竞争机会、资源、提供便利条件。

14. 巨额财产来源不明罪中,如果定罪处罚后司法机关查清巨额财产来源于一般违法行为的,应如何处理?

巨额财产来源于一般违法行为不影响原先巨额财产来源不明罪的认定。

巨额财产来源不明罪的本质特征在于,通过推定过去的行为(巨额财产的取得行为)构成犯罪,且极可能构成严重犯罪,进而以较轻刑罚的罪名作为兜底性罪名来解决问题。同时,立法机关鉴于此类事实现状不宜查清,故而推定国家工作人员财产、支出明显超过合法收入,差额巨大而又不能说明来源的情形构成犯罪,除非行为人具备正当化事由,即能够说明上述巨额财产的具体来源,故无论巨额财产来源于违法行为还是犯罪行为,只要行为人不能证明该巨额财产的合法性,均可成立巨额财产来源不明罪。

■ 课后学生总结巩固的训练案例

◇ 陈贵杰等贪污案

◇ 刘宝春贪污案

◇ 陈超龙挪用公款案

◇ 陈晓受贿案

◇ 王海峰受贿、伪造证据案

■ 课后环节及要求

本次课堂教学结束后,运用所学相关刑法知识尝试分析推荐案例,就本次课程学习情况撰写100~500字的个人学习总结,并提出仍存疑惑;教学助理评阅每位学生的学习总结并就学生仍存疑惑作出解答,由所有主讲教师集体审改疑惑解答,反馈学生。

第十六讲　渎职罪

■ 本讲教学要求

渎职罪是国家工作人员利用职务便利或未积极履行职务所赋予之义务，妨害国家公务的正常、公正执行，损害国民对国家工作人员公务活动客观公正性的合理信赖的犯罪行为。渎职罪一章设置之目的在于规范公权力的行使，故该章犯罪的犯罪主体绝大部分为国家工作人员，只有在极少数罪名中犯罪主体范围得以扩张。在本讲的教学中，可以从犯罪主体方面的内容出发，引导学生分析一般主体与特殊主体、特殊主体与特殊主体之间的联系和区别，继而明晰各罪名的界限。另外，可以立足于法条竞合、牵连犯的相关理论，启发学生思考具体罪名中罪数关系设置的适正性问题，帮助学生夯实理论功底，加强法治思维。本讲的讲授过程中，可从国家治理能力现代化和治理体系现代化切入，深刻阐释打击治理渎职犯罪的重要意义；从有法必依、执法必严、违法必究的法治精神着手，明确打击治理渎职犯罪的内在逻辑；从典型案例的讲解，彰显我国在打击治理渎职犯罪方面的重要成就，培养学生的道路自信、文化自信。

■ 本次课教学安排

◇ **时间**：第 16 次课，教学时数为 3 学时左右。

◇ **教学内容的重点、难点**：滥用职权罪与玩忽职守罪的关系问题；徇私枉法罪的犯罪主体问题；徇私枉法罪与私放在押人员罪的关系问题；战时违抗命令罪的构成特征。

◇ **教学方式**：

- 课前学生自主学习，班长收集各位同学在自主学习中的困惑点于课前交该班教学助理与主讲教师。

- 课堂教学环节实行“三环节”制：自主学习困惑交流；本次课重点难点引导性讲授；重点难点问题疑惑讨论。

课前学生自主学习内容

学习资料

◇ 指定在线课程的相应内容。

◇ 应阅读教程章节：贾宇主编《刑法学（各论）》第十七章；石经海主编《中国刑法学分论》的相应内容；石经海等主编《刑法重点问题案例实务教程》的相应内容。

◇ 应重点研读的法条：《刑法》第397条、第406条、第409条、第415～416条、第421条。

学习中应思考的问题

1. 仅对自己滥用职权的行为具有故意，但没有预见到会造成的重大损失，是否属于滥用职权罪中的故意？
2. 滥用职权罪、玩忽职守罪与本章哪些罪存在法条竞合关系？如何具体适用？
3. 国土资源局工作人员甲按照当地《县长办公会纪要》将某块国有土地划归某私人所有，造成了重大国有资产的流失。该纪要的内容违反了相关法律规定。甲行为的定性？
4. 帮助犯罪分子逃避处罚罪与窝藏、包庇罪的关系如何？应如何区分？

课中师生交流的重难点问题及解析要点

1. 村委会的村干部等基层组织人员能否成为渎职罪的主体？

村干部等基层组织人员可以成为渎职罪的犯罪主体。

2002年12月28日，全国人大常委会通过了《关于〈中华人民共和国刑法〉第九章渎职罪主体适用问题的解释》。作为渎职罪主体适用问题的专门立法解释，该解释作了如下规定：“在依照法律、法规规定行使国家行政管理职权的组织中从事公务的人员,或者在受国家机关委托代表国家机关行使职权的组织中从事公务的人员,或者虽未列入国家机关人员编制但在国家机关中从事公务的人员,在代表国家机关行使职权时,有渎职行为,构成犯罪的,依照刑法关于渎职罪的规定追究刑事责任。"

从上述解释中我们可以看出,全国人大常委会通过立法解释的方式,对渎职罪主体作了相对宽泛的规定。其第二方面"在受国家机关委托代表国家机关行使职权的组织中从事公务的人员"的规定,给村干部的渎职罪主体认定提供了可能。村委会等农村基层组织肯定属于组织,村干部在村委会等组织中从事公务也毋庸置疑,村委会等基层组织是不是可以受国家机关委托,代表国家机关行使职权?就成了解决这一问题的关键所在。

依据2017年最高人民法院《关于适用〈中华人民共和国行政诉讼法〉的解释》第22条的规定,"没有法律、法规或者规章规定,行政机关授权其内设机构、派出机构或者其他组织行使行政职权的,属于行政诉讼法第二十六条规定的委托"。

当前村委会开展的工作,都是县乡基层行政机关的公务工作,也并没有法律、法规或规章规定这些工作由农村基层组织来施行。但是现实中,基层政府机关往往通过发红头文件,开大会下放布置工作等方式,将这些工作全部或极大部分授权农村基层组织施行,这正是上述规定所说的"视为委托"。

因此,我们认为,村干部符合全国人大常委会《关于〈中华人民共和国刑法〉第九章渎职罪主体适用问题的解释》"在受国家机关委托代表国家机关行使职权的组织中从事公务的人员"之规定,也即可以构成渎职犯罪主体。

2. 如何认定渎职罪中的因果关系?

渎职罪中的因果关系认定是一个实践难题,渎职行为与损害后果的联系往往不如杀人行为与死亡结果的联系般直接、紧密。对此,可借助客观归责理论对渎职罪的因果关系进行认定。

一方面,应判断渎职行为是否制造或加剧了法律所不允许的风险。例如,警察在巡逻途中遇多人聚众斗殴,其袖手旁观,最终因斗殴行为,聚众斗殴者多人死伤。在此种情形下,警察的不作为没有制造聚众斗殴者多人死伤的风险,但毫无疑问,警察的不作为加剧了聚众斗殴者多人死伤的可能性。因此,应当认定警察的不作为加剧了法律所不允许的风险。

另一方面,应判断渎职行为制造或加剧的风险是否转换为现实的损害。对此,可以根据两点进行判断:一是行为与结果的联结是否符合一般人的通常认识。二是结果是否发生于特定规范的保护范围之内。在上文的例子中,如果是由于突然驶上人行道的大货车撞向聚众斗殴者,而非斗殴行为本身,造成斗殴者多人死伤结果,则此种结果的发生不在上文例子所设置情形中相关渎职犯罪的规范保护范围之内。因为上文例子中,渎职犯罪所要防止的是因警察的不作为导致聚众斗殴人因斗殴造成多人死伤的情形,而并非是保护突然驶来的大货车撞击斗殴者,致使斗殴者死伤多人的情形。因此,大货车撞击这种异常的介入因素切断了警察的不作为与斗殴者死伤的因果关系。更进一步说,大货车撞击致斗殴者死伤的结果不能认定为是渎职行为加剧的风险的实现。

3. 如何区分不作为的滥用职权罪和玩忽职守罪?

第一,不作为的滥用职权罪行为人主观上是一种故意;而玩忽职守罪行为人主观上表现为过失。第二,不作为的滥用职权罪通常与收受贿赂有关,通过收受他人贿赂,不积极履行职责、不让他人积极履行职责;玩忽职守罪客观方面的行为方式、手段具有多样性,主要可以归纳为未尽职守、擅离职守、未履行职责三种类型。第三,玩忽职守是纯正的不作为犯,其作为义务一般体现在法律的明文规定中;滥用职权的不作为不是纯正的不作为,其作为义务一般体现在行为人的工作职责中。

4. 实践中应如何区分玩忽职守罪的罪与非罪?

第一,行为人是否对工作严重不负责。玩忽职守罪的成立要求行为人对工作严重不负责;仅轻微不负责或仅是因为能力不足而导致的失职不构成玩忽职守罪。

第二,行为是否致使公共财产、国家和人民利益遭受重大损失。玩忽职守罪的成立要求行为致使公共财产、国家和人民利益遭受重大损失;行为未致使公共财产、国家和人民利益遭受重大损失的,即使行为人对工作严重不负责,也不能构成玩忽职守罪。

5. 如何区分玩忽职守罪和丢失枪支不报罪?

玩忽职守罪与丢失枪支不报罪有三个显著的区分标准:一是丢失枪支是否及时报告;二是否造成严重后果;三是严重后果是否是由不及时报

告造成的。

因此，两罪的区分具体如下：第一，丢失枪支及时报告，但造成了严重后果的，可能成立玩忽职守罪，不成立丢失枪支不报罪。第二，丢失枪支不及时报告，且因未及时报告而造成严重后果的，成立丢失枪支不报罪。第三，丢失枪支不及时报告，造成严重后果，但严重后果与未及时报告不存在因果关系，可能成立玩忽职守罪，不成立丢失枪支不报罪。例如，甲拾取了枪支，用布包裹着枪，砸死十人的情形。因丢失枪支不报罪所防止的是甲拾取枪支后使用枪支射击，从而造成人员伤亡或利用枪支威慑力使他人不敢反抗，造成人员伤亡的情形。在用布包裹着枪，砸死十人的情形中，枪支与砖块实无差异，不属于本罪所预防的风险，故这种严重后果难以归属于不及时报告的行为。不能成立丢失枪支不报罪。

6. 如何认定故意泄漏国家秘密罪中的“情节严重”与“情节特别严重”？

根据《最高人民法院、最高人民检察院关于办理渎职刑事案件适用法律若干问题的解释》（一）第1条，以下情形应认定为《刑法》第397条所规定的“情节严重”：

（1）造成死亡1人以上，或者重伤3人以上，或者轻伤9人以上，或者重伤2人、轻伤3人以上，或者重伤1人、轻伤6人以上的；（2）造成经济损失30万元以上的；（3）造成恶劣社会影响的；（4）其他致使公共财产、国家和人民利益遭受重大损失的情形。

具有下列情形之一的，应当认定为《刑法》第397条规定的“情节特别严重”：

（1）造成伤亡达到前款第（1）项规定人数3倍以上的；（2）造成经济损失150万元以上的；（3）造成前款规定的损失后果，不报、迟报、谎报或者授意、指使、强令他人不报、迟报、谎报事故情况，致使损失后果持续、扩大或者抢救工作延误的；（4）造成特别恶劣社会影响的；（5）其他特别严重的情节。

7. 徇私枉法罪与滥用职权罪的联系与区别是什么？

二者的联系在于：徇私枉法罪与滥用职权罪是法条竞合关系，当行为人的行为同时构成徇私枉法罪和滥用职权罪时，根据特别法优于一般法的原则，以徇私枉法罪定罪量刑。

二者的区别在于：第一，犯罪主体不同。滥用职权罪主体是国家机关工作人员;徇私枉法罪的主体主要是司法工作人员中从事侦查、检察、审判工作的人员。第二,犯罪客体不同。滥用职权罪侵犯的客体是国家机关的正常活动;徇私枉法罪侵犯的客体是国家司法机关的正常活动。第三,客观方面不同。滥用职权罪的客观方面表现为滥用职权,致使公共财产、国家和人民利益遭受重大损失的行为;徇私枉法罪的客观方面表现为在刑事诉讼中徇私、徇情枉法的行为。

8. 警察既可能是行政执法人员又可能是司法工作人员,当犯罪主体为警察时,如何区分徇私舞弊不移交刑事案件罪与徇私枉法罪?

二罪区别主要表现在:第一,犯罪客体不同。徇私舞弊不移交刑事案件罪的客体是国家行政机关正常的行政执法活动,而徇私枉法罪的客体是国家司法机关的正常活动。第二,犯罪主体不同。徇私舞弊不移交刑事案件罪的主体是行政执法人员,而徇私枉法罪的主体是司法工作人员。第三,犯罪客观行为不同。徇私舞弊不移交刑事案件罪的客观行为仅表现为对应当移交的刑事案件不移交,且该刑事案件尚未进入刑事诉讼程序;徇私枉法罪的客观行为既可以表现为使无罪的人受到刑事追诉、使有罪的人不受刑事追诉,又可以表现为在刑事审判中枉法裁判,且该刑事案件已经进入刑事诉讼程序。第四,有无情节要求不同。徇私舞弊不移交刑事案件罪在构成上要求情节严重,而徇私枉法罪无此要求。

因此,从以上可以看出,当犯罪主体为警察时,区别二罪的关键有两个:第一,看其处理的案件是否进入刑事诉讼程序;第二,看其活动性质为行政执法还是刑事司法。

9. 应当怎样区分私放在押人员罪和徇私枉法罪?

二者的联系在于:第一,私放在押人员罪的目的是使犯罪嫌疑人、被告人、罪犯摆脱监管机关和监管人员的控制,最终逃避法律制裁,这与徇私枉法罪中明知是有罪的人而故意包庇不使他受追诉,或者故意做枉法裁判,把有罪判为无罪,故意使罪犯逍遥法外,在实质上都是为了包庇罪犯。第二,二者都侵犯了司法机关的正常活动,在客观上又都利用了职务上的便利条件,主体主要都是司法工作人员。

二者的区别在于:第一,客观方面表现不同。私放在押人员罪的司法工作人员主要是利用监管或押解罪犯的职务之便,非法将罪犯私自放走;徇私枉法罪的行为在客观上则是利用立案、侦查、预审、起诉和审判的合法权力,徇私枉法,对明知是有罪的人,作出不予立案、起诉的决定或者无罪判决、裁定,包庇罪犯。第二,主体要件的职责权限不同。私放在押人员罪的主体主要是对罪犯负有监管、押解职责的司法工作人员;而徇私枉法罪的主体,则主要是对刑事案件有立案、侦查、预审、起诉或审判权的司法工作人员。

10. 如何区分帮助犯罪分子逃避处罚罪和窝藏罪?

二者有两点显著区别:第一,犯罪主体不同。帮助犯罪分子逃避处罚罪的主体是特殊主体,即有查禁犯罪活动职责的国家机关工作人员;后者的主体是一般主体。第二,行为是否利用职务便利不同。帮助犯罪分子逃避处罚罪中行为人为犯罪分子通风报信、提供便利时,以其利用职务便利为前提;后者的行为人在为犯罪分子提供帮助时,未利用职务便利。

■ 课后学生总结巩固的训练案例

◇ 包智安受贿、滥用职权案

◇ 张群生滥用职权案

◇ 陆飞荣玩忽职守案

■ 课后环节及要求

本次课堂教学结束后,运用所学相关刑法知识尝试分析推荐案例,就本次课程学习情况撰写100~500字的个人学习总结,并提出仍存疑惑;教学助理评阅每位学生的学习总结并就学生仍存疑惑作出解答,由所有主讲教师集体审改疑惑解答,反馈学生。

第三部分

课程配套学习案例

第一章　危害国家安全类犯罪

1 CASE 关于颠覆国家政权的认定
——吕某松煽动颠覆国家政权案

浙江省高级人民法院(2016)浙刑终311号刑事判决书

【案情摘要】 被告人吕某松明知所谓的"中国民主党"系以颠覆我国国家政权、推翻社会主义制度为目的的非法组织，仍长期以所谓的"中国民主党浙江委员会"的名义和"中国民主党"成员的身份从事活动，并于2008年2月犯煽动颠覆国家政权罪被判处刑罚。2011年8月刑满释放后，吕某松仍以上述名义和身份，积极组织、策划、实施颠覆我国国家政权、推翻社会主义制度的活动。

2011年9月至案发前，被告人吕某松以"中国民主党浙江委员会"或者个人名义，先后在"博讯""参与""大纪元""六四天网"等境外网站上发表其撰写的《中国民主党浙江委员会关于徐某、谭某被刑拘的严正声明》《从***的耳光看中国的社会性质》《中国民主党浙江委员会就陈某、陈某2被判重刑关于时局的声明》《中国民主党浙江委员会致习某、张某的公开信》《谈笑话龙年—2012年元旦献辞》《吕某松：卡扎菲的死日与陈某3的生日》《沉痛悼念民运先驱方某先生》《吕某松致海内外朋友和国际媒体的感谢信》《千人联署：强烈谴责中国司法当局对朱某作出有罪判决》等11篇声明、公开信、文章。在上述声明、公开信、文章中，吕某松采用造谣、诽谤等方式，污蔑、攻击我国国家政权和社会主义制度，宣称"短短三个月就对浙江'民主党人'进行了三次严重的打压，充分暴露了中共专制统治的残酷性"，"共产党本身就是封建余孽，它打着社会主义的旗号搞封建主义，建立了比以前所有王朝更加独裁的封建专制制度"，"中国民主党一直对共产党以德报怨，等待共产党改变态度，我们还会等待下去，但不会坐以待毙"，"只有建立制衡的民主宪政制度，才能从根本上解决腐败问题……现代政治就是政党政治，政党政治就是多党竞争,而不是一党专制。一党专制仍然是王朝政治,王朝政治是中世纪式的封建专制,所以中国的一党专制实际上还是封建专制","远东最大的独裁国家自然是共产党统治下的中国大陆","共产党确实到了风声鹤唳、草木皆兵的地步,一方面说明貌似很强大的中共政权已弱不禁风,一方面说明它还要作灭亡前的猖狂一跳","所谓的反对资产阶级自由化,是中共独裁政权倒行逆施的历史见证……中国迄今还处在专制独裁的黑暗之中","随着中国经济高速发展神话的破灭,中共统治的合法性的丧失,可以预见,在不远的将来,中国民主运动将由低潮转入高潮……关注和帮助中国这个世界上人口最多、遭受独裁统治之害最深的国家的民主人权事业,也是国际媒体义不容辞的责任","共产党执政后,重操文字狱这一封建时代的法宝,对知识分子进行严厉的控制……这种残酷的独裁统治,令神人共愤"等。

2012年12月31日,被告人吕某松与苏某、魏某凌、楼某、初某在安徽省黄山市金某住处召开"黄山会议",商讨建立"中国民主党浙江委员会"的组织领导体系。经会议讨论,吕某松担任"主持"(主席),陈某1(另案处理)、魏某2担任"理念"(副主席),毛某祥担任"总务",邹某担任"联络",任某担任"发言人",楼某担任"卫生"(保卫),高某兵担任"不管"(秘书长)。会后,楼某将会议内容整理成"黄山会议纪要公告"并发布在"博讯"等境外网站,公告明确写明由吕某松担任"中国民主党浙江委员会"主席,同时宣称"'中国民主党浙江省委员会'第一次会议(黄山会议)对推进大陆民主事业具有划时代的意义"。

2013年12月底,被告人吕某松等人以"中国民主党浙江委员会"名义撰写并印制含有污蔑我国国家政权和推翻社会主义制度内容的贺卡90张,上述贺卡在准备寄送时被查获。2014年1月3日,吕某松伙同陈某1等人以"中国民主党浙江委员会"的名义参加吊唁活动。

【分歧意见】对于本案应如何定性,在处理过程中形成了如下几种不同意见:

1. 成立颠覆国家政权罪。主要理由是吕某松以非法组织"中国民主党"成员的身份和"中国民主党浙江委员会"名义,组织、策划、实施颠覆我国国家政权、推翻我国社会主义制度的一系列行为,依法已构成颠覆国家政权罪。

2. 成立煽动颠覆国家政权罪。主要理由是吕某松以撰写、发表文章等方式造谣、诽谤,煽动颠覆国家政权、推翻社会主义制度,依法构成煽动颠覆国家政权罪。

3. 不构成犯罪。主要理由是吕某松撰写、发表文章、声明、公开信等系在依法行使言论自由，不应单纯地将发表言论行为作为颠覆国家政权罪的罪证。

【案例讨论】 请结合所学知识分析本案应如何处理？

【延伸阅读】 1. 张明楷：《言论自由与刑事犯罪》，载《清华法学》2016 年第 1 期。

2. 刘艳红：《网络时代言论自由的刑法边界》，载《中国社会科学》2016 年第 10 期。

3. 刘玉安、玄理：《国家安全与言论自由的冲突及平衡》，载《东岳论丛》2015 年第 12 期。

4. 孟庆华：《刑法修正后特别累犯条款的理解适用》，载《法学论坛》2011 年第 6 期。

5. 张治中：《法益冲突视角下网络表达权的边界及类型》，载《青年记者》2020 年第 25 期。

2 CASE 关于资助危害国家安全犯罪的共同犯罪问题
——彼某·某·达林资助危害国家安全犯罪活动案*

【案情摘要】 2009 年 8 月，彼某·某·达林（瑞典籍）伙同北京锋锐律师事务所律师王某璋（涉嫌犯罪，已另案处理）等人，在香港注册成立名为“Joint Development Institute Limited”（简称 JDI）的机构，在境内以“中国维权紧急援助组”的名义活动，未履行任何注册备案程序，资金入境和活动完全脱离正常监管。该组织长期接受某外国非政府组织等 7 家境外机构的巨额资助，按照这些境外机构设计的项目计划，在中国建立 10 余个所谓“法律援助站”，资助和培训无照“律师”、少数访民，利用他们搜集我国各类负面情况，加以歪曲、

* 《我国破获一危害国家安全案件——瑞典籍嫌疑人打着“维权”旗号从事非法活动，已被监视居住》，载大河网 http://newpaper.dahe.cn/dhb/html/2016-01/20/content_1357366.htm?div=-1，2022 年 6 月 15 日访问。

扩大甚至凭空捏造,向境外提供所谓"中国人权报告"。同时,该组织通过被培训的人员,插手社会热点问题和敏感案事件,蓄意激化一些原本并不严重的矛盾纠纷,煽动群众对抗政府,意图制造群体性事件。该组织曾经资助的幸某贤与境外勾连、策划组织锋锐律师事务所律师王某之子偷越国边境。幸某贤涉嫌犯罪被另案处理。

彼某对上述情况供认不讳。他说:"差不多所有的报告都是通过网上搜索查询等方式做出来的,并不能反映真实全面的情况,具体案例我没有亲眼所见,我不能保证报告中的内容属实。"他还供述,某外国非政府组织提供的项目书明确提出,JDI 每年发起不少于 96 起针对中国政府的诉讼、发起针对公民律师的培训等内容。对这些所谓的公民律师,JDI 会每个月支付其工资 3000 元人民币,而对像北京锋锐律师事务所王某璋这样的执业律师,除每个月支付工资 5000 元人民币外,还额外支付每个案件 2 万元人民币,支持他们发起针对政府的诉讼。该组织成员王某、邢某供述,彼某等人是西方反华势力安插在中国的眼线,他们搜集中国的负面信息,由境外势力加以利用,在国际上抹黑中国国家形象;以帮助中国发展为名,在中国民间不断培植势力,挑起访民群体、敏感案事件当事人等对党和政府的不满情绪,以各种手段蒙蔽、利诱更多不知情人员,伺机在国内制造事端,扰乱国家和社会秩序,妄图以此影响、改变中国的社会制度。另查明,近年来,该组织接受境外资金近 1000 万元人民币。为牟取私利,彼某等人通过虚增项目、虚报工资等手段,将接受的境外资金层层截留,接近半数的资金被用于个人开销或中饱私囊。

【分歧意见】 对于本案,应如何定性,在处理过程中形成了如下两种不同意见:

一种意见认为,成立资助危害国家安全犯罪活动罪。主要理由是彼某通过资助所谓"中国维权紧急援助组"等方式实施颠覆国家政权的危害行为,构成资助危害国家安全犯罪活动罪。

另一种意见认为,成立危害国家安全犯罪的共同犯罪。主要理由是彼某为所谓"中国维权紧急救援组"等颠覆国家政权的组织提供资金帮助,客观上为颠覆国家政权的行为提供帮助,成立的是危害国家安全犯罪的共同犯罪。

【案例讨论】 请结合所学知识分析本案应如何处理?

【延伸阅读】1. 于冲:《帮助行为正犯化的类型研究与入罪化思路》,载《政法论坛》2016 年第 4 期。

2. 李凤梅:《危害国家安全罪的规范缺失及立法补正》,载《法商研究》2017 年第 5 期。

3. 王东光:《国家安全审查:政治法律化与法律政治化》,载《中外法学》2016 年第 5 期。

4. 王东明:《论危害国家安全犯罪的立法完善》,载《江南社会学院学报》2009 年第 1 期。

5. 阎二鹏:《共犯行为正犯化及其反思》,载《国家检察官学院学报》2013 年第 3 期。

3 CASE 关于选择性罪名的罪数问题
——美国籍案犯彼某·吴为境外机构、组织窃取、刺探、收买、非法提供国家秘密和冒充国家工作人员招摇撞骗案*

【案情摘要】19××年6月16日、6月17日、7月29日、8月16日,19××年4月上旬、4月25日,被告人彼某·吴以访友、考察为名,先后6次或与陈某、境外某机构女记者伪装警察到山西省霍州监狱、山西省阳泉第二监狱、新疆幸福城监狱、夏合里克监狱、上海白茅岭监狱、青海省塘河监狱进行不法活动,寻机拍摄监狱的警戒、生产等设施,并将所摄资料非法提供给境外某组织。

19××年6月18日、6月19日,被告人彼某·吴以境外某公司经理助理的身份和陈某某到上海市劳动钢管厂、华东电焊机厂,分别在厂长办公室、总工程师办公室乘人不备各窃走机密文件一份,并将文件非法提供给境外某组织。

19××年3月12日,被告人彼某·吴以境外某组织代表人的名义,在香港与冯某某签定"合约",要冯某某在中国大陆刺探、拍摄有关监狱情况,并

---

* 美国籍案犯彼德·吴为境外机构、组织窃取、刺探、收买、非法提供国家秘密和冒充国家工作人员招摇撞骗案,载《中华人民共和国最高人民检察院公报》1996 年第 3 期。

付给冯4000美元。冯某某按约定，对浙江、湖北等省市监狱的警戒设施进行拍摄。所拍的部分照片被我国公安机关查获。

【分歧意见】 对于本案，应如何定性，在处理过程中形成了如下两种不同意见：

一种意见认为，为境外机构、组织窃取、刺探、收买、非法提供国家秘密罪作为选择罪名，不能数罪并罚，只能择一重罪论处。

另一种意见认为，为境外机构、组织窃取、刺探、收买、非法提供国家秘密罪虽然是选择罪名，但在法律无禁止性规定时，为了罪刑相适的需要，可以数罪并罚。

【案例讨论】 请结合所学知识分析本案应如何处理？

【延伸阅读】

1. 杜文俊、陈洪兵：《选择性罪名亦可并罚》，载《人民检察》2011年第21期。
2. 陈洪兵：《选择性罪名若干问题探究》，载《法商研究》2015年第6期。
3. 石金平、游涛：《量刑重复评价相关问题研究》，载《中国刑事法杂志》2010年第3期。
4. 高瑞祥：《为境外窃取、刺探、收买、非法提供国家秘密、情报罪构成要件研究》，载《河南公安高等专科学校学报》2009年第4期。
5. 翟中东：《为境外窃取、刺探、收买、非法提供国家秘密、情报罪的探讨》，载《河南公安高等专科学校学报》2000年第2期。

4 CASE 关于间谍罪的相关问题——王某平间谍案

浙江省舟山市中级人民法院(2001)舟刑初字第40号刑事判决书

【案情简介】 1998年11月，被告人王某平按照其已加入我国台湾地区间谍组织的三哥王某忠的要求来到舟山市定海区。在王某忠的指示下，王某平以在定海区文化路开设食杂店为掩护，从事间谍活动。1998年年底，王某忠伙同被告人王某平来到舟山市定海区晓峰岭山上观察我军舰停泊情况，并向王某平交代了观察、记录的方法。此后直至2001年4月，被告人王某平多次到晓峰岭或定海鸭蛋山码头用望远镜观察并记录军舰进出港情况，然后通过手机向在福建省的王某忠汇报，由王某忠将情报提供给台湾间谍组织。1999年10月、2000年3月，被告人王某平伙同王某忠或单独先后二次到浙江象山我军潜艇基地，观察潜艇停泊情况，后由王某忠将情报提供给台湾间谍组织。1999年11月至2001年4月，被告人王某平在王某忠的授意下按照其提供的电话号码和暗语，多次用设在定海区文化路、环城西路等处的IC卡公用电话与台湾间谍人员联络，以便王某忠将情报提供给台湾间谍组织。

1999年12月，被告人王某平在王某忠的指示下，通过结交驻舟海军战士，搜集到了战士许某雄、陈某贵的士官士兵证复印件和我军舰艇照片等交给王某忠。王某平在与许某雄的交往中，还套取了我军准备到某国接驱逐舰的有关情况告知王某忠。2001年1月，王某平又通过许某雄，登上已到我国港口的该舰，在该舰多处及港口拍摄了照片。1月17日，王某平将其所拍照片及许某雄让其代为冲洗的许在某国接舰时所拍照片的胶卷带至福州市交给了王某忠。同年2月，王某平又将从许某雄处套取的有关该舰驶往国内的航线、航速、途经的港口、国家、买价及武器装备、人员配置等情况告知王某忠。王某忠将王某平搜集套取的全部军事情报均及时提供给了台湾间谍组织。

【分歧意见】对于本案的处理，有两种不同的观点：

一种观点认为，本案被告人王某平在定罪上应认定为间谍罪。客观上被告人王某平在其已加入台湾间谍组织的三哥王某忠的指使下，以在舟山市定海区文化路开设食杂店为掩护，从事间谍活动。王某平伙同王某忠或单独先后二次到浙江象山潜艇基地观察潜艇停泊情况，又多次到定海晓峰岭或鸭蛋山码头观察、记录我军舰停泊情况，向王某忠汇报，由王某忠将情报提供给台湾间谍组织。王某平还根据王某忠提供的电话及暗语，多次以王某忠名义与台湾间谍组织联络，要求对方开机。此外，王某平还通过结交驻舟海军战士，搜集了我军士官士兵证复印件、军舰照片及通过战士登上舰艇拍摄照片，并套取了某舰的有关情况等军事机密情报，提供给王某忠，由王某忠报告给台湾间谍组织。

另一种观点认为，本罪在主观上只能出于故意，且具有危害中华人民共和国国家安全的目的。在本案中,行为人王某平明知自己所从事的是危害中华人民共和国国家安全的间谍活动,并且决意而为之。至于行为人在主观上的犯罪动机如何,不影响本罪的成立。

【案例讨论】 请结合所学知识分析本案应如何处理?

【延伸阅读】

1. 马涛:《犯罪化论题内间谍行为的刑法规制》,载《汕头大学学报(人文社会科学版)》2018 年第 10 期。
2. 李凤梅:《危害国家安全罪的规范缺失及立法补正》,载《法商研究》2017 年第 5 期。
3. 马章民、张琛:《危害国家安全犯罪及立法完善》,载《河北法学》2014 年第 11 期。
4. 曹亚伟:《论经济间谍的双重法律性质及其法律界定》,载《政治与法律》2015 年第 9 期。
5. 梅传强、董为:《总体国家安全观视角下我国间谍罪立法问题检视与修正建议》,载《社会科学家》2020 年第 9 期。

第二章　以危险方法危害公共安全类犯罪

1 CASE 关于公共安全
——莫某晶放火、盗窃案

浙江省高级人民法院(2018)浙刑终82号刑事裁定书

【案情摘要】莫某晶因长期沉迷赌博而身负高额债务,为躲债于2015年外出打工。2016年9月,莫某晶经中介应聘到朱某(女,殁年34岁)、林某1夫妇家中从事住家保姆工作。2017年3月至同年6月21日,莫某晶为筹集赌资,多次窃取朱某家中的金器、手表等物品进行典当、抵押,至案发时,尚有价值19.8万余元的物品未被赎回。其间,莫某晶还以老家买房为借口向朱某借款11.4万元。上述款项均被莫某晶用于赌博,挥霍一空。

2017年6月21日晚至次日凌晨,被告人莫某晶用手机上网赌博,输光了当晚偷窃朱某家一块手表典当所得赃款3.75万元。为继续筹集赌资,其决意采取放火再灭火的方式骗取朱某的感激以便再向朱某借钱。6月22日凌晨2时至4时许,莫某晶使用手机上网查询"打火机自动爆炸""家里突然着火什么原因""沙发突然着火""家里窗帘突然着火""放火要坐牢吗""火容易蔓延吗""发生火灾火怎样才能燃烧慢点""起火原因鉴定""火灾起点原因容易查吗"等与放火有关的关键词信息。凌晨4时55分许,莫某晶用打火机点燃书本引燃客厅沙发、窗帘等易燃物品,导致火势迅速蔓延,造成屋内的被害人朱某及其子女林某2(男,殁年10岁)、林某3(女,殁年7岁)、林某4(男,殁年4岁)四人被困火场吸入一氧化碳中毒死亡,并造成室内精装修及家具和邻近房屋部分设施损毁。经鉴定,损失共计257万余元。火灾发生后,莫某晶即逃至室外,报警并向他人求助,后在公寓楼下被公安机关带走调查。

【分歧意见】对于本案应如何定性,在处理过程中形成了如下两种不同观点：

一种观点认为，成立失火罪。理由：莫某晶没有放火的主观故意。莫某晶点火动机虽然并不正当，但其本意是想点燃茶几上的书，并在火不是很大的时候将其扑灭，不会造成危害公共安全的现实危险，且书本在莫某晶点火后并未独立燃烧，莫某晶在寻找其他引火物的过程中发现窗帘意外起火。即使莫某晶对可能引燃窗帘持明知态度，其主观上也认为不会产生危害公共安全的危险。

另一种观点认为，成立放火罪。理由：莫某晶有故意放火的犯罪意图。莫某晶不仅欠被害人借款未还，还盗窃了被害人财物无法归还。此外，莫某晶供述的"使家里起火烧5分钟左右，如果烧的时间太短，火肯定不大如果火很小，就不需要救人、救火就是想让火大一点，这样其把朱某他们救出去，再回来救火，功劳就大了"。莫某晶在放火时可能并不存在放火罪的犯罪故意，但随着火势扩大，其主观上至少存在间接故意，应当成立放火罪而非失火罪。

【案例讨论】 请结合所学知识分析本案应如何处理？

【延伸阅读】
1. 江溯：《以危险方法危害公共安全罪认定规则研究》，载《中国法学》2021年第4期。
2. 古加锦：《以危险方法危害公共安全罪的疑难问题研究》，载《刑法论丛》2020年第1卷。
3. 张亚平：《放火罪"危险犯说"之检讨》，载《法商研究》2020年第5期。
4. 郑泽善：《放火罪的处罚根据》，载《北方法学》2012年第1期。
5. 刘振会：《向单位饮用水中投放药物报复特定人员的定罪处罚》，载《人民司法》2021年第23期。

2 CASE 关于"不特定多数人"的认定
——郑某以危险方法危害公共安全案

刑事审判参考1－115集指导案例，[第1072号]郑某以危险方法危害公共安全案

【案情摘要】 2011年12月，被告人郑某在未获得相关部门批准的情况下，违

法占用国有土地建房。2012年2月24日和4月11日，江山市国土资源局先后作出《责令停止国土资源违法行为通知书》《责令改正违法行为通知书》并送达郑某，责令其立即停止违法行为，自行拆除违章建筑。同年10月15日，执法监察人员在巡查中发现，郑某不仅没有自行拆除违章建筑，反而继续违法建房，遂当场依法予以制止，但郑某事后并未停止其违法建房行为。2013年1月16日，贺村镇人民政府、市中部开发办公室、市国土资源局共同商定于1月18日上午共同对郑某的违章建筑实施强制拆除，并于当天下午电话通知郑某自行拆除违章建筑。2013年1月18日上午，郑某会同家人和同事，先行拆除部分违章建筑，欲以此达到阻止执法人员拆除其违章建筑目的。当日上午10时许，相关部门工作人员共50余人来到郑某违章建筑所在地。在工作人员的劝说下，郑某将原停放在违章建筑前阻挡了铲车行进道路的私家小轿车倒驶至该道路的坡顶，工作人员遂开始拆除郑某的违章建筑，郑某则坐在驾驶室内远观，因愤恨产生了驾车去撞工作人员与其拼命的念头。随后，郑某加速驾驶小轿车沿着带有一定坡度的道路直冲下去，撞到了站在道路上维持外围秩序的多名工作人员，其中李某被车头撞飞滚在引擎盖上后又被甩在地上。郑某在撞到人后，仍然驾驶汽车继续右转向行驶，并朝工作人员密集的地方冲撞而去，直至撞上其父亲房屋南侧小门，在此过程中，又撞到多名工作人员和其母亲，房屋的小门及门边墙体被撞破损。后在郑某驾车加速后退撞上砖堆时才被工作人员制服。郑某在驾车撞人过程中致11名工作人员受伤，经鉴定，其中5人轻伤，2人为轻微伤，4人未达到轻微伤程度。

【分歧意见】本案在审理过程中，对于被告人郑某犯罪行为的定性存在争议：

一种观点认为，构成故意杀人罪。理由：案发现场道路是郑某家庭使用的相对封闭的场所，郑某在特定的拆违现场有针对性地冲撞特定的工作人员，不具有危害公共安全的特性。

另一种观点认为，构成以危险方法危害公共安全罪。理由：本案的案发场所道路并非郑某家庭所有或单独使用，郑某在人群聚集地采用汽车撞人的方式同时危及多数人人身权利，是以危险方法危害公共安全罪的典型行为方式。

【案例讨论】请结合所学知识分析本案应如何处理？

【延伸阅读】1. 曲新久:《论刑法中的“公共安全”》,载《人民检察》2010 年第 9 期。

2. 劳东燕:《以危险方法危害公共安全罪的解释学研究》,载《政治与法律》2013 年第 3 期。

3. 陈洪兵:《以危险方法危害公共安全罪“口袋化”的实践纠偏》,载《刑事法评论》2015 年第 2 期。

4. 吴贵森:《刑法上“公共”概念之辨析》,载《法学评论》2013 年第 1 期。

5. 陆诗忠:《论“以危险方法危害公共安全罪”中的“危险方法”》,载《法律科学(西北政法大学学报)》2017 年第 5 期。

3 CASE 关于“危险方法”的认定
——叶某以危险方法危害公共安全案

刑事审判参考 1－115 集指导案例,[第 919 号]叶某以危险方法危害公共安全案

【案情摘要】2010 年 12 月 28 日 20 时许,被告人叶某在武汉市某区一旅社内吸食毒品甲基苯丙胺片剂(俗称“麻果”)后,独自驾驶无牌奔驰汽车离开。叶某在驾车途中产生幻觉,怀疑有车跟踪并谋害自己,遂将汽车停放在该区文正街与蔡张二路的交叉路口,不让过往车辆通行。民警接警后赶到现场处理,叶某拒不听从民警的劝阻和指挥,突然发动车辆,驾车至蔡甸村村委会附近,并先后与正常行驶的一辆公交车、两辆东风雪铁龙汽车、一辆五菱汽车发生碰撞。随后,叶某继续驾车行驶至某面粉厂附近,又先后与正常行驶的两辆吉利汽车、一辆东风雪铁龙汽车发生碰撞,并将拦截的凯美瑞警车、依维柯警车撞损。叶某撞开警车后,行驶至蔡江路又先后与正常行驶的雪佛兰汽车、尼桑货车发生碰撞。叶某驾车行至蔡甸街江滩公园 1 号门附近,撞上一辆助动自行车后,被警车截停。民警将叶某当场抓获。经鉴定,被撞车辆损失共计人民币 38,367 元。案发后,叶某的亲属已代为全部赔付。

【分歧意见】本案被告人叶某因长期吸毒,精神异常,多次在精神病院接受治疗,案发时又因吸食甲基苯丙胺片剂产生幻听、幻视、被害妄想;在市区道路上驾车先后冲撞 11 辆机动车,造成公私财产损失约合 38,367 元。对叶某

是否应当承担刑事责任,以及其罪过系故意还是过失,存在较大争议。

第一种意见认为,叶某因无刑事责任能力而不构成犯罪。参照《刑法》第18条第4款关于“醉酒的人犯罪,应当负刑事责任”的规定,吸毒的人犯罪也应负刑事责任,但叶某并非一般吸毒人员,而是因吸食毒品长期处于精神障碍状态,多次被送往精神病院治疗的精神病人。案发时,叶某因无法自控再次吸毒,陷入精神障碍,辨认能力受损,应当认定其为无刑事责任能力,不负刑事责任。

第二种意见认为,叶某因未造成严重后果而不构成犯罪。叶某作案时处于精神障碍状态,辨认能力受损。虽然叶某对自己吸毒后陷于精神障碍的状态是故意的,但并无犯罪意图,也不希望或者放任危害社会的结果发生,其对吸毒后驾驶与多车发生碰撞的交通事故后果不负故意的罪责,仅负过失责任。叶某交通肇事行为仅造成财产损失3万余元,且已全额赔偿,根据《最高人民法院关于审理交通肇事刑事案件具体应用法律若干问题的解释》,造成公共财产或者他人财产直接损失,负事故全部或者主要责任,且无能力赔偿数额在30万元以上的才构成交通肇事罪。故叶某的行为仅是违反道路交通安全法的行政违法行为,不构成犯罪。

第三种意见认为,叶某构成以危险方法危害公共安全罪。其因吸毒出现精神障碍,多次被强制戒毒并送往精神病院治疗,但其对毒品已产生强烈的依赖性,难以戒断,导致病情时好时坏。叶某明知自己吸毒后会陷于精神障碍,可能实施危害社会的行为,而不顾可能发生的危险吸毒,造成多车相撞的交通事故,其对该危害结果持间接故意心态。本案虽未造成严重后果,但叶某的行为已对公共安全造成具体的危险。

【案例讨论】 请结合所学知识分析本案应如何处理?

【延伸阅读】 1. 贾文超、王瑞君:《危险方法的刑法教义学分析》,载《法律方法》2016年第2期。

2. 樊建民:《以危险方法危害公共安全罪过度适用检讨》,载《法商研究》2016年第4期。

3. 包涵:《刑法解释界限与行为犯罪化的矛盾与消解——以“毒驾入刑”的正当性与立法策略为切入》,载《中国刑事法杂志》2014年第5期。

4. 李云鹏:《“毒驾”与道路交通安全研究》,载《政法学刊》2011

年第5期。
5. 叶良芳:《危险驾驶罪的立法证成和规范构造》,载《法学》2011年第2期。

4 CASE 关于以危险方法危害公共安全因果关系的认定——阎某以危险方法危害公共安全案

刑事审判参考1-115集指导案例,[第1198号]阎某以危险方法危害公共安全案

【案情摘要】 2012年2月15日9时许,被告人阎某在天津市某区某小区403室家中,为自杀而持刀割断厨房内天然气软管,致使天然气长时间泄漏。当日11时20分许,该楼503室居民做饭时引发爆炸。11时35分许,阎某触动厨房电灯开关,再次引发爆炸,致楼内居民詹某某当场死亡,3人受轻微伤,多名居民家中财产遭受不同程度的损毁,该栋楼房构成局部危房。爆炸的坠落物造成附近停放的众多车辆损坏,损失共计94,393元。在家中释放天然气用以自杀,但引发室内、室外数次爆炸的,如何认定因果关系。

【分歧意见】 对于先后发生在阎某楼上住户的小规模爆炸和阎某家中的大规模爆炸,是否均由阎某家中泄漏的天然气引发?二者是否具有因果关系?在案件审理过程中存在不同意见:

一种意见认为,根据在案证据尚无法认定阎某持刀割断天然气软管释放天然气与两次爆炸有因果关系,存在阎某楼上住户或其他住户天然气泄漏的可能性;同时,亦无法认定两次爆炸系天然气爆炸,不排除其他易燃易爆物质爆炸后引发天然气燃烧的可能性。

另一种意见认为,根据在案证据足以认定两次爆炸均由阎某家中泄漏的天然气引发,其持刀割断天然气软管释放天然气行为与两次爆炸有因果关系。

【案例讨论】 请结合所学知识分析本案应如何处理?

【延伸阅读】

1. 邢文升:《论介入因素对因果关系的判断及刑罚裁量的影响——基于指导案例第685号的分析》,载《法律适用》2019年第1期。
2. 蒋太珂:《介入因素导致死亡时间提前时的归责分配》,载《政法论坛》2017年第6期。

5 CASE 关于高空抛物“危险性”的判断
——黄某高空抛物案

广东省惠州市惠城区人民法院(2013)惠城法刑一初字第435号刑事判决书

【案情摘要】 黄某,男,28岁,在惠州一间KTV打工,染上吸食冰毒的恶习,女友租住在惠城区某公寓19楼的其中一间。2013年7月4日凌晨4点,黄某因吸食冰毒后,与同居女友夏某发生争吵。夏某说,自己凌晨2时左右醒来时,发现黄某一手拧着煤气瓶,一手拿着菜刀站在床前,两人就发生争吵、扭打,其间夏某试图阻止,但被打晕过去。扔下煤气瓶砸坏3辆车之后,黄某又不顾屋外保安的劝阻,开始将房内的热水壶、碗碟、啤酒瓶扔下,甚至在警察赶到后,还将一个煤气瓶扔下楼,坠落在一楼一间便利店旁,吓坏了店主。而楼下就是繁忙的西堤路,好在凌晨时行人、车辆稀少,没有造成人员伤亡。但黄某扔下的物品,却将马路对面停车场的3辆小车砸坏。为阻止黄的疯狂行为,警察只好叫来消防人员,强行破门冲入房内,将黄控制住。据介绍,黄朝楼下扔物品期间,还从窗户探出头,听闻下面的惊呼声后大笑。经鉴定,黄某无精神疾病,公诉机关以危险方法危害公共安全罪对其提起公诉。惠城区法院判决认为,黄某不顾他人劝阻,高空抛物,危及公共安全,尚未造成严重后果,行为构成“以危险方法危害公共安全罪”,判处有期徒刑4年。

【分歧意见】 本案在审理过程中,对于被告人黄某犯罪行为的定性存在争议:

第一种观点认为,构成以危险方法危害公共安全罪。理由:黄某抛掷的物品本身有造成不特定的多数人或特定多数人人身和财产损害的危险。

第二种观点认为,构成高空抛物罪。理由:黄某抛掷物品的时间是凌晨,行人、车辆稀少,也没有造成人员伤亡。

第三种观点认为,构成故意伤害罪未遂。理由:抛掷一般性危害物品,并不会侵害不特定且多数人的生命、财产安全,但是对他人可能造成的伤害结果是持故意心理,只是客观上没有造成实害结果。

【案例讨论】 请结合所学知识分析本案应如何处理?

【延伸阅读】 1. 张明楷:《高空抛物案的刑法学分析》,载《法学评论》2020年第3期。

2. 林维:《高空抛物罪的立法反思与教义适用》,载《法学》2021年第3期。

3. 魏东、赵天琦:《刑法修正案的规范目的与技术选择——以〈刑法修正案(十一)(草案)〉为参照》,载《法治研究》2020年第5期。

4. 曹波:《高空抛物"入刑"的正当根据及其体系性诠释》,载《河北法学》2021年第2期。

5. 俞小海:《高空抛物犯罪的实践反思与司法判断规则》,载《法学》2021年第12期。

第三章　安全事故类犯罪

1 CASE 关于重大劳动安全事故罪与重大责任事故罪的竞合处理——尚某等重大劳动安全事故案

刑事审判参考1-115集指导案例,[第505号]尚某等重大劳动安全事故案

【案情摘要】 被告人朱某出资购买某矿后,任命被告人尚某为该矿矿长,主持该矿全面工作,被告人李某为技术副矿长兼安全科科长,被告人吕某为该矿矿长、党支部书记兼保卫科科长,负责保卫工作,未行使矿长职责。在矿井基建过程中,该矿违规建设,私自找没有设计资质的单位修改设计,在相关安全设计措施未经批复的情况下,擅自施工;在煤矿安监局向其下达了停止施工的通知,但该矿拒不执行,继续施工。在未竣工验收的情况下,被告人即开始组织生产,该矿"一通三防"管理混乱,选任无资质的承包队伍在井下施工,对各施工队伍没有进行统一监管。最终因存在安全隐患而导致发生特别重大瓦斯煤尘爆炸事故,造成108人死亡、29人受伤的严重后果。

据最终调查,事故的直接原因是:刘某某煤矿1193(下)工作面切眼遇到断层,煤层垮落,引起瓦斯涌出量突然增加;9煤层总回风巷三、四联络巷间风门打开,风流短路,造成切眼瓦斯积聚;在切眼下部用绞车回柱作业时,产生摩擦火花引爆瓦斯,煤尘参与爆炸。事故的间接原因是:刘某某煤矿违规建设,非法生产,拒不执行停工指令,采掘及通风系统布置不合理,无综合防尘系统,特种作业人员严重不足,无资质的承包队伍在井下施工。事故发生后,尚某、李某、吕某等及时向有关部门进行了汇报,并积极组织抢救,朱某积极配合、参与矿难的善后处理工作,对遇难矿工和受伤矿工的经济损失进行了赔偿。

【分歧意见】对本案如何定性,在处理的过程中,就被告人朱某的行为是否符合重大劳动安全事故罪的构成要件产生分歧:

一种观点认为,被告人朱某不符合重大劳动安全事故罪的构成要件,主要理由在于:(1)朱某并未参与刘某某煤矿的经营管理,不属于本案的直接责任人员;(2)认定刘某某煤矿劳动安全设施不符合国家规定,因而发生特别重大伤亡事故的证据不足;(3)朱某不知悉刘某某煤矿违规建设的情况,也不知悉煤矿安监部门提出安全隐患和下达停产通知的情况,更不知悉刘某某煤矿未经许可继续施工的情况。

另一种观点认为,被告人朱某符合重大劳动安全事故罪的构成要件,主要理由在于:唐山恒源实业有限公司法定代表人朱某购买刘某某煤矿后,该矿转变成民营企业,名称改为唐山恒源实业有限公司,工商营业执照没有注册登记。(1)客观上被告人朱某作为唐山恒源实业有限公司的法定代表人及该矿的投资人,对该矿的劳动安全设施是否符合国家规定负有管理义务,被告人朱某失于管理,在2005年7月18日河北煤矿安全监察局冀东监察分局向该矿下达停止施工的通知后,该矿继续施工,因而发生特别重大伤亡事故;(2)主观上被告人朱某具有犯罪过失,其行为符合重大劳动安全事故罪的构成要件。

【案例讨论】请结合所学知识分析本案应如何处理?

【延伸阅读】
1. 陈忠林、刘柳:《对重大责任事故罪的法律思考》,载《法学杂志》2014年第2期。
2. 黎宏:《重大责任事故罪相关问题探析》,载《北方法学》2008年第5期。
3. 杨绪峰:《安全生产犯罪立法的体系性反思——以〈刑法修正案(十一)〉的相关修改为契机》,载《法学》2021年第3期。
4. 刘金祥、毕劲松:《重大劳动安全事故罪的司法逻辑——基于106件裁判文书的考察》,载《华东理工大学学报(社会科学版)》2019年第4期。
5. 周峰、李加玺:《生产安全责任事故犯罪案件及其立法中的若干问题》,载《人民司法(应用)》2017年第7期。

2 CASE 关于非法制造、买卖、运输、邮寄、储存枪支、弹药、爆炸物罪和非法携带枪支、弹药、管制刀具、危险物品危及公共安全罪的界分
——张某某非法携带危险物品危及公共安全、非法储存爆炸物案

四川省广元市朝天区人民法院(2016)川0812刑初31号刑事判决书

【案情摘要】2014年7月,被告人张某某在榆林市衡山县东方红煤矿务工期间,在井下巷道内私拿电雷管90发,于2014年8月携带回四川省三台县永明镇白庙村二组家中。2015年11月5日,张某某将电雷管60发分两处藏于背包内随身携带,从绵阳市乘坐“陕K84379”大巴车前往陕西省榆林市,欲找东方红煤矿主出钱为其治疗尘肺病。当日16时许,该车途径四川省京昆高速一收费站时,被民警查获电雷管60发。后经被告人张某某自己供述,侦查人员在张某某三台县的家中查获30发电雷管。经鉴定,该90发电雷管具有爆炸力。

【分歧意见】对本案如何定性,在处理的过程中,有两种观点:

第一种观点认为,被告人张某某构成非法携带危险物品危及公共安全罪一罪。理由:(1)张某某将电雷管60发分两处藏于背包内随身携带,并乘坐“陕K84379”大巴车前往陕西省榆林市,主观上明知是爆炸物的情况下携带爆炸物,构成非法携带危险物品危及公共安全罪。(2)根据2001年5月15日《最高人民法院关于审理非法制造、买卖、运输枪支、弹药、爆炸物等刑事案件具体应用法律若干问题的解释》〔法释(2001)15号〕第8条第1款规定:“刑法第一百二十五条第一款规定的‘非法储存’是指明知是他人非法制造、买卖、运输、邮寄的枪支、弹药、爆炸物而为其存放的行为。”此司法解释无疑是对《刑法》第125条关于“非法储存”的认定作了限制性的解释,即行为人所储存的枪支、弹药、爆炸物是经他人非法制造、买卖、运输或邮寄的,并且是为他人存放的行为。而本案被告人张某某所私自存放的雷管并非是他人非法制造、买卖、运输的炸药,而是在井下巷道内拿取的;此外,被告人获取的炸药是自己私藏,亦非为他人存放。因此,不构成非法储存爆炸物罪,仅构成非

法携带危险物品危及公共安全罪一罪。

第二种观点认为，被告人张某某构成非法携带危险物品危及公共安全罪和非法储存爆炸物罪，应当数罪并罚。理由：(1)2009年，最高人民法院对《最高人民法院关于审理非法制造、买卖、运输枪支、弹药、爆炸物等刑事案件具体应用法律若干问题的解释》(以下简称《解释》)作出修改，增加一条，作为《解释》第9条："因筑路、建房、打井、整修宅基地和土地等正常生产、生活需要，或者因从事合法的生产经营活动而非法制造、买卖、运输、邮寄、储存爆炸物，数量达到本《解释》第一条规定标准，没有造成严重社会危害，并确有悔改表现的，可依法从轻处罚；情节轻微的，可以免除处罚。"因此，张某某将在井下巷道内私拿的90发电雷管私藏在家中，构成非法储存爆炸物罪。(2)同时，张某某将电雷管60发分两处藏于背包内随身携带，并乘坐"陕K84379"大巴车前往陕西省榆林市，主观上明知是爆炸物的情况下携带爆炸物，构成非法携带危险物品危及公共安全罪。因此，张某某构成非法携带危险物品危及公共安全罪和非法储存爆炸物罪，应当数罪并罚。

【案例讨论】 请结合所学知识分析本案应如何处理?

【延伸阅读】 1. 陈兴良:《过失犯的规范构造:以朱平书等危险物品肇事案为线索》，载《比较法研究》2020年第5期。

2. 黄大威:《非法持有、私藏枪支、弹药罪的规范缺陷与完善》，载《北方法学》2009年第6期。

3. 殷英华:《非法储存爆炸物罪立法与解释的刑事政策意涵》，载《中国人民公安大学学报(社会科学版)》2017年第3期。

4. 王志胜、方建军、段麦荣:《非法储存爆炸物罪的规范疏漏与完善》，载《人民检察》2005年第13期。

3 CASE 关于交通肇事罪与他罪的界分——孙某以危险方法危害公共安全案

刑事审判参考1－115集指导案例，[第586号]孙某以危险方法危害公共安全案

【案情摘要】 2008年5月，被告人孙某购买一辆车牌号为川A43×××的别克轿车。之后，孙某在未取得驾驶证的情况下长期驾驶该车，并多次违反交

通法规。同年12月14日中午,孙某与其父母为亲属祝寿,大量饮酒。当日17时许,孙某驾驶其别克轿车行至四川省成都市成龙路“蓝谷地”路口时,从后面撞向与其同向行驶的车牌号为川A9T×××的一辆比亚迪轿车尾部。肇事后,孙某继续驾车超限速行驶,行至成龙路“卓锦城”路段时,越过中心黄色双实线,先后与对面车道正常行驶的车牌号分别为川AUZ×××的长安奔奔轿车、川AK1×××的长安奥拓轿车、川AVD×××的福特蒙迪欧轿车、川AMC×××的奇瑞QQ轿车等4辆轿车相撞,造成车牌号为川AUZ×××的长安奔奔轿车上的张某、尹某夫妇和金某、张某夫妇死亡,代某重伤,以及公私财产损失5万余元。经鉴定,孙某驾驶的车辆碰撞前瞬间的行驶速度为134~138公里/小时;孙某案发时血液中的乙醇含量为135.8毫克/100毫升。案发后,孙某的亲属赔偿被害人经济损失11.4万元。

【分歧意见】 对本案如何定性,在处理的过程中,形成了如下两种不同意见:

一种意见认为,孙某的行为构成交通肇事罪。理由:(1)客观上被告人孙某在交通运输活动中违反交通运输管理法规,醉酒驾驶机动车,因而造成4人死亡、1人重伤及公私财产损失数万元的严重后果。(2)但主观上被告人孙某对危害结果的发生是过于自信的过失,不具有以危险方法危害公共安全的故意。因此,其行为构成交通肇事罪。

另一种意见认为,孙某的行为构成以危险方法危害公共安全罪。理由:(1)客观上被告人孙某无视交通法规和公共安全,在未取得驾驶证的情况下,长期驾驶机动车辆,多次违反交通法规,且在醉酒驾车发生交通事故后,继续驾车超限速行驶,冲撞多辆车辆,造成数人伤亡的严重后果;(2)主观上对危害结果的发生持放任态度,具有危害公共安全的间接故意,其行为已构成以危险方法危害公共安全罪。

【案例讨论】 请结合所学知识分析本案应如何处理?

【延伸阅读】

1. 谢望原、何龙:《“醉驾型”危险驾驶罪若干问题探究》,载《法商研究》2013年第4期。
2. 王敏远:《“醉驾”型危险驾驶罪综合治理的实证研究——以浙江省司法实践为研究样本》,载《法学》2020年第3期。
3. 梁根林:《“醉驾”入刑后的定罪困扰与省思》,载《法学》2013年第3期。

4. 刘艳红:《醉驾型危险驾驶罪刑事证据规则研究——基于刑事一体化的尝试性构建》,载《法律科学(西北政法大学学报)》2014 年第 2 期。

5. 王志祥:《醉驾犯罪司法争议问题新论——浙江最新醉驾司法文件六大变化述评》,载《河北法学》2020 年第 3 期。

4 CASE 关于交通肇事逃逸致人死亡的认定——钱某交通肇事案

刑事审判参考 1-115 集指导案例,[第 342 号]钱某交通肇事案

【案情摘要】 2002 年 7 月 24 日 6 时许,被告人钱某持证驾驶苏 DL3×××中型自卸货车,沿 241 线由溧阳市平桥镇梅岭石矿往溧刚水泥厂运石头,当车行至 241 线 127KM+310M 处,因遇情况采取措施不当而撞到前方公路上的一名行人(身份不明),致该人受伤。被告人钱某下车察看并将被害人扶至路边,经与其交谈后,被告人钱某认为被害人没有大的伤害,故驾车离开现场。后被告人钱某再次路过此处,看到被害人仍然坐在路边。当天下午,被害人因腹膜后出血引起失血性休克死亡(经了解,被害人若及时抢救可避免死亡)。经交警部门认定,被告人钱某负该起事故的全部责任。

【分歧意见】 对本案如何定性,在处理的过程中,一审、二审法院基本一致认可了对被告人钱某构成交通肇事罪的认定,认为被告人钱某构成交通肇事罪。主要理由是被告人钱某身为从事交通运输的人员,因违反交通运输法规,发生交通事故,因逃逸致一人死亡,且负事故的全部责任,其行为已构成交通肇事罪。但就被告人钱某是否构成交通肇事逃逸,法院与辩护人存在不同意见。辩护人与被告人钱某提出的"当时被害人身体并无异常、其没有逃逸"的辩解意见及辩护人提出被告人钱某主观上不具有逃逸故意、不构成逃逸致人死亡。而法院认为,被告人钱某发生交通事故后,应当保护现场,积极抢救伤者,但被告人钱某并未履行上述义务,反而驾车逃离现场,导致伤者因未得到及时救治而死亡,符合《刑法》规定的"因逃逸致人死亡"的情形。

【案例讨论】 请结合所学知识分析本案应如何处理?

【延伸阅读】 1. 劳东燕:《交通肇事逃逸的相关问题研究》,载《法学》2013 年

第6期。
2. 陈洪兵:《"因逃逸致人死亡"条款虚置化的原因及其克服》,载《法学》2018年第2期。
3. 黄伟明:《"交通肇事后逃逸"的行为性解释——以质疑规范目的解释为切入点》,载《法学》2015年第5期。
4. 姚诗:《交通肇事"逃逸"的规范目的与内涵》,载《中国法学》2010年第3期。

5 CASE 关于交通肇事后救助义务及其罪过转化——赵某江故意杀人、赵某齐交通肇事案

刑事审判参考1-115集指导案例,[第1169号]赵某故意杀人、赵文齐交通肇事案

故意杀人罪是故意犯罪,交通肇事罪是过失犯罪。交通肇事罪中,肇事逃逸导致被害人死亡的原因是行为人在交通肇事后放弃应尽的救助义务,置被害人于危难之中而不顾,致使其得不到救助而死亡。而故意杀人罪中,行为人故意使被害人失去了被救助的条件,致使其无法得到救助而死亡。司法实务中,不少犯罪之间存在手段或结果上的相似之处,导致难以正确区分此罪与彼罪。交通肇事罪与故意杀人罪在行为方式上具有相似性,正确定性车辆所有人在交通肇事后将被害人隐藏致使被害人无法得到救助而死亡的行为,具有现实意义。

【案情摘要】2013年10月29日,被告人赵某齐驾驶被告人赵某江所购二手摩托车并搭载赵某江沿容贾公路由南向北行驶,车行驶到河北省贾某乡贾某网通营业厅门口处时,撞倒行人徐某,摩托车倒地,赵某齐亦当场昏迷。赵某江拨打"120"急救电话后,将徐某拽入路边沟中,后驾驶该摩托车载着赵某齐逃离现场。后抢救人员到达现场,因没发现被害人而拨打赵某江报警时所用手机号码,赵某江明知可能是医生所打电话而不接听,经鉴定,徐某因交通事故所致颅脑损伤死亡。最终法院判决赵某江犯故意杀人罪,判处有期徒刑10年,剥夺政治权利1年;判决被告人赵某齐犯交通肇事罪,判处有期徒刑3年。

【分歧意见】 对本案的定性,人民法院认为,赵某江作为肇事车辆所有者,明

知被撞倒在地的徐某伤势严重,仍将徐某拽入沟中,使徐某得不到救治而死亡,其行为已构成故意杀人罪。理由:第一,车辆所有人指使交通肇事行为人逃逸,致使被害人得不到救助而死亡的,车辆所有人构成交通肇事罪共犯。本案赵某江实施了比指使逃逸性质更严重的搭载肇事人赵某齐逃逸的行为,举轻以明重,更应该认定为共犯。第二,致使被害人得不到救助而死亡。赵某江明知徐某还有呼吸的情况下,将徐某拽入沟中从而使其完全失去了被抢救的机会。第三,赵某江实施了《最高人民法院关于审理交通肇事刑事案件具体应用法律若干问题的解释》第6条规定的禁止性行为。赵某齐违反交通运输管理法规,造成他人死亡的重大交通事故,且负事故的全部责任,其行为构成交通肇事罪,且能报警不报警,其行为构成肇事后逃逸。

【案例讨论】 请结合所学知识分析本案应如何处理?

【延伸阅读】

1. 姜涛:《"交通肇事后逃逸加重处罚"的合宪性思考》,载《比较法研究》2019年第2期。
2. 李会彬:《"因逃逸致人死亡"情节的独立性解读》,载《政治与法律》2014年第8期。
3. 段蓓:《交通肇事罪中"逃逸"问题的限缩性解读——基于对651份裁判文书的分析》,载《政治与法律》2022年第3期。
4. 栾莉:《论交通肇事罪中的逃逸致人死亡之定性》,载《中国人民公安大学学报(社会科学版)》2015年第6期。
5. 刘轩、杨妮:《"二次碰撞"案件中前肇事逃逸人的罪责认定》,载《法律适用》2020年第10期。

6 CASE 关于妨害公共交通安全驾驶行为的司法认定——金某以危险方法危害公共安全案

黑龙江省哈尔滨市中级人民法院(2021)黑01刑终391号刑事判决书

近些年来,"殴打公交车司机""脚踢公交车司机""乘客辱骂公交车司机"事件层出不穷。《刑法修正案(十一)》新增"妨害安全驾驶罪","对行驶中的公共交通工具的驾驶人员使用暴力或者抢控驾驶操纵装置,干扰公共交通工具正常行驶,危及公共安全的,处一年以下有期徒刑、拘役或者管制,并处或者单处罚金。前款规定的驾驶人员在行驶的公共交通工具上擅离职守，与他人互殴或者殴打他人，危及公共安全的，依照前款的规定处罚”。在公共交通车辆的行驶中，乘客辱骂殴打驾驶人员，甚至抢夺方向盘，危及公共安全，有的裁判认定为以危险方法危害公共安全罪，有的裁判认定为妨害安全驾驶罪，如何区分二者的界限是司法实务中的争议焦点。

【案情摘要】 2019 年 9 月 11 日 17 时 50 分许，被告人金某乘坐 68 路区间车行驶至哈尔滨市南岗区长江路省人才市场与中宣街中间站牌处时，因乘坐过站与公交车驾驶员高某发生争执，出言辱骂高某，随后在车辆行进过程中，不顾车上乘客阻拦，从下车门冲向驾驶位，撕扯、拉拽正在驾驶车辆的高某，妨害其安全驾驶，虽未造成严重后果，但对乘车人员、道路上车辆及街边行人的人身安全造成严重危险。金某取得高某谅解。经侦查，公安机关于 2020 年 9 月 11 日在哈尔滨市南岗区抓获金某。

【分歧意见】 对本案如何定性，在处理的过程中形成了两种不同的意见：

一种意见认为，被告人金某构成以危险方法危害公共安全罪。被告人金某在晚高峰时段，在载满乘客的公交车上，因乘车过站未能下车而与公交车驾驶员发生争执，在车辆行进过程中，金某拉扯并殴打驾驶员高某，妨害其安全驾驶，致使车上乘客、路上其他车辆及行人的生命财产安全处于危险境地，严重危害公共安全，尚未造成严重后果。金某的行为构成以危险方法危害公共安全罪。

另一种意见认为，被告人金某构成妨害安全驾驶罪。对行驶中的公共交通工具的驾驶人员使用暴力或者抢控驾驶操纵装置，干扰公共交通工具正常行驶，危及公共安全的，以妨害安全驾驶罪定罪处罚，应处 1 年以下有期徒刑、拘役或者管制，并处或者单处罚金。金某的行为符合妨害安全驾驶罪的构成要件。妨害安全驾驶罪规定了较以危险方法危害公共安全罪更轻的法定刑，依照《刑法》第 12 条规定的从旧兼从轻原则，应认定金某犯妨害安全驾驶罪。

【案例讨论】 请结合所学知识分析本案应如何处理？

【延伸阅读】 1. 张亚平：《以危险方法危害公共安全罪的性质重释与限缩适用》，载《国家检察官学院学报》2021 年第 4 期。

2. 周光权：《论通过增设轻罪实现妥当的处罚——积极刑法立

法观的再阐释》,载《比较法研究》2020 年第 6 期。
3. 王俊:《妨害安全驾驶罪的法教义学解释——基于积极刑法观的立场》,载《比较法研究》2022 年第 3 期。
4. 邓红梅、吴航帆:《妨害公共交通工具驾驶案件的司法适用现状、问题与路径指引》,载《法律适用》2020 年第 2 期。

第四章　其他公共安全类犯罪

1 CASE 关于不作为破坏公共设施的认定——王某破坏交通设施案

刑事审判参考1-115集指导案例,[第295号]王某破坏交通设施案

【案情摘要】 王某因涉嫌破坏交通设施罪,于2003年9月16日被逮捕。位于重庆市某区长江红花碛水域的“红花碛2号”航标船,标示出该处的水下深度和暗碛的概貌及船只航行的侧面界限,系国家交通部门为保障过往船只的航行安全而设置的交通设施。2003年7月28日16时许,被告人王某驾驶机动渔船至该航标船附近时,见本村渔民从渔船上撒网致使“网爬子”(浮于水面的网上浮标)挂住了固定该航标船的钢缆绳,即驾船前往帮助摘取。当王某驾驶的渔船靠近航标船时,其渔船的螺旋桨被该航标船的钢缆绳缠住。王某为使渔船及本人摆脱困境,持刀砍钢缆绳未果,又登上该航标船将钢缆绳解开后驾船驶离现场,致使脱离钢缆绳的“红花碛2号”航标船顺江漂流至下游两公里的锦滩回水沱。17时许,重庆航道局木洞航标站接到群众报案后,巡查到漂流的航标船,并于当日18时许将航标船复位,造成直接经济损失人民币1555.50元。同年8月19日,公安机关将王某捉获归案。

【分歧意见】 本案在审理过程中,对被告人王某的行为的定性存在争议:

一种观点认为,王某的行为不构成犯罪。理由:王某的行为是不具有刑事违法性的紧急避险行为,不能引发刑法上的作为义务。

另一种观点认为,王某的行为构成破坏交通设施罪。理由:紧急避险也能引起刑法上的作为义务,王某有履行能力而拒不履行,造成其他过往船舶在通过该流域时发生倾覆、触礁等危及人身及财产损害的危险,是不作为的破坏交通设施罪。

【案例讨论】 请结合所学知识分析本案应如何处理?

【延伸阅读】1. 彭文华:《紧急避险限度的适当性标准》,载《法学》2013 年第 3 期。

2. 陈璇:《生命冲突、紧急避险与责任阻却》,载《法学研究》2016 年第 5 期。

3. 王钢:《紧急避险中无辜第三人的容忍义务及其限度兼论紧急避险的正当化根据》,载《中外法学》2011 年第 3 期。

4. 方军:《紧急避险的体系再定位研究》,载《现代法学》2018 年第 2 期。

5. 江涛:《紧急避险被避险人的行为选择及法律后果》,载《上海公安学院学报》2020 年第 3 期。

2 CASE 关于枪支弹药的认定——戴某走私、非法持有枪支案

刑事审判参考 1 - 115 集指导案例,[第 940 号]戴某走私弹药、非法持有枪支案

【案情摘要】2007 年,被告人戴某因个人兴趣,非法取得 CP88 高压气手枪 1 支及相关气枪配件,藏匿于家中。2010 年,戴某认为气手枪威力小,欲获取高压气步枪,遂非法取得国产“秃鹰”气步枪的配件 1 套和气枪弹,并将气枪弹和用气步枪配件组装成的气步枪 1 支均藏匿于家中。2012 年 5 月,戴某在淘宝网上找到海外代购商程某,指使程某通过提供虚假的收货人身份信息并伪报商品信息,逃避海关监管,以 710 元的价格从国外非法购入气枪铅弹 10 盒 1625 发。2010 年至 2012 年,戴某还多次在网上购买了各类气枪配件。2013 年 1 月 5 日,侦查人员在邮局抓获前来收取包裹的戴某,并在包裹内查获枪管 2 根。侦查人员从戴某的家中查获高压气枪 2 支、气枪铅弹 1190 发、枪管 6 根、高压气瓶 11 个。经鉴定,戴某非法持有的 2 支高压气枪为枪支,1190 发气枪铅弹均为弹药,19 件枪支零件为枪支零部件。法院认为,被告人戴某通过海外代购的方式,使用虚假的收货人身份证明,告知代买人在报关时使用虚假的商品信息以逃避海关监管等行为,从境外网站购买气枪子弹 1625 发,其行为构成走私弹药罪,但情节较轻;戴某非法持有以压缩气体为动力的非军用枪支 2 支,其行为又构成非法持有枪支罪。所犯数罪,依法应予并罚。公诉机关指控戴某非法持有国产气枪铅弹 365 发的事实,仅有戴某的

供述，没有其他证据印证，认定戴某犯非法持有弹药罪的证据不足，不予认定。

【分歧意见】 本案审理中，对戴某的定性并无争议，但对于量刑存在以下两种不同观点：

一种观点认为，戴某的行为属于“情节特别严重”。理由：根据2014年最高人民法院、最高人民检察院《关于办理走私刑事案件适用法律若干问题的解释》第1条第2项关于“走私气枪铅弹五百发以上不满二千五百发，或者其他子弹十发以上不满五十发的”和第3款第2项关于“走私第一款第二项规定的弹药，数量在该法规定的最高数量标准五倍以上的”规定，走私非军用子弹1000发以上即属于走私弹药情节特别严重，戴某的行为已属于此种情形。

另一种观点认为，戴某的行为属于“情节较轻”。理由：气枪铅弹不同于一般的非军用子弹，如果机械适用《关于办理走私刑事案件适用法律若干问题的解释》对非军用子弹规定的量刑标准，则应当判处戴某无期徒刑或者死刑，这显然与一般正常人的认知相悖，也有违罪责刑相适应原则。

【案例讨论】 请结合所学知识分析本案应如何处理？

【延伸阅读】

1. 陈兴良：《赵春华非法持有枪支案的教义学分析》，载《华东政法大学学报》2017年第6期。
2. 劳东燕：《法条主义与刑法解释中的实质判断——以赵春华持枪案为例的分析》，载《华东政法大学学报》2017年第6期。
3. 车浩：《非法持有枪支罪的构成要件》，载《华东政法大学学报》2017年第6期。
4. 江溯：《规范性构成要件要素的故意及错误——以赵春华非法持有枪支案为例》，载《华东政法大学学报》2017年第6期。
5. 王钢：《非法持有枪支罪的司法认定》，载《中国法学》2017年第4期。

3 CASE 关于盗窃公共设施的转化性抢劫——杨某、石某等破坏电力设备案

刑事审判参考1－115集指导案例，［第575号］杨某、石某等破坏电力设备案

【案情摘要】 2006年7月至9月，被告人杨某、石某等人驾驶面包车、携带铁

剪等作案工具,在广州市白云区、花都区等地多次盗剪正在使用中的电缆。在其实施部分犯罪时,还持铁水管拦截、殴打和控制途经现场的群众。具体犯罪事实如下:

1.2006年7月8日4时许,被告人杨某、翟某、卢某、石某伙同他人,窜至广州市白云区太和镇头陂村三队至十二队龙陂迳路段,盗剪正在使用中的铜芯电缆526米(价值人民币33,806元),致90户居民停电12小时。

2.2006年8月16日3时许,被告人杨某、翟某、卢某、石某、张某、井某、苏某伙同他人,窜至广州市某区仙泉水世界附近,盗剪正在使用中的铜芯电缆350米(价值人民币27,864元),致350户居民停电15小时。

3.2006年8月21日3时许,被告人杨某、翟某、卢某、石某、张某、井某伙同他人,窜至广州市某区季彩组祠堂附近,盗剪正在使用中的铜芯电缆700米(价值人民币69,671元),致500户居民停电10小时。

4.2006年8月23日3时许,被告人杨某、翟某、卢某、石某、张某、井某、苏某伙同他人,窜至广州市某区冠登服饰有限公司附近,盗剪正在使用中的铜芯电缆500米(价值人民币49,765元),致两间工厂和一个建设工地停电12小时。

5.2006年8月31日3时许,被告人杨某、翟某、卢某、石某、张某、井某、苏某、姚强伙同他人,窜至广州市某区华源酒店至佳盛毛织厂附近,盗剪正在使用中的铜芯电缆400米(价值人民币89,000元),致185户居民停电12小时。

6.2006年9月4日3时许,被告人杨某、翟某、卢某、石某、张某、井某、苏某、姚某伙同他人,窜至广州市某区陂仔鱼塘附近,盗剪正在使用中的铜芯电缆1300米(价值人民币54,275元),致278亩鱼塘增氧供电停止108小时。

7.2006年9月6日3时许,被告人杨某、翟某、卢某、石某、张某、井某、苏某、姚某、苏某某伙同他人,窜至广州市某区东凤村牌坊附近盗剪电缆,见被害人梁某、邝某等人驾车途经该处时,即持铁水管拦截,并将邝驾驶的汽车玻璃砸烂,剪得正在使用中的a型铜芯电缆700米(价值人民币155,750元)、b型铜芯电缆800米(价值人民币88,472元),致35户居民停电65小时。

8.2006年9月9日3时许,被告人杨某、翟某、卢某、石某、张某、井某、苏某、姚某伙同他人,窜至广州市某区进龙街附近盗剪电缆,见被害人邱某驾摩托车途经该处时,即持铁水管殴打邱,并对闻讯出来的附近居民张某进行控制和威胁,剪得正在使用中的铜芯电缆900米(价值人民币79,614元),致

120 户居民停电 10 小时。

【分歧意见】 本案对于杨某一伙盗窃电力设备过程中,以暴力手段控制无抓捕意图的过往群众的行为定性,存在以下不同观点:

一种观点认为,杨某一伙的行为构成抢劫罪。理由:杨某一伙在实施盗窃行为的过程中实施暴力,构成转化型抢劫。

另一种观点认为,杨某一伙的行为构成破坏电力设备罪。理由:本案中的过往群众并非被剪电缆的所有人或守护人,也无抓捕被告人的意图或行为,杨某一伙使用暴力的目的不符合转化型抢劫的要件。

【案例讨论】 请结合所学知识分析本案应如何处理?

【延伸阅读】
1. 张明楷:《论以危险方法危害公共安全罪——扩大适用的成因与限制适用的规则》,载《国家检察官学院学报》2012 年第 4 期。
2. 郑泽善:《转化型抢劫罪新探》,载《当代法学》2012 年第 2 期。
3. 金泽刚:《论"在公共交通工具上抢劫"》,载《东方法学》2014 年第 5 期。
4. 黄丽勤:《〈刑法〉第 17 条第 2 款的规范解析》,载《法律适用》2018 年第 15 期。
5. 赵拥军:《转化型抢劫罪的司法认定思路及要点》,载《青少年犯罪问题》2017 年第 5 期。

4 CASE 关于恐怖活动及其组织成员的认定
——依某提等组织、领导、参加恐怖组织,故意杀人案

刑事审判参考 1－115 集指导案例,[第 1220 号]依某提等组织、领导、参加恐怖组织,故意杀人案

【案情摘要】 受宗教极端思想的影响,2013 年 12 月以来,被告人依某提、吐某孜、玉某提、帕某提、阿某班、艾某提、阿某逊和盲某尔 8 人伙同依某拉、玉某森、巴某提、艾某敏、萨某提(该 5 人另案处理),为非法出境、实施暴力恐怖活动,相互纠集,先后在广东省广州市、珠海市,河南省南阳市,甘肃省兰州市,云南省景洪市、个旧市沙甸区等地,进行推选头目、训练体能、准备凶器等

活动，逐渐形成了以依某提为首、以实施暴力恐怖活动为目的的暴力恐怖组织。依某提等人多次向组织成员播放暴恐音视频，宣扬宗教极端思想，传授杀人方法；吐某孜多次为组织提供资金支持；玉某提邀约吐某孜、玉某森加入组织。因非法出境未逞，2014 年 2 月 24 日至 26 日，依某提、吐某孜、玉某提、阿某逊、艾某提、盲某尔、阿某班和帕某提在云南省个旧市沙甸区热孜曼理发店，多次共谋、组织策划在人员密集的昆明火车站或者个旧火车站以用刀杀人的方式实施暴力恐怖活动，吐某孜出资购买了 10 余把长、短刀，依某提、吐某孜、玉某提等人验看了刀具，帕某提等人制作了两面暴恐旗帜。2014 年 2 月 27 日，依某提、吐某孜、玉某提因涉嫌偷越国境在沙甸被抓获。3 月 1 日中午，因联系不上依某提等人，阿某班、艾某提、帕某提、阿某逊、盲某尔商定即日按原计划在昆明火车站实施暴力恐怖活动。17 时 30 分许，5 人携带作案工具，租车从沙甸出发，20 时 30 分许到达昆明火车站。21 时 12 分许，5 人持刀从火车站临时候车区开始，经站前广场、第二售票区、售票大厅、小件寄存处等地，打出暴恐旗帜，肆意砍杀无辜群众，致 31 人死亡，141 人受伤，其中 40 人系重伤。因抗拒抓捕，帕某提被民警开枪击伤并抓获，其余 4 人被民警当场击毙。

【分歧意见】 本案在处理中形成了以下两种分歧意见：

一种意见认为，本案应按组织、领导、参加恐怖组织罪定性。主要理由是被告人一伙在实施组织、领导、参加恐怖组织行为过程中实施故意杀人的行为，与组织、领导、参加恐怖组织行为是牵连关系，应当从一重，即以组织、领导、参加恐怖组织罪定性。

另一种意见认为，本案应按组织、领导、参加恐怖组织罪和故意杀人罪数罪并罚。主要理由是法律明文规定了“犯组织、领导、参加黑社会性质组织罪又有其他犯罪行为的，依照数罪并罚的规定处罚”。虽然这一设置与通行的牵连犯或吸收犯依照吸收行为所构成的犯罪处罚的原则有所不同，但数罪并罚能充分体现立法者强化打击组织、领导、参加黑社会性质组织罪力度的意图。

【案例讨论】 请结合所学知识分析本案应如何处理？

【延伸阅读】 1. 梅传强：《我国反恐刑事立法的检讨与完善——兼评〈刑法修正案（九）〉相关涉恐条款》，载《现代法学》2016 年第 1 期。

2. 梅传强、李洁:《我国反恐刑法立法的“预防性”面向检视》,载《法学》2018 年第 1 期。
3. 高丽丽:《准备实施恐怖活动罪——以预备行为实行行为化为视角的宏观解构》,载《法学论坛》2018 年第 2 期。
4. 古丽燕:《略论恐怖主义行为罪与恐怖活动罪》,载《新疆社会科学》2010 年第 6 期。
5. 童春荣:《网络恐怖主义行为之预防性刑法规制研究——从碎片化思维到系统化思维的转向》,载《中国人民公安大学学报(社会科学版)》2021 年第 1 期。

第五章　产品质量类经济犯罪

1 CASE 关于以普通猪肉冒充绿色猪肉销售行为的性质认定
——WX超市以普通猪肉冒充绿色猪肉销售案

【案情摘要】2011年8月14日,某市工商局接群众举报,称WX超市江南区和平路店用普通冷鲜肉假冒绿色食品认证的绿色猪肉销售。次日,该市工商局执法人员迅速组织江南区、西河区等6个区工商分局,同时采取行动,对猪肉市场进行暗访抽查。执法人员在现场发现,WX超市销售的绿色猪肉并未盖“绿色食品”印章。随后,执法人员在翻看进销货记录时发现,WX江南区和平路店和西河区星光店的“绿色猪肉”进货量分别是505公斤、295.5公斤。但同期,两家超市已售和待售的“绿色猪肉”数量达到了1296.2公斤、660.79公斤。类似情况WX该市其他四个区也不同程度存在,其他门店也有。8月25日,该门店鲜肉区销售的猪肉数量和库存数量总和为227.5公斤,而据其提供的进货销售表上显示的记录,只有225.75公斤。购销量出现了明显倒挂。执法人员认定,WX超市涉嫌用普通猪肉冒充“绿色猪肉”,虚假宣传、侵害消费者利益。据统计,自2010年1月至2011年8月,涉案门店共计销售假冒“绿色猪肉”59049公斤,按“绿色猪肉”与普通鲜肉价差10元/公斤计算,涉嫌非法获利59万余元。经公安机关立案侦查,警方已以涉嫌犯生产、销售伪劣产品罪抓获WX超市前述各门店销售假冒绿色猪肉的37名涉案人员,其中逮捕WX超市一个门店的2名负责人,刑事拘留25人,监视居住7人,取保候审3人。

【分歧意见】对于WX超市各门店涉案人员以普通猪肉冒充绿色猪肉进行销售,获取明显超过正常销售的利润,是否构成生产、销售伪劣产品罪,有两种不同意见:

一种意见认为,各涉案嫌疑人构成生产、销售伪劣产品罪。理由:根据

《刑法》第140条的规定，生产者、销售者在产品中掺杂、掺假，以假充真，以次充好或者以不合格产品冒充合格产品，销售金额5万元以上的，即构成生产、销售伪劣产品罪。本案涉案嫌疑人以普通猪肉冒充绿色猪肉，从猪肉的性质看，属于“以假充真”；从猪肉产品的质量来看，属于“以次充好”；以绿色猪肉的质量标准来评价，属于“以不合格产品冒充合格产品”，符合生产、销售伪劣产品罪的构成要件。

另一种意见认为，各涉案嫌疑人不构成生产、销售伪劣产品罪。理由：作为绿色猪肉销售的普通猪肉是合格产品，猪肉本身并没有质量问题，各嫌疑人以普通猪肉冒充绿色猪肉，将价格较低的产品当作价格较高的产品予以销售，在本质上只是一种商业中的价格欺诈行为，可以通过民事赔偿、行政处罚等方式予以处理，其本身的社会危害性并未达到应受刑罚惩罚的程度。

【案例讨论】 请结合所学知识分析本案应如何处理？

【延伸阅读】
1. 曲新久：《论生产、销售伪劣产品罪的几个问题》，载《人民检察》2016年第3期。
2. 陈洪兵：《以罪刑相适应原则破解刑法中的注意规定——以生产销售伪劣商品罪的相关规定为切入点》，载《政治与法律》2013年第2期。
3. 张弛：《论生产、销售伪劣产品罪与〈食品安全法〉之衔接——福喜事件若干问题钩沉》，载《中国刑事法杂志》2017年第3期。
4. 路军：《“生产、销售伪劣产品罪”实行行为类型新释》，载《法商研究》2018年第2期。
5. 李腾：《低价白酒灌装冒充高价白酒出售性质的认定》，载《犯罪研究》2016年第4期。

2 CASE 关于生产、销售“地沟油”行为的数罪并罚问题
——柳某某用“地沟油”加工生产劣质油脂予以销售案

【案情摘要】 自2003年开始，被告人柳某某在山东省平阴县孔村镇经营油脂加工厂，后更名为中兴脂肪酸甲酯厂，并转向餐厨废弃油（俗称“地沟油”）

回收再加工。2009年3月、2010年6月,柳某某又先后注册成立了博汇公司、格林公司扩大生产,进一步将地沟油加工提炼成劣质油脂。自2007年12月起,柳某某从四川、江苏、浙江等地收购“地沟油”加工提炼成劣质油脂,在明知他人将向其所购的劣质成品油冒充正常豆油等食用油进行销售或者销售给饲料、药品加工企业的情况下,仍将上述劣质油脂销售给他人,从中赚取利润。柳某某先后将所加工提炼的劣质油脂销售给经营食用油生意的山东聊城昌泉粮油实业公司、河南郑州宏大粮油商行等(均另案处理)。前述粮油公司等明知从柳某某处购买的劣质油脂系“地沟油”加工而成,仍然直接或经勾兑后作为食用油销售给个体粮油店、饮食店、食品加工厂以及学校食堂,或冒充豆油等油脂销售给饲料、药品加工等企业。截至2011年7月案发,柳某某等人的行为最终导致金额为926万余元的此类劣质油脂流向食用油市场供人食用,金额为9065万余元的劣质油脂流入非食用油加工市场。

【分歧意见】 被告人柳某某等人将用餐厨废弃油加工而成的劣质油脂销售给经营食用油生意的山东聊城昌泉粮油实业公司、河南郑州宏大粮油商行等,应当认定为一罪还是数罪?

一种观点认为,对柳某某等人应当认定为生产、销售有毒、有害食品罪。理由:柳某某等人明知他人经营食用油生意,而将用餐厨废弃油加工而成的劣质油脂销售给对方,只实施了一种行为,构成生产、销售有毒、有害食品罪;下家除直接或经勾兑后作为食用油销售给个体粮油店、饮食店、食品加工厂以及学校食堂,还冒充豆油等油脂销售给饲料、药品加工等企业,实施了两种行为,应当认定为数罪。

另一种观点认为,对柳某某等人应当以生产、销售有毒、有害食品罪和生产、销售伪劣产品罪数罪并罚。理由:柳某某等人在明知他人将向其所购的劣质成品油冒充正常豆油等食用油进行销售的情况下,仍将劣质油脂销售给他人,构成生产、销售有毒、有害食品罪;柳某某等人还明知下家将向其购买的劣质油脂冒充合格豆油等,仍予以生产、销售给饲料、药品加工等企业,其行为又构成生产、销售伪劣产品罪。

【案例讨论】 请结合所学知识分析本案应如何处理?

【延伸阅读】 1. 胡树琪:《生产、销售伪劣产品罪中“伪劣产品”的相对解释》,载《法学评论》2021年第2期。

2. 陈洪兵:《生产、销售伪劣商品罪的法益及其展开》,载《政治与法律》2011 年第 3 期。

3. 孙建保:《生产、销售有毒、有害食品罪司法认定解析》,载《政治与法律》2012 年第 2 期。

4. 杜小丽:《抽象危险犯形态法定犯的出罪机制——以生产销售假药罪和生产销售有毒有害食品罪为切入》,载《政治与法律》2016 年第 12 期。

5. 舒洪水:《生产、销售有毒、有害食品罪中"明知"的认定》,载《法学》2013 年第 8 期。

3 CASE 关于利用松香加工禽畜食品的性质认定——徐某某、贾某某等人生产、销售有毒、有害食品案

【案情摘要】 2010 年 3 月起,被告人徐某某、贾某某在瑞安市鲍田前北村育英街 12 号的加工点内使用工业松香加热的方式对生猪头进行脱毛,并将加工后的猪头分离出猪头肉、猪耳朵、猪舌头、肥肉等销售给当地菜市场内的熟食店,销售金额达 61 万余元。被告人徐某、叶某某、杨某某明知徐某某销售的猪头系用工业松香加工脱毛仍予以购买,并做成熟食在其经营的熟食店进行销售,其中徐某的销售金额为 3.4 万元,叶某某、杨某某的销售金额均为 2.5万余元。2012 年 8 月 8 日,徐某某、贾某某、徐某在瑞安市的加工点内被公安机关及瑞安市动物卫生监督所当场抓获,并现场扣押猪头(已分割)50 个,猪耳朵、猪头肉等 600 公斤,松香 10 公斤及销售单。经鉴定,被扣押的松香系工业松香,属食品添加剂外的化学物质,内含重金属铅,经反复高温使用后,铅等重金属含量升高,长期食用工业松香脱毛的禽畜类肉可能会对人体造成伤害。

【分歧意见】 本案被告人徐某某、贾某某使用工业松香加热的方式对生猪头进行脱毛,并将加工后的猪头分离出猪头肉、猪耳朵、猪舌头、肥肉等销售给当地菜市场内的熟食店,被告人徐某、叶某某、杨某某明知徐某某所销售的猪头系用工业松香加工脱毛仍予以购买,并做成熟食在其经营的熟食店进行销售,但没有证据证明被告人销售的猪肉熟食达不到"食品安全国家标准及食

品中污染物限量"的标准要求,被告人徐某某、贾某某的行为是否仍构成生产、销售有害食品罪,被告人徐某、叶某某、杨某某是否构成销售有毒、有害食品罪,在审理过程中有两种不同观点:

一种观点认为,各被告人不构成犯罪。理由:徐某某、贾某某在对生猪头脱毛过程中虽"使用"有毒、有害非食品原料工业松香,徐某、叶某某、杨某某明知徐某某所销售的猪头系用工业松香加工脱毛仍予以购买,并做成熟食在其经营的熟食店进行销售,但最终销售食用的猪头肉却符合或者没有证据证明达不到食品卫生安全或食品中污染物限量标准,不足以"危害广大消费者的身体健康和生命安全",不符合生产、销售有毒、有害食品罪法益侵害的实质要件,不具有社会危害性,不构成生产、销售有毒、有害食品罪。

另一种观点认为,被告人徐某某、贾某某构成生产、销售有毒、有害食品罪,被告人徐某某、叶某某、杨某某构成销售有毒、有害食品罪。理由:《刑法》第144条规定:"在生产、销售的食品中掺入有毒、有害的非食品原料的,或者销售明知掺有有毒、有害的非食品原料的食品的,处五年以下有期徒刑,并处罚金;对人体健康造成严重危害或者有其他严重情节的,处五年以上十年以下有期徒刑,并处罚金……"据此,生产、销售有毒、有害食品罪是行为犯,只要在生产、销售的食品中掺入有毒、有害非食品原料即构成生产、销售有毒、有害食品罪,销售明知掺有有毒、有害非食品原料的,即构成销售有毒、有害食品罪。

【案例讨论】 请结合所学知识分析本案应如何处理?

【延伸阅读】

1. 孙万怀、李高宁:《有毒有害食品犯罪的量刑偏向考证——兼及刑事政策导向与法规范性之协调》,载《政治与法律》2013年第7期。

2. 刘净:《食品安全犯罪的刑事立法若干问题研究》,载《法学杂志》2010年第11期。

3. 许桂敏:《罪与罚的嬗变:生产、销售有毒、有害食品罪》,载《法学杂志》2011年第12期。

4. 马乐:《生产、销售有毒、有害食品罪司法认定的现状、疑问与检讨》,载《河南财经政法大学学报》2017年第6期。

4 CASE 关于对生产、销售、使用“瘦肉精”行为的性质认定——陈某、郝某某、唐某某、唐某、孙某某等生产、销售有毒、有害食品案

【案情摘要】 2011年5月，被告人陈某、郝某某、唐某某、唐某明知盐酸克伦特罗（俗称“瘦肉精”）属于国家禁止在饲料和动物饮用水中使用的药品而进行买卖，郝某某从唐某某、唐某处购买三箱盐酸克伦特罗片（每箱100袋，每袋1000片），后陈某从郝某某处为自己购买一箱该药品，同时帮助被告人孙某某购买一箱该药品。孙某某在自己的养殖场内，使用陈某从郝某某处购买的盐酸克伦特罗片喂养肉牛。2011年12月3日，孙某某将喂养过盐酸克伦特罗片的9头肉牛出售，被天津市宝坻区动物卫生监督所查获。经检测，其中4头肉牛尿液样品中所含盐酸克伦特罗超过国家规定标准。郝某某、唐某某、唐某主动到公安机关投案。

【分歧意见】 被告人孙某某明知是国家禁止在饲料和动物饮用水中使用的药品，仍然购买盐酸克伦特罗用于喂养肉牛，应当如何定性？被告人陈某、郝某某、唐某某、唐某明知盐酸克伦特罗属于国家禁止在饲料和动物饮用水中使用的药品而进行买卖，供他人用以养殖供人食用的动物，应当如何定性？对此，有两种不同观点：

一种观点认为，陈某、郝某某、唐某某、唐某的行为构成非法经营罪，孙某某的行为构成以危险方法危害公共安全罪。理由：(1)盐酸克伦特罗是一种人用药品，生产、经营盐酸克伦特罗必须按照《药品管理法》规定，取得相应的《药品生产许可证》《药品经营许可证》，陈某、郝某某、唐某某、唐某未经许可，非法买卖盐酸克伦特罗，符合《刑法》第225条的规定，应当以非法经营罪追究刑事责任。最高人民法院和最高人民检察院《关于办理非法生产、销售、使用禁止在饲料和动物饮用水中使用的药品等刑事案件具体应用法律若干问题的解释》第1条也明确规定：未取得药品生产、经营许可证件和批准文号，非法生产、销售盐酸克伦特罗等禁止在饲料和动物饮用水中使用的药品，扰乱药品市场秩序，情节严重的，以非法经营罪追究刑事责任。(2)在猪、牛等动物饲料中添加盐酸克伦特罗，可促进生长，提高瘦肉率。但盐酸克伦特

罗具有相当毒性,可以长期残留于肝肺等内脏器官中,人食用含有过量盐酸克伦特罗的肉制品后,会出现肌肉震颤、心慌、战栗、头疼、恶心、呕吐等中毒症状,甚至导致死亡。因此,国家明令禁止在饲料和饲料添加剂中添加。孙某某明知国家禁止在动物养殖中使用盐酸克伦特罗,仍使用此种药品片剂喂养肉牛,将9头肉牛出售,其中4头肉牛盐酸克伦特罗超标,危害不特定多数人的身体健康,符合以其他方法危害公共安全罪的构成要件。

另一种观点认为,陈某、郝某某、唐某某、唐某、孙某某的行为均构成生产、销售有毒、有害食品罪。理由:牛肉是人民群众最主要的食用肉品,孙某某明知盐酸克伦特罗是国家禁止在饲料和动物饮用水中使用的药品,而用以养殖肉牛并出售供人食用,危害人民群众生命安全和身体健康,符合生产、销售有毒、有害食品罪构成要件。陈某、郝某某、唐某某、唐某明知盐酸克伦特罗是国家禁止在饲料和动物饮用水中使用的药品,而买卖和代买盐酸克伦特罗片,供他人用以养殖供人食用的动物的,应当认定为生产、销售有毒、有害食品罪的共犯。

【案例讨论】 请结合所学知识分析本案应如何处理?

【延伸阅读】

1. 孙万怀:《有毒有害食品犯罪的量刑反制思维应摒弃》,载《人民检察》2012年第19期。
2. 马荣春:《危害食品安全犯罪的司法认定》,载《法治研究》2014年第3期。
3. 李梁:《生产、销售有毒、有害食品罪基本犯既遂形态研究》,载《法商研究》2017年第6期。
4. 陈烨:《食品安全犯罪的对象研究》,载《西南政法大学学报》2012年第4期。
5. 陈烨:《食品安全犯罪的罪名认定问题研究》,载《北方法学》2016年第2期。

第六章　金融类经济犯罪

1 CASE 关于利用未公开信息交易罪中的“情节严重”——马某利用未公开信息交易案

【案情摘要】 2011年3月9日至2013年5月30日，被告人马某担任博时基金管理有限公司旗下的博时精选股票证券投资经理，全权负责投资基金投资股票市场，掌握了博时精选股票证券投资基金交易的标的股票、交易时间和交易数量等未公开信息。马某在任职期间利用其掌控的上述未公开信息，从事与该信息相关的证券交易活动，操作自己控制的“金某”“严某甲”“严某乙”三个股票账户，通过临时购买的不记名神州行电话卡下单，先于(1～5个交易日)、同期或稍晚于(1～2个交易日)其管理的“博时精选”基金账户买卖相同股票76只，累计成交金额人民币10.5亿余元，非法获利数额应为人民币19,120,246.98元。2013年7月17日，马某主动到公安机关投案。

【分歧意见】 本案的分歧在于:《刑法》第180条第4款规定的利用未公开信息交易罪是否包含“情节特别严重”？马某的行为能否认定为情节特别严重？对此，形成了两种不同意见：

一种意见认为，马某的行为不能认定为“情节特别严重”。理由:《刑法》第180条第4款规定，证券交易所、期货交易所等金融机构从业人员以及有关监管部门或者行业协会的工作人员，利用未公开信息交易，情节严重的，依照第1款的规定处罚，该条款并未对利用未公开信息交易罪规定有“情节特别严重”情形。因此，马某利用未公开信息非法交易股票，只能认定为犯罪情节严重，在相应法定刑幅度内判处刑罚。

另一种意见认为，马某的行为应认定为“情节特别严重”。理由:(1)《刑法》第180条第1款规定的内幕交易罪、泄露内幕信息罪包括两档法定刑:情节严重的，处5年以下有期徒刑或者拘役，并处或者单处违法所得1倍以上5

倍以下罚金；情节特别严重的，处5年以上10年以下有期徒刑，并处违法所得1倍以上5倍以下罚金；(2)《刑法》第180条第4款属于援引法定刑的情形，应当引用第1款的全部规定；(3)利用未公开信息交易罪与内幕交易、泄露内幕信息罪的违法与责任程度相当，法定刑亦应相当；(4)马某利用未公开信息进行交易，累计成交金额人民币10.5亿余元，非法获利数额应为人民币19,120,246.98元，应当认定为情节特别严重，在相应法定刑幅度内量刑。

【案例讨论】 请结合所学知识分析本案应如何处理？

【延伸阅读】 1. 孙谦：《援引法定刑的刑法解释——以马乐利用未公开信息交易案为例》，载《法学研究》2016年第1期。

2. 卢勤忠：《利用未公开信息交易罪的认定》，载《政法论丛》2010年第1期。

3. 彭冰：《重新定性"老鼠仓"——运动式证券监管反思》，载《清华法学》2018年第6期。

4. 谢杰：《利用未公开信息交易罪量刑情节的刑法解释与实践适用——"老鼠仓"抗诉案引发的资本市场犯罪司法解释反思》，载《政治与法律》2015年第7期。

5. 古加锦：《利用未公开信息交易罪司法适用的疑难问题研究》，载《政治与法律》2015年第2期。

2 CASE 关于用拾得他人遗忘在自动柜员机内的银行卡进行转款的行为定性
——刘某1信用卡诈骗案

【案情摘要】 2015年12月16日18时40分许，被告人刘某1到位于重庆市江北区观音桥北城天街的华夏银行自助服务网点存款，发现被害人雷某遗忘在ATM机内的银行卡，遂通过ATM机将雷某银行账户内的5万元转入自己的华夏银行账户。2015年12月21日公安机关将被告人刘某1抓获归案，刘某1到案后将5万元赃款退还被害人。

【分歧意见】 对本案刘某1行为的定性，处理过程中形成三种意见：

第一种意见:刘某1的行为构成盗窃罪。理由:(1)信用卡诈骗罪是诈骗罪的一种特殊类型,同样应该具备诈骗罪“因受欺骗而处分财物”的构成要素,而自动柜员机属于机器,不是人,没有意识,不可能受骗;(2)用拾得的银行卡在自动柜员机上转账,如同拾得他人的保险箱钥匙后用钥匙打开保险箱取走财物,属于盗窃而非诈骗;(3)刘某1拾得的被害人雷某的信用卡,处于已经输入银行卡密码、进入操作界面的状态,将雷某账户内的资金转入自己的银行账户内,类似于从被害人开着门的保险箱内取走财物的行为,符合盗窃罪的特征。

第二种意见:刘某1的行为构成侵占罪。理由:(1)在自动柜员机上捡到了信用卡及密码,也就等于在事实上获取了信用卡所含资金的支配力。从行为人的主客观危害性角度考量,这与捡到他人的钱包以后而产生非法占有他人财物的歹念的情况并无质的差别;[1](2)侵占信用卡是主行为,使用信用卡是侵占信用卡的后续行为,应按主行为认定行为性质;(3)既然盗窃信用卡并使用的成立盗窃罪,那么侵占信用卡并使用的当然成立侵占罪。

第三种意见:刘某1的行为构成信用卡诈骗罪。理由:我国《刑法》第196条明确规定“冒用他人信用卡”构成信用卡诈骗罪;拾得他人信用卡并在自动柜员机上使用的行为属于“冒用他人信用卡”的情形,构成犯罪的,应当定性为信用卡诈骗罪。

【案例讨论】 请结合所学知识分析本案应如何处理?

【延伸阅读】 1. 张明楷:《许霆案的刑法学分析》,载《中外法学》2009年第1期。

2. 刘明祥:《许霆案的定性:盗窃还是信用卡诈骗》,载《中外法学》2009年第1期。

3. 马寅翔:《限缩与扩张:财产性利益盗窃与诈骗的界分之道》,载《法学》2018年第3期。

4. 阎二鹏:《信用卡诈骗罪与诈骗罪关系辨证》,载《政治与法律》2010年第2期。

5. 胡江:《信用卡诈骗罪中“冒用他人信用卡”的教义学阐释》,载《西南政法大学学报》2017年第5期。

---

[1] 参见黄祥青:《刑法适用疑难破解》,法律出版社2007年版,第209页。

3 CASE 关于盗窃银行汇票并使用行为的定性——张某票据诈骗案

【案情摘要】 2008年6月12日下午，被告人张某采取翻墙、撬开门锁的方式，进入林某某位于江苏省无锡市锡山区的家中，窃得银行承兑汇票2张。其中一张票号为00257463，出票人为湖南省湘潭市某汽车销售公司，付款行是湖南省湘潭市商业银行，出票金额为5万元，收款人为株洲市某摩托车经营部，出票日期为2008年3月18日，到期日期为2008年9月18日；另一张票号为02214212，出票人为安徽省某酒业有限公司，付款行是徽商银行六安分行清算中心，出票金额为5万元，收款人为江阴市某彩印有限公司，出票日期为2008年1月9日，到期日期为2008年7月9日。随后，张某以票号为00257463的银行承兑汇票向杨某兑换现金4万元；以票号为02214212的银行承兑汇票向王某某付欠款3万元，并兑换现金1.7万元。

林某某发现银行承兑汇票被盗后，当日晚上向公安机关报案，并于次日向湘潭市商业银行和徽商银行六安分行清算中心对被盗的银行承兑汇票进行电话挂失，后又以无锡市某五金加工厂名义，以公示催告程序向湖南省湘潭市岳麓区人民法院、安徽省六安市金山区人民法院宣告上述汇票无效，前述法院先后于2008年8月29日、9月22日作出除权判决，公告上述汇票无效。

2008年12月9日，公安机关将被告人张某抓获。

【分歧意见】 对本案张某行为的定性，处理过程中形成两种不同意见：

一种意见认为，张某的行为构成盗窃罪。理由：(1)张某主观上具有非法占有他人财物的目的。(2)张某客观上采取翻墙、敲门锁手段，进入被害人林某某的家中，窃取银行承兑汇票。因此，张某的行为符合盗窃罪的构成要件。

另一种意见认为，张某的行为构成票据诈骗罪。理由：张某以非法占有他人财物的目的，隐瞒事实真相，冒充合法持票人的身份使用所窃得的两张银行承兑汇票，骗的他人8.7万元，数额巨大，符合诈骗罪的构成要件。

【案例讨论】 请结合所学知识分析本案应如何处理？

【延伸阅读】1. 高铭暄、孙道苹:《论诈骗犯罪主观目的的认定》,载《法治研究》2012 年第 2 期。

2. 张明楷:《法条竞合中特别关系的确定与处理》,载《法学家》2011 年第 1 期。

3. 龚振军:《论票据诈骗罪司法认定中的疑难问题》,载《政治与法律》2008 年第 12 期。

4. 吴仁碧:《金融凭证诈骗罪疑难问题探析》,载《北方法学》2014 年第 3 期。

5. 王强:《法条竞合特别关系及其处理》,载《法学研究》2012 年第 1 期。

4 CASE 关于架构传销模式骗取他人资金的行为定性
——骆某某等人集资诈骗案

【案情摘要】2015 年 6 月 3 日,被告人骆某某、李某某、毕某某等人成立重庆二码信息技术有限公司(以下简称重庆二码公司),李某某为法定代表人,公司经营范围不包含金融业务。从 2016 年 2 月起,被告人王某某加入重庆二码公司并成为股东之一。2016 年 3 月,骆某某、王某某、毕某某、李某某等人以开展华南片区业务为名成立深圳二码信息技术有限公司(以下简称深圳二码公司,重庆二码公司、深圳二码公司以下合称二码公司)。

2016 年 9 月,被告人骆某某、王某某、李某某、毕某某共谋利用重庆二码公司、深圳二码公司开发的二码公益(后更名为二码消费、二码产业链、汇金消费等名称)App,以与“中国老龄事业发展基金会”合作公益项目的名义,通过网络宣传、集中培训宣传、书面宣传及口口相传等方式,宣称二码公益是网络电商平台,以刺激消费、捐助公益为名,以消费即可获得高额返利为诱饵引诱他人缴纳加盟费(即各级代理缴纳给二码公司的代理费、孝友与至尊孝友交给各级代理的入门费用)获得消费资格。

在二码公益模式下,至尊孝友、县级代理、市级代理、省级代理有权通过推荐他人成为至尊孝友或者各级区域代理,而获得代理费提成;普通孝友、至尊孝友及各级区域代理有权推荐发展二码公益平台合作商家,并按比例获得所属区域内商家缴纳的商家让利款提成。因此，二码公益项目形成了普通孝友、至尊孝友、县级代理、市级代理、省级代理从低到高的层级，直接或间接以平台发展的人数为计酬和返利依据的经营模式。

获得消费资格的普通孝友、至尊孝友及各级区域县级代理等消费者在二码公益平台合作商家中进行消费，合作商家需缴纳消费者选择购买的商品售价5%、10%或者20%的让利款给二码公司（合作商家向二码公益平台缴纳让利款）。二码公司对该笔让利款进行二次分配，分别返还给消费者、合作商家、推荐人、中国老龄事业发展基金会等，二码公司也留存其中部分让利款作为其利润。二码公司以此模式承诺相应最高返还给消费者25%、50%或者100%的消费返利，最高返还给商家其此前缴纳给二码公司让利款同等金额的返利，承诺消费不停、返利不止，但未承诺返利款项完全到位的时间。二码公司每日将待分配的钱均以积分形式体现在二码公益平台上，根据制定的换算公式换算成孝分后逐日向消费者及商家返利。

2016年10月27日之后，大量消费者在二码公益平台合作商家不实际购买商品，而仅缴纳商品售价5%、10%或者20%的让利款进行刷单（仅交让利款，不实际消费），然后等候返利。

二码公益打着鼓励刺激消费、捐助公益的旗号，平台吸纳的资金未用于任何生产经营活动，而仅用于支付高额的返利，致使资金缺口越来越大，平台难以为继。为延续二码公益的继续经营，骆某某、王某某、毕某某、李某某共谋利用其各自控制的消费者账户通过缴纳商家让利款进行“刷单”，利用其各自控制的消费者账户不缴纳商家让利款进行“刷空单”，以此篡改后台数据、虚增孝分、虚增交易额，对孝心值进行控制，制造平台虚假繁荣的假象，吸引更多的人员加入二码公益平台并进行消费，以骗取代理费和商家让利款。

2016年9月至2017年2月，骆某某、王某某、李某某、毕某某共计发展省级代理23人，市级代理165人，县级代理430人，至尊孝友4884人，普通孝友44,684人，收取各级代理缴纳的加盟费13,483.5万元，将其中的4641.38058万元分配给各级代理和孝友，将889.77万元据为己有，其余款项被转入重庆二码公司与深圳二码公司的银行账户。

2016年10月至2017年4月，骆某某、王某某、李某某、毕某某通过其各自控制的消费者账户通过“刷空单”或者“刷单”的方式，从二码公益平台提取商家让利款5180.06万元。2017年3月8日之后，因二码公益平台资金紧张，骆某某、李某某、毕某某为挽救平台共计将1725.37万元退还二码公司。由于二码公益平台资金缺口高达69,607.35万元，二码公益平台最终崩盘，无法返利。

【分歧意见】 对本案骆某某等人的行为定性，处理过程中形成两种意见：

一种意见认为，骆某某等人的行为构成组织、领导传销活动罪。理由：骆某某等4人组织、领导以推销商品、刺激消费、捐助公益为名，要求各级代理商及孝友缴纳加盟费获取加入二码公益项目的资格，按照普通孝友、至尊孝友、县级代理、市级代理、省级代理从低到高的顺序组成层级，直接或间接以平台发展的人数为返利依据，引诱参加者继续发展他人参加，骗取财物，参与传销活动人员达到50,186人，直接或者间接参与传销活动人员缴纳的传销资金数额累计达到206,800.25万元，扰乱经济社会秩序的传销活动，其行为更加符合组织、领导传销活动罪的特征。

另一种意见认为，骆某某等人的行为构成集资诈骗罪。理由：被告人骆某某等4人组织了传销活动通常的架构形式，也直接骗取了加盟费，但其骗取财物的主要行为表现为，以消费返利为诱饵，诱使他人缴纳让利款，归集巨额资金，进而通过“刷空单”或者其他方式非法占有他人财物，在本质上是以募集资金的方式骗取他人财物，更符合集资诈骗罪的基本行为模式。

【案例讨论】 请结合所学知识分析本案应如何处理？

【延伸阅读】

1. 陈兴良：《组织、领导传销活动罪：性质与界限》，载《政法论坛》2016年第2期。
2. 贾宇：《论组织、领导传销活动罪》，载《人民检察》2010年第5期。
3. 印波：《传销犯罪的司法限缩与立法完善》，载《中国法学》2020年第5期。
4. 黄芳：《惩治传销犯罪的法律适用：概念、思路和机制》，载《法律适用》2017年第21期。
5. 毛玲玲：《集资行为的刑事管制——金融危机背景下的考察》，载《政治与法律》2009年第9期。

第七章　涉税类经济犯罪

1 CASE 关于以"挂靠"公司名义实施经营活动并开具增值税专用发票行为的定性——张某强虚开增值税专用发票案

最高人民法院(2016)最高法刑核51732773号刑事裁定书

【案情摘要】 2004年,被告人张某强与他人合伙成立个体企业某龙骨厂,张某强负责生产经营活动。因某龙骨厂系小规模纳税人,无法为购货单位开具增值税专用发票,张某强遂以他人开办的鑫源公司名义对外签订销售合同。2006年至2007年,张某强先后与六家公司以鑫源公司的名义签订轻钢龙骨销售合同,购货单位均将货款汇入鑫源公司账户,鑫源公司并为上述六家公司开具增值税专用发票共计53张,价税合计4,457,701.36元,税额647,700.18元。基于以上事实,某州市人民检察院指控被告人张某强犯虚开增值税专用发票罪。

【分歧意见】 对于张某强的行为应当如何定性,在处理过程中形成了以下两种意见:

一种意见认为,构成虚开增值税专用发票罪。理由:从刑法规范的文义上来看,本罪的成立不以行为人具有骗税目的为限。

另一种意见认为,不构成虚开增值税专用发票罪。理由:被告人张某强以其他单位名义对外签订销售合同,由该单位收取货款、开具增值税专用发票,不具有骗取国家税款的目的,未造成国家税款损失,其行为不构成虚开增值税专用发票罪。

【案例讨论】 请结合所学知识分析本案应如何处理?

【延伸阅读】 1. 陈兴良:《不以骗取税款为目的的虚开发票行为之定性研究——非法定目的犯的一种个案研究》,载《法商研究》2004

年第 3 期。
2. 周铭川:《论虚开增值税专用发票罪的抽象危险犯本质——兼与陈兴良教授和张明楷教授商榷》,载《上海政法学院学报(法治论丛)》2020 年第 1 期。
3. 袁彬:《虚开增值税专用发票罪的限制适用探讨》,载《人民检察》2017 年第 17 期。
4. 陈金林:《虚开增值税专用发票罪的困境与出路——以法益关联性为切入点》,载《中国刑事法杂志》2020 年第 2 期。
5. 马春晓:《虚开增值税专用发票罪的抽象危险判断》,载《政治与法律》2019 年第 6 期。

2 CASE 关于逃税罪阻却事由的认定——邵阳市某商品混凝土搅拌站等逃税案

【案情摘要】 被告单位邵阳市某商品混凝土搅拌站(以下简称某搅拌站)于 2008 年 11 月 28 日成立,并于 2011 年 10 月将法定代表人变更为张某雄,由张某雄对下属 4 个搅拌站进行管理。某搅拌站在 2011 年与 2012 年均因逃避纳税而被行政处罚。邵阳国税局稽查局于 2014 年 3 月至 10 月对某搅拌站纳税情况进行全面检查,发现某搅拌站在接受两次行政处罚后仍继续逃税。该局遂于 2014 年 11 月作出税务行政处罚决定书,对某搅拌站处以罚款 4,573,905.88 元的行政处罚。张某雄因涉嫌逃税犯罪于 2014 年 8 月 15 日被刑事拘留,同年 9 月 19 日被逮捕,2015 年 7 月 24 日被湖南省邵阳市双清区人民法院取保候审。湖南省邵阳市双清区人民法院接受湖南省邵阳市双清区人民检察院的指控并于 2015 年 11 月 17 日作出判决。某搅拌站不服,提出上诉,上诉法院维持原判。某搅拌站继续提出申诉,认为应从其受到第二次行政处罚之后对逃税行为及数额进行认定。

【分歧意见】 对逃税罪阻却事由的认定主要存在两种意见:

一种意见认为,以《刑法》第 201 条第 4 款的规定为理由,认为同时满足三个要件才可免于追究行为人的刑事责任。

另一种意见认为,“不予追究刑事责任”仅意味着定罪免刑,因此可以在行政处罚之前对行为人进行刑事追诉。

【案例讨论】 请结合所学知识分析本案应如何处理?

【延伸阅读】 1. 张明楷:《逃税罪的处罚阻却事由》,载《法律适用》2011 第 8 期。

2. 万国海:《逃税罪“不予追究刑事责任”条款的理解与适用》,载《政治与法律》2019 年第 12 期。

3. 周治华:《逃税罪处罚阻却事由的理解适用》,载《人民司法》2019 年第 17 期。

4. 李翔:《论逃税犯罪中的初犯免责》,载《中国刑事法杂志》2009 年第 7 期。

5. 熊亚文:《逃税罪初犯免责:价值、困境与出路》,载《税务与经济》2019 年第 2 期。

3 CASE 关于开具无交易内容的发票并收取一定费用行为的认定——崔某兵虚开发票案

【案情摘要】 被告人崔某兵在没有真实业务发生的情况下,以自己担任法定代表人的北京广力博通策划有限公司为收款单位,为他人虚开北京市服务业、娱乐业、文化体育业专用发票 3 张(票面金额达人民币 80.55 万元)。2012 年 3 月 14 日,在北京市朝阳区三元桥内环辅路月山日本料理餐馆门前路边,被告人崔某兵向与北京广力博通策划有限公司无任何交易事项的魏山开具虚假交易内容的北京市服务业、娱乐业、文化体育业专业发票 3 张(经鉴定均为真发票),票面金额分别为 100,500 元、405,000 元、300,000 元,并约定交易费用为 16,000 元。民警当场起获被告人崔某兵持有的三星手机 1 部,并在对被告人崔某兵住所进行搜查的过程中起获松下牌打印机 1 台、公司印章 1 枚、税控器 1 台及空白的北京市文化体育业专用发票 31 张。

【分歧意见】 对于崔某兵的行为应当如何定性,在处理过程中存在以下两种意见:

一种意见认为,应构成虚开发票罪。理由:崔某兵担任法定代表人的北京广力博通策划有限公司具有从税务机关领取发票的主体资格，但崔某兵在与涉案发票显示的两单位没有货物购销或服务交易的前提下，仍为他人虚假开具发票并从中牟取利益，客观上侵犯了国家的发票管理秩序和税收秩序，应当认定为虚开发票罪。

另一种意见认为，构成非法出售发票罪。理由：崔某兵的主观目的在于通过出售发票赚取手续费，且其行为完全符合非法出售发票罪的客观方面要件。

【案例讨论】请结合所学知识分析本案应如何处理？

【延伸阅读】1. 王佩芬：《论虚开发票犯罪的刑事立法误区——建议取消我国刑法第205条与第205条之一》，载《政治与法律》2014年第12期。

2. 翁武耀：《论我国虚开增值税专用发票罪刑事立法的完善——基于意大利虚开发票罪刑事立法及适用的启示》，载《暨南学报（哲学社会科学版）》2020年第5期。

3. 杜文俊：《发票犯罪若干问题辨析》，载《政治与法律》2013年第6期。

4. 李晓娟：《非法出售发票罪与虚开发票罪的界限》，载《中国检察官》2012年第18期。

5. 谭堃：《论虚开发票罪中"情节严重"的具体危险构造及其判断》，载《政治与法律》2021年第6期。

4 CASE 关于逃税罪的认定
——湖北某环境工程有限公司、李某明犯逃税案

【案情摘要】2003年1月至10月，被告人李某明系荆州市某化学清洗实业公司的法定代表人。2003年10月29日，荆州市某化学清洗实业公司改制后，又成立了荆州市某化学清洗有限公司，法定代表人仍为李某明。2005年11月，该公司在工商行政管理局申请将名称变更为湖北某清洗工程有限公司。2007年12月，湖北某清洗工程有限公司变更为湖北某环境工程有限公司。2003年至2009年，该公司主要经营各种设备污垢现场清洗，工业废水处

理设备的设计、安装、维护，以及自有房地产租赁等业务。2003 年至 2007 年，湖北某环境工程有限公司和原荆州市某化学清洗实业公司收入总额为 7,320,445.51元，应缴纳税款 803,413.14 元，已缴纳税款 357,120.63 元，逃避缴纳税款共计446,292.51 元。另外，2007 年 9 月 11 日，原荆州市地方税务局稽查局将被告单位湖北某环境工程有限公司、被告人李某明涉嫌逃税案移送公安机关，同年9 月25 日公安机关立案，李某明于9 月30 日经公安机关传唤后先后于同年9 月 30 日、11 月 1 日补缴了税款 458,069.08 元。

【分歧意见】对此，关于本案的处理主要存在两种意见：

一种意见认为，湖北某环境工程有限公司和李某明无罪。理由：《刑法》第 201 条第 4 款规定："有第一款行为，经税务机关依法下达追缴通知后，补缴应纳税款，缴纳滞纳金，已受行政处罚的，不予追究刑事责任；但是，五年内因逃避缴纳税款受过刑事处罚或者被税务机关给予二次以上行政处罚的除外。"认定逃税罪应以行政处罚为前置条件，本案中湖北某环境工程有限公司和李某明并未受到前置性的行政处罚，应当无罪。

另一种意见认为，湖北某环境工程有限公司和李某明构成逃税罪。理由：《刑法》第 201 条第 4 款规定的"不予追究刑事责任"仅意味着定罪免刑，因此，可以在行政处罚之前对行为人进行刑事追诉，湖北某环境工程有限公司和李某明构成逃税罪。

【案例讨论】请结合所学知识分析本案应如何处理？

【延伸阅读】

1. 郭昌盛：《逃税罪的解构与重构——基于税收制度的整体考量和技术性规范》，载《政治与法律》2018 年第 8 期。
2. 刘荣：《美国逃税罪刑事法网之介评及启示》，载《比较法研究》2012 年第 4 期。
3. 周微：《法国对逃税的刑事制裁及其对我国相关立法的启示》，载《河南财经政法大学学报》2012 年第 6 期。
4. 赵震：《行政处罚作为逃税案刑事司法的前置程序问题研究》，载《中国检察官》2011 年第 20 期。

第八章　商贸类经济犯罪

1 CASE 关于非法经营罪“违反国家规定”的理解与适用
——李某生、胡某龙非法经营案

【案情摘要】 被告人李某生于2012年8月至2013年8月，以北京恒通万嘉市场调查中心的名义经营有偿讨债业务。2012年8月，李某生接受辽宁省大连市人秦某某的委托向山西省太原市人陈某追讨230万元欠款，双方签订了《商账授权代理咨询劳务合同》，约定以收回欠款的20%作为报酬。随后，李某生伙同被告人胡某龙驾车随秦某某前往太原市，抵达太原市后，秦某某将陈某约出来商量还钱事宜。秦某某在与陈某商谈时，李某生等人在旁向陈某索要欠款，陈某后归还给秦某某50万元，秦某某按合同约定支付给李某生10万元报酬，李某生将其中的3000元给了胡某龙。2013年7月30日，李某生接受山东省青岛市人王某某的委托向其前男友姜某某索要10万元欠款，双方签订了《商账授权代理咨询劳务合同》，约定以收回欠款的40%作为报酬。当日12时30分许，王某某将姜某某约至朝阳区霄云路庆安大厦内的火锅店包间见面，李某生与胡某龙等人在场帮忙索要欠款，姜某某表示一次拿不出那么多钱。

经讨价还价，最后确定先还给王某某5000元，一个星期后再还5万元，剩下的当年国庆节前还清。李某生让姜某某重新打了张9.5万元的欠条，并让王某某将之前那张10万元的欠条撕掉。当日17时许，姜某某将5000元送到庆安大厦内的肯德基餐厅，李某生收了钱，告诉王某某这笔钱他先拿走，等下一笔钱到账后再按照40%拿提成，王某某表示同意。姜某某事后认为自己被敲诈勒索，于2013年8月1日向公安机关报案。8月8日，李某生打电话给姜某某索要约定的5万元欠款，侦查人员遂在庆安大厦附近蹲点守候，于当日15时许将前来取钱的李某生、胡某龙当场抓获。一审期间，北京市朝阳区人民检察院以法律发生变化为由，于2015年1月29日向北京市朝阳区人民法院申请撤回起诉。北京市朝阳区人民法院经审查,认为北京市朝阳区人民检察院撤诉申请符合法律规定,依据《最高人民法院关于适用〈中华人民共和国刑事诉讼法〉的解释》第 242 条之规定,裁定准许朝阳区人民检察院撤诉。

【分歧意见】2000 年 6 月 15 日,国家经济贸易委员会、公安部、国家工商行政管理局联合发布的《关于取缔各类讨债公司严厉打击非法讨债活动的通知》(国经贸综合〔2000〕568 号,以下简称《打击非法讨债的通知》)规定:"取缔各类讨债公司,禁止任何单位和个人开办任何形式的讨债公司。对继续从事非法讨债活动,侵犯公民、法人和其他组织合法权益的,要坚决依法惩处……对采取恐吓、威胁或者其他方法干扰他人正常生活的讨债行为,公安机关要依据《中华人民共和国治安管理处罚条例》予以处罚;构成犯罪的,依法追究其刑事责任。"该文件系"经报请国务院同意"而发布,其是否属于"国家规定"? 非法经营罪中的"国家规定"应如何理解与适用? 对"国家规定"范围的理解,产生了对本案罪与非罪的认定分歧。

【案例讨论】请结合所学知识分析本案应如何处理?

【延伸阅读】
1. 陈兴良:《法定犯的性质和界定》,载《中外法学》2020 年第 6 期。
2. 张明楷:《刑事立法模式的宪法考察》,载《法律科学》2020 年第 1 期。
3. 蒋铃:《刑法中"违反国家规定"的理解和适用》,载《中国刑事法杂志》2012 年第 7 期。
4. 王恩海:《最高人民法院对非法经营罪中"违反国家规定"的适用》,载《法治研究》2015 年第 4 期。
5. 秦新承:《非法经营罪中的"国家规定"及有关刑事罚则的理解》,载《法学》2008 年第 1 期。

2 CASE 关于非法经营违禁品行为的理解与适用
——梁某涛非法经营案

【案情摘要】2008 年 9 月至 2009 年 9 月,被告人梁某涛以营利为目的,通过非法渠道大量购入港台出版社出版的书籍,并在齐齐哈尔大学家属楼 11 号楼×单元×××室张某经营的“湖南168”复印社，以购进的港台版书籍为母本进行复制。梁某涛通过其在淘宝网、孔夫子旧书网开设的“学府书店”“书友之家”等网络书店，采用QQ聊天等网络方式向北京、兰州、广州、深圳、东莞、湛江、淮北等30余座城市的读者销售《胡闹领主×××》《国家囚徒——×××的秘密录音》《公共情妇》《西藏之乱》等攻击我国基本政治制度、诋毁党和国家领导人、煽动民族分裂、挑动社会对立等内容的政治性非法进口出版物和非法复制的出版物。2008年10月1日至2009年9月18日，梁某涛销售上述书籍，获利人民币420,045元。其中，与梁某涛销售书籍无关的金额为人民币87,809.77元，故其非法销售出版物的经营数额为人民币332,235.77元，其中在淘宝网有记载的非法经营数额为人民币58,000余元。2009年9月18日，公安人员在梁某涛住所将其抓获，查获并扣押尚未销售的非法出版物及非法复制的出版物2200余册，以上被扣押和追缴的书籍被黑龙江省新闻出版局鉴定为非法复制出版物和非法进口出版物。

【分歧意见】 对于制售违禁品的行为应当如何认定？对此有两种不同观点：

一种观点认为，梁某涛的行为构成非法经营罪。理由：被告人梁某涛违反国家规定，未经许可非法复制、发行非法出版物，扰乱市场秩序，情节特别严重，其行为已构成非法经营罪。

另一种观点认为，梁某涛的行为不构成非法经营罪。理由：非法经营罪的目的是保护国家对专营物品的销售权和维护市场正常秩序。被告人梁某涛非法销售的政治性非法进口出版物和非法复制的出版物，属于违禁品，不能在市场上正常流通，也无法侵害市场秩序。因此，梁某涛不构成非法经营罪。

【案例讨论】 请结合所学知识分析本案应如何处理？

【延伸阅读】

1. 张明楷：《避免将行政违法认定为刑事犯罪：理念、方法与路径》，载《中国法学》2017年第4期。
2. 陈兴良：《违反行政许可构成非法经营罪问题研究——以郭嵘分装农药案为例》，载《政治与法律》2018年第6期。
3. 周光权：《论通过增设轻罪实现妥当的处罚——积极刑法立法观的再阐释》，载《比较法研究》2020年第6期。
4. 王立志：《非法经营罪之适用不宜无度扩张——以零售药店

向医疗机构批量售药之定性为视角》,载《法学》2016 年第 9 期。

5. 郭旨龙等:《“违反国家规定”的时代困境与未来方向——以非法经营罪为切入点进行规范体系的审视》,载《江汉论坛》2015 年第 6 期。

3 CASE 关于“其他严重扰乱市场秩序”行为的理解与适用——王某军非法经营再审改判无罪案

【案情摘要】 内蒙古自治区巴彦淖尔市临河区人民检察院指控被告人王某军犯非法经营罪一案,内蒙古自治区巴彦淖尔市临河区人民法院经审理认为,2014 年 11 月至 2015 年 1 月,被告人王某军未办理粮食收购许可证,未经工商行政管理机关核准登记并颁发营业执照,擅自在临河区白脑包镇附近村组无证照违法收购玉米,将所收购的玉米卖给巴彦淖尔市粮油公司杭锦后旗蛮会分库,非法经营数额 218,288.6 元,非法获利的 6000 元。案发后,被告人王某军主动退缴非法获利的 6000 元。2015 年 3 月 27 日,被告人王某军主动到巴彦淖尔市临河区公安局经侦大队投案自首。原审法院认为,被告人王某军违反国家法律和行政法规规定,未经粮食主管部门许可及工商行政管理机关核准登记并颁发营业执照,非法收购玉米,非法经营数额 218,288.6 元,数额较大,其行为构成非法经营罪。鉴于被告人王某军案发后主动到公安机关投案自首,主动退缴全部违法所得,有悔罪表现,对其适用缓刑确实不致再危害社会,决定对被告人王某军依法从轻处罚并适用缓刑。宣判后,王某军未上诉,检察机关未抗诉,判决发生法律效力。

最高人民法院于 2016 年 12 月 16 日作出(2016)最高法刑监 6 号再审决定,指令内蒙古自治区巴彦淖尔市中级人民法院对本案进行再审。再审中,原审被告人王某军及检辩双方对原审判决认定的事实无异议,再审查明的事实与原审判决认定的事实一致。内蒙古自治区巴彦淖尔市人民检察院提出了原审被告人王某军的行为虽具有行政违法性,但不具有与《刑法》第 225 条规定的非法经营行为相当的社会危害性和刑事处罚必要性,不构成非法经营罪,建议再审依法改判。原审被告人王某军在庭审中对原审认定的事实及证据无异议,但认为其行为不构成非法经营罪。辩护人提出了原审被告人王某军无证收购玉米的行为,不具有社会危害性、刑事违法性和应受惩罚性,不符合《刑法》规定的非法经营罪的构成要件,也不符合刑法谦抑性原则,应宣告原审被告人王某军无罪。

内蒙古自治区巴彦淖尔市临河区人民法院于2016年4月15日作出(2016)内0802刑初54号刑事判决,认定被告人王某军犯非法经营罪,判处有期徒刑1年,缓刑2年,并处罚金人民币2万元;被告人王某军退缴的非法获利款人民币6000元,由侦查机关上缴国库。最高人民法院于2016年12月16日作出(2016)最高法刑监6号再审决定,指令内蒙古自治区巴彦淖尔市中级人民法院对本案进行再审。内蒙古自治区巴彦淖尔市中级人民法院于2017年2月14日作出(2017)内08刑再1号刑事判决:一、撤销内蒙古自治区巴彦淖尔市临河区人民法院(2016)内0802刑初54号刑事判决;二、原审被告人王某军无罪。

【分歧意见】 本案中,王某军是否构成非法经营罪中的"其他严重扰乱市场秩序的非法经营行为",有两种不同观点:

一种观点认为,王某军的行为构成非法经营罪。理由:王某军违反国家法律和行政法规规定,未经粮食主管部门许可及工商行政管理机关核准登记并颁发营业执照,非法收购玉米,数额较大,其行为构成非法经营罪。

另一种观点认为,王某军的行为不构成犯罪。理由:王某军无证收购玉米的行为,其社会危害性也不明显。其对社会造成的危害,与司法解释规定的非法经营危险废物、麻醉药品或者精神药品、烟草专卖品、禁止在饲料和动物饮用水中使用的药品等严重危害社会的限制、禁止流通物品,并非同类物品。对非法经营罪兜底条款的理解要遵循同类解释规则。因此,王某军不构成犯罪。

【案例讨论】 请结合所学知识分析本案应如何处理?

【延伸阅读】

1. 张明楷:《妨害业务行为的刑法规制》,载《法学杂志》2014年第7期。
2. 陈兴良:《刑法的明确性问题:以〈刑法〉第225条第4项为例的分析》,载《中国法学》2011年第4期。
3. 阮齐林:《刑事司法应坚持罪责实质评价》,载《中国法学》

2017 年第 4 期。
4. 劳东燕:《危害性原则的当代命运》,载《中外法学》2008 年第 3 期。
5. 欧阳本祺:《对非法经营罪兜底性规定的实证分析》,载《法学》2012 年第 7 期。

4 CASE 关于非法经营罪“情节严重”的理解与适用——成都某印务有限责任公司、黄某某非法经营案

【案情摘要】 被告单位成都某印务有限责任公司(以下简称某印务公司);被告人黄某某,男,某印务公司法定代表人、实际控制人。某印务公司经营范围为印刷品印刷(不含出版物印刷)、包装装潢设计。该公司从 2019 年开始,违反国家规定,在未取得出版物印刷资质的情况下,为获取非法利益,超越经营范围从事出版物的印刷、装订业务。2019 年 7 月 4 日,公安机关在该公司厂房及仓库内查获该公司印刷、装订图书等书籍 7246 册。违法所得人民币 13,000 元。经鉴定,上述印刷品均属非法出版物。

2019 年 7 月 4 日,成都市公安局金牛区分局以某印务公司涉嫌非法经营罪立案侦查。同年 8 月 9 日,成都市金牛区人民检察院以黄某某涉嫌非法经营罪,但没有逮捕必要性为由,对其不批准逮捕,同日由公安机关变更强制措施为监视居住。同年 11 月 5 日,公安机关将案件移送金牛区人民检察院审查起诉。2020 年 3 月 5 日,金牛区人民检察院对本案提起公诉,并建议适用速裁程序。3 月 10 日,金牛区人民法院适用速裁程序审理本案,采纳检察机关指控和量刑建议,以被告单位某印务公司犯非法经营罪,判处罚金人民币 4 万元;以被告人黄某某犯非法经营罪,判处有期徒刑 1 年,缓刑 1 年,并处罚金人民币 15,000 元。被告单位及被告人均服判,不上诉,并按时缴纳了罚金。

【分歧意见】 如果刑法和有关司法解释没有对具体非法经营行为“情节严重”的具体标准作出明确规定,应当具体如何认定“情节严重”? 本案中,某印务公司和黄某某非法印刷、装订图书等书籍 7246 册,违法所得人民币 13,000元。这是否达到了非法经营罪中的“情节严重”,对这一犯罪构成要件

的判断直接决定了对本案的定性。

【案例讨论】请结合所学知识分析本案应如何处理?

【延伸阅读】1. 刘宪权:《操纵证券、期货市场罪司法解释的法理解读》,载《法商研究》2020 年第 1 期。

2. 周光权:《刑法解释方法位阶性的质疑》,载《法学研究》2014 年第 5 期。

3. 劳东燕:《刑法中目的解释的方法论反思》,载《政法论坛》2014 年第 3 期。

4. 武良军:《非法经营罪堵截条款异化之研究》,载《环球法律评论》2014 年第 5 期。

5. 郑勇:《非法经营罪的扩张:原因及其对策》,载《中国刑事法杂志》2018 年第 1 期。

5 CASE 关于非法经营数额的理解与适用
——郭某元、肖某梅非法经营案

【案情摘要】渭南市人民检察院指控:2001 年 5 月 11 日,被告人郭某元将其非法经营的 172 件卷烟,从富平运回渭南时在临渭区大什村被西安市阎良区烟草专卖局查扣,总价值 15.432 万元;2002 年 8 月 29 日至 9 月 2 日,被告人郭某元在渭南市临渭区先后向刘某年、杨某民、刘某州等 20 人非法销售卷烟,非法经营额为 35.8281 万元;2002 年 8 月 27 日至 2003 年 4 月 27 日,被告人郭某元先后 3 次非法经营烟草专卖品,非法经营额为 15.1873 万元。被告人肖某梅在 2003 年 4 月先后 2 次非法经营烟草专卖品,非法经营额为 9.227 万元。

渭南市中级人民法院经审理认为,郭某元于 2001 年 5 月 11 日将其非法经营的 172 件卷烟,从富平运回渭南时在临渭区大什村被西安市阎良区烟草专卖局查扣,总价值 15.432 万元的事实,此事实已被西安市阎良区烟草专卖局经陕西省烟草专卖局审批,依法作出行政处罚,且合法、正确。在累计计算郭某元非法经营烟草价值数额时,不能将该笔数额再累计计算予以刑事处罚,故此笔不应计入被告人郭某元非法经营数额之内。

陕西省人民检察院抗诉提出：原审法院对郭某元于2001年5月11日非法经营卷烟172件（价值15.432万元）的事实，以已被西安市阎良区烟草专卖局行政处罚、作案数额不能累计计算再作刑事处罚为由不予认定，有违最高人民检察院、公安部2001年4月8日公布的《关于经济犯罪案件追诉标准的规定》第70条和1996年10月1日生效实施的《行政处罚法》第7条、第28条的有关规定，于法无据，是适用法律错误。

陕西省高级人民法院经审理认为：根据我国《行政处罚法》第7条、第28条之规定，法律并未禁止对已经行政处罚过的行为予以刑事处罚，所以对已受过行政处罚的行为再予刑事处罚，不违反一事不再罚的原则；根据最高人民检察院、公安部已于2001年4月8日颁布实施的《关于经济犯罪案件追诉标准的规定》，非法经营5万元就要追究刑事责任；国务院2001年7月9日公布的《行政执法机关移送涉嫌犯罪案件的规定》，对行政机关发现犯罪应移交公安机关处理作了具体规定，但阎良区烟草局仍依据国家烟草专卖局的有关行政法规的规定对郭某元作出行政处罚，显属违法，没有法律效力。故对该笔已经行政处罚的非法经营数额应当计入犯罪数额。综上，陕西省人民检察院的部分抗诉意见正确，予以采纳。

【分歧意见】非法经营罪中的非法经营数额应当如何认定？已经被行政处罚过的非法经营数额应否计入犯罪金额？

【案例讨论】请结合所学知识分析本案应如何处理？

【延伸阅读】1. 田宏杰：《行政优于刑事：行刑衔接的机制构建》，载《人民司法》2010年第1期。

2. 练育强：《行刑衔接视野下的一事不再罚原则反思》，载《政治与法律》2017年第3期。

3. 郑伟、葛立刚：《刑行交叉视野下非法经营法律责任厘定》，载《法律适用》2017年第3期。

4. 张平寿：《刑事司法中的犯罪数额概括化认定研究》，载《政治与法律》2018年第9期。

5. 牛克乾：《关于犯罪数额认定中若干实践问题的理论思考》，载《法律适用》2008年第11期。

6 CASE 关于非法经营罪罪数问题的理解与适用——吴某强、黄某荣等非法经营案

【案情摘要】 被告人吴某强、黄某荣以牟利为目的，在没有依法取得药品生产、销售许可的情况下，于2010年年底合伙生产盐酸曲马多及其他药品，二人约定共同出资，并由且吴某强负责租用生产场地、购买生产设备和原料、联系接单及销售渠道，黄某荣负责调试生产设备、配制药品及日常生产管理。其后，吴某强租用陈某群位于潮安区庵埠镇美乡村美珠路路尾的老屋作为加工场地，并雇佣被告人吴某源从事生产加工，雇佣被告人陈某金帮助运输原料和生产出的药品成品。吴某强还安排吴某源找个体印刷厂印刷了“天龙牌”盐酸曲马多包装盒及说明书。陈某金按照吴名强的指示，多次将加工好的盐酸曲马多药片及包装盒、说明书运送至潮州市潮安区潮汕公路等处交给汪某（另案处理）等人转卖。经查，2010年年底至2011年9月，吴某强共卖给汪某盐酸曲马多65件，汪某通过物流公司将盐酸曲马多等药品转至河北省石家庄市等地销售，公安机关在涉案的医疗器械经营部提取到部分违法销售的“天龙牌”盐酸曲马多。2011年9月15日，公安机关查处了吴某强等的加工场，现场扣押盐酸曲马多药片115.3千克、生产盐酸曲马多的原料1280.25千克及加工设备等。至查处为止，吴某强等生产和销售盐酸曲马多药片等假药，获取违法收入人民币50,750元。

广东省潮州市人民检察院以被告人吴某强犯贩卖、制造毒品罪，被告人黄某荣、吴某源犯制造毒品罪，被告人陈某金犯生产假药罪，向潮州市中级人民法院提起公诉。被告人吴某强、黄某荣、吴某源均辩称不知道所生产的是毒品，不构成贩卖、制造毒品罪。被告人陈某金辩称不知道帮助运输的是假药，不构成生产假药罪。潮州市中级人民法院认为，被告人吴某强、黄某荣、吴某源、陈某金违反药品管理法规，未经许可，合伙非法生产经营国家管制的精神药品盐酸曲马多，情节严重，其行为均已构成非法经营罪，应依法予以惩处。公诉机关指控被告人吴某强、黄某荣、吴某源犯贩卖、制造毒品罪，指控被告人陈某金犯生产假药罪的理由依据不足，不予支持。

【分歧意见】 如何理解非法经营罪与相关犯罪的界限？实施相关犯罪的过

程中,同时存在非法经营行为的,对其罪数问题应当如何适用?

【案例讨论】 请结合所学知识分析本案应如何处理?

【延伸阅读】 1. 张明楷:《法条竞合与想象竞合的区分》,载《法学研究》2016年第1期。

2. 刘艳红:《"法益性的欠缺"与法定犯的出罪——以行政要素的双重限缩解释为路径》,载《比较法研究》2019年第1期。

3. 陈洪兵:《不必严格区分法条竞合与想象竞合——大竞合论之提倡》,载《清华法学》2012年第1期。

4. 王强:《法条竞合特别关系及其处理》,载《法学研究》2012年第1期。

5. 王彦强:《犯罪竞合中的法益同一性判断》,载《法学家》2016年第2期。

7 CASE 关于非法经营行为国家规定发生变化情形的理解与适用——于某龙非法经营案

【案情摘要】 2000年9月15日至2002年9月15日,被告人于某龙承包吉林省桦甸市老金厂金矿东沟二坑坑口,共生产黄金约23,000克。2002年9月21日,于某龙自驾车辆将其承包金矿自产和收购的共46,384克黄金运往吉林省长春市。途中从桦甸市沿吉桦公路行驶至吉林市南出口(红旗)收费站时,被公安人员抓获,涉案黄金全部由吉林市公安局扣押,后出售给中国人民银行吉林市中心分行,总售价为人民币(以下币种同)3,843,054.58元,出售款上缴国库。

审理期间,公安部办公厅就现阶段如何认定非法经营黄金行为向中国人民银行办公厅发函征求意见。2003年9月19日,中国人民银行办公厅对公安部办公厅发出《〈关于对"非法经营黄金行为"现阶段如何认定的函〉的复函》(银办函〔2003〕483号),提出三点意见:"一、中国人民银行发布的《关于调整携带黄金有关规定的通知》(银发〔2002〕320号)不适用于个人。二、国发〔2003〕5号文件后,企业、单位从事黄金收购、黄金制品生产、加工、批发、黄金供应、黄金制品零售业务无须再经中国人民银行的批准。三、《中华人民共和国金银管理条例》与国发〔2003〕5 号文件相冲突的规定自动失效。但在国务院宣布《中华人民共和国金银管理条例》废止前,该条例的其他内容仍然有效。"参照上述复函,吉林市丰满区人民法院认为,被告人于某龙在未获取黄金经营许可证的情况下大量收购、贩卖黄金的行为,构成非法经营罪;国发〔2003〕5 号文件虽然取消黄金收购许可制度,但其他行政法规、部门规章仍对国内黄金市场秩序进行规制;《中华人民共和国金银管理条例》(以下简称《金银管理条例》)在废止前,该条例的其他条款仍然有效,而根据其他条款,对于某龙的行为应当认定为非法经营。2004 年 4 月 29 日,吉林市丰满区人民法院遂依照《刑法》第 225 条第 1 项、第 12 条、第 37 条之规定,认定被告人于某龙犯非法经营罪,但判处免予刑事处罚。

被告人于某龙不服,向吉林市中级人民法院提起上诉。

吉林市中级人民法院经审理认为,一审判决认定的事实清楚,证据确实、充分,但定性不准,适用法律错误。具体理由如下:(1)国发〔2003〕5 号文件发布后,个人经营黄金的行为,不构成非法经营罪。《刑法》第 225 条中的"国家规定",具体到本案,是指《金银管理条例》。《刑法》第 225 条第 1 项中的"许可",具体到本案,是指中国人民银行批准经营黄金的专项许可。国发〔2003〕5 号文件发布后,中国人民银行对黄金的经营许可制度被取消,《金银管理条例》关于黄金由中国人民银行统购统配的规定不再适用,单位或者个人经营黄金无须经由中国人民银行审核批准。因此,国发〔2003〕5 号文件发布后,单位或者个人经营黄金的行为不适用《刑法》第 225 条的规定,不构成非法经营罪。(2)依照《刑法》第 12 条所确定的从旧兼从轻原则,通常情况下应当按照行为发生当时已有的法律对行为进行定性。

但是,如果审判时法律发生了变化,按照变化后新的法律,不认为是犯罪或者处刑较轻的,应当适用新的法律。上诉人于某龙经营黄金的行为发生在 2002 年 8 月至 9 月,即国发〔2003〕5 号文件发布前,按照当时的法律,构成非法经营罪。然而,在一审法院审理期间,国务院发布了国发〔2003〕5 号文件,取消了中国人民银行关于黄金经营许可的规定。按照现行规定,其经营对象不属于"未经许可经营法律、行政法规规定的专营、专卖物品或者其他限制买卖的物品",不构成非法经营罪。依照《刑事诉讼法》(1996 年)第 189 条第 2 项、第 162 条第 2 项,《刑法》第 12 条及《最高人民法院关于执行〈中华人民共和国刑事诉讼法〉若干问题的解释》第 176 条第 3 项之规定,吉林市中级人民法院撤销吉林市丰满区人民法院(2003)丰刑初字第218号刑事判决,改判上诉人于某龙无罪。

【分歧意见】 于某龙从事黄金经营期间,黄金属于"专营专卖物品",行为时属于非法经营行为,但是在审理期间有关规定发生变化,黄金不再属于"专营专卖物品",对此应当如何认定?

【案例讨论】 请结合所学知识分析本案应如何处理?

【延伸阅读】
1. 陈兴良:《投机倒把罪:一个口袋罪的死与生》,载《现代法学》2019年第4期。
2. 刘宪权:《我国刑法中溯及力相关问题探论》,载《政治与法律》2007年第3期。
3. 刘艳红:《论刑法司法解释的时间效力》,载《中国刑事法杂志》2007年第2期。
4. 曲新久:《论从旧兼从轻原则》,载《人民检察》2012年第1期。

第九章　杀伤类犯罪

1 CASE 关于帮助自杀行为的定性分析
——刘某枝提供农药导致丈夫中毒身亡案*

【案情摘要】 刘某枝系被害人秦某明之妻。秦某明因患重病长年卧床，一直由刘某枝扶养和照料。案发前秦某明多次提出想自杀了结生命以解脱病痛。2010年11月8日3时许，刘某枝在其暂住地，不满秦某明病痛叫喊，影响他人休息，与秦某明发生争吵。后刘某枝将存放在暂住地的敌敌畏倒入杯中提供给秦某明，由秦某明自行服下，造成秦某明服毒死亡。法院认为，刘某枝具有法定、酌定从轻处罚情节，但其行为构成故意杀人罪，应依法惩处。

【分歧意见】 对于本案是否构成故意杀人罪，在处理的过程中形成了两种不同意见：

一种意见认为，应该构成故意杀人罪。理由：(1)主观上，刘某枝与患重病长年卧床的丈夫因故发生争吵后，不能正确处理，明知敌敌畏系毒药，仍向秦某明提供。(2)客观上，其将敌敌畏提供给丈夫。(3)秦某明虽是自行服下刘某枝提供的敌敌畏，但客观的提供行为对于秦某明服毒的死亡结果也存在因果力。事发后又不采取任何积极的措施送秦某明到医院救治，放任危害后果的发生，导致秦继明死亡。因此，其行为构成故意杀人罪，应依法惩处。同时，鉴于本案系家庭纠纷引发，刘某枝长年坚持扶养、照料患重病卧床的秦某明，秦某明因不堪忍受病痛折磨，曾多次有轻生念头，且刘某枝将敌敌畏倒人杯中提供给秦某明，由秦某明自行服下，是在双方发生争吵时冲动所为，故刘某枝故意杀人的主观恶性与人身危险性与普通故意杀人存在一定区别。同时，刘某

---

* 案例来源：最高人民法院刑事审判一、二、三、四、五庭编：《刑事审判参考》，法律出版社2012年版，第11页。

校归案后如实供述自己的罪行,且能够认罪、悔罪。因此,构成故意杀人罪,同时给予从轻处罚。

另一种意见认为,不应该构成故意杀人罪。理由:首先,故意杀人罪的客体是"人",指行为人以外的自然人,而行为人自身的自杀行为不成为犯罪,法人也因为不具有生命而不能成为以生命为法益的本罪的客体。其次,正因为自杀行为不属《刑法》上的故意杀人行为,而教唆、帮助自杀行为又具有应罚性和需罚性,部分国家和地区才在《刑法》中设置独立罪名予以规制。既然我国《刑法》未设此类犯罪,教唆或者帮助自杀的行为就应当属于法无明文规定的情形,根据罪刑法定原则,不应以故意杀人罪论处。

【案例讨论】 请结合所学知识分析本案应如何处理?

【延伸阅读】 1. 陈兴良、周光权:《刑法学的现代展开》,中国人民大学出版社2006年版。

2. [日]前田雅英:《刑法总论讲义》,曾文科译,北京大学出版社2017年版。

3. 王钢:《自杀的认定及其相关行为的刑法评价》,载《法学研究》2012年第4期。

4. 周光权:《教唆、帮助自杀行为的定性"法外空间说"的展开》,载《中外法学》2014年第5期。

2 CASE 关于相约自杀未死者的行为处理——夏某仁故意杀人案

【案情摘要】 被告人夏某仁与吴某容系原配夫妻,夫妻关系一直融洽。2004年1月的一天,吴某容在结冰的路上行走时滑倒,致一条腿断折。此后,吴某容陷入伤痛之中,加之面临经济困难,产生自杀念头。被告人夏某仁在劝说吴某容打消轻生念头没有效果之后,在眼前艰难处境的压力下也产生不想活的念头,便与吴某容商量两人一起上吊结束生命。同年5月12日1时许,夏某仁在租住的地下室准备了两张一高一矮的凳子,并准备了绳子,接着先将吴某容扶到矮凳子上,又从矮凳子上扶到高凳子上,让吴某容站立在凳子上,将绳子一端系在吴某容的脖子上,另一端系在地下室的下水管上,然而其将吴某容脚下的凳子拿开,吴某容脚动了几下即窒息而死。过了十几分钟,夏某仁也准备上吊自杀,但想到这样会连累房东,即打消自杀念头,于天明时到公安派出所投案自首。后经法院审理认为,其行为构成故意杀人罪。

【分歧意见】对于本案是否构成故意杀人罪,在处理过程中存在两种观点:

一种观点认为,被害人吴某容已有自杀意图,被告人夏某仁帮助被害人自杀,其主观上明知会出现他人死亡的结果而仍故意为之,客观上其积极主动地帮助被害人吴某容自杀,导致吴某容死亡结果的发生,其行为已构成故意杀人罪。

另一种观点认为,被告人夏某仁与被害人吴某容是相约自杀,被告人夏某仁主观上没有杀人的故意,因此,其行为不够成故意杀人罪。

【案例讨论】请结合所学知识分析本案应如何处理?

【延伸阅读】

1. 陈兴良、周光权:《刑法学的现代展开》,中国人民大学出版社2006年版。
2. 陈兴良:《教唆或者帮助他人自杀行为之定性研究——邵建国案分析》,载《浙江社会科》2004年第6期。
3. 李洁、谭堃:《论教唆、帮助自杀行为的可罚性》,载《政治与法律》2013年第6期。
4. 王志祥、韩雪:《相约自杀中的刑事归责问题研究——以我国首例QQ相约自杀案为切入点》,载《河南警察学院学报》2017年第5期。
5. 钱叶六:《参与自杀的可罚性研究》,载《中国法学》2012年第4期。

3 CASE 关于抚养义务人放任婴幼儿死亡危险的行为处理——乐某故意杀人案*

【案情摘要】被告人乐某,女,1991年12月19日生,无业。乐某系非婚生子女,自幼由其祖父母抚养,16岁左右离家独自生活,有多年吸毒史,曾因吸毒

* 案例来源:最高人民法院刑事审判一、二、三、四、五庭编:《刑事审判参考》,法律出版社2014年版,第85页。

被行政处罚。被害人李梦某、李某系被告女儿。2013 年 4 月 17 日，乐某离家数日，李梦某由于饥饿独自跑出家门，社区干部及邻居发现后将两幼女送往医院救治，后乐某于当日将两女儿接回。2013 年 4 月底的一天下午，乐某将两幼女置于其住所的主卧室内，留下少量食物、饮水，用布条反复缠裹窗户锁扣并用尿不湿夹紧主卧室房门以防止小孩跑出，之后即离家不归。乐某离家后曾多次向当地有关部门索要救助金，领取后即用于在外吸食毒品、玩乐，直至案发仍未曾回家。2013 年 6 月 21 日，社区民警至乐某家探望时，通过锁匠打开房门后发现李梦某、李某已死于主卧室内。经法医鉴定，两被害人无机械性损伤和常见毒物中毒致死的依据，不排除其因脱水、饥饿、疾病等因素衰竭死亡。当日 14 时许，公安机关将乐某抓获归案。经司法鉴定，乐某系精神活性物质（毒品）所致精神障碍，作案时有完全刑事责任能力。依照《刑法》第 232 条，第 14 条第 1 款、第 2 款，第 49 条第 1 款，第 57 条第 1 款之规定，南京市中级人民法院以被告人乐某犯故意杀人罪，判处无期徒刑，剥夺政治权利终身。

【分歧意见】关于本案的定性，对被告人乐某的不作为行为构成何罪，存在四种不同意见：

第一种意见认为，乐某具有杀人的主观故意，其通过不作为放任危害结果的发生，构成故意杀人罪。

第二种意见认为，乐某的行为属于遗弃家庭成员，并造成严重后果，应认定为遗弃罪。

第三种意见认为，被害人系被告人的亲生女儿，被告人并无杀人故意，其少给被害人食物、饮水，造成严重后果，系虐待行为，应构成虐待罪。

第四种意见认为，乐某作为两被害人的生母，虽有抚养义务，但主观上并无杀害被害人的故意，其行为属于过失犯罪，应认定为过失致人死亡罪。

【案例讨论】请结合所学知识分析本案应如何处理？

【延伸阅读】

1. 白建军：《论不作为犯的法定性与相似性》，载《中国法学》2012 年第 2 期。
2. 黎宏：《刑法学总论》，法律出版社 2016 年版。
3. 周光权：《刑法总论》，中国人民大学出版社 2016 年版。
4. 张占军：《论虐待被监护、看护人罪》，载《河北法学》2016 年第 9 期。

4 CASE 关于故意杀人罪与故意伤害罪的界分——隋某某故意杀人案

【案情摘要】被告人隋某某与被害人祝某系同村村民，两家位于沧保公路南的房相邻，共用一伙巷。2020年5月28日6时左右，因祝某用铁锹起伙巷口地上的砖，隋某某与之发生口角。后隋某某从其北院取出尖刀返回伙巷口，持尖刀连捅祝某数刀，造成祝某腹部、腰部等三处刀伤，导致其胃窦部贯通、横结肠全层破裂、肝脏破裂。经河间市公安局物证鉴定室鉴定，祝某的损伤属重伤二级。

【分歧意见】一种观点认为，被告人隋某某因伙巷问题与被害人祝某在伙巷口发生纠纷后，不能冷静处理，从其北院内取出尖刀返回伙巷口，其用刀捅祝某数刀的行为表明被告人能够预见自己的行为可能会导致祝某死亡的后果，却仍然放任结果发生，致祝某重伤二级。被告人隋某某的行为构成故意杀人罪（未遂）。

另一种观点认为，本案被告人隋某某与被害人祝某系邻居，平时没有本质的矛盾，案发当时二人为伙巷问题发生争执，从二人的平时关系、本案的起因、案发时间、地点以及作案工具并非事先准备等方面分析，被告人隋某某没有直接故意杀人的主观故意，其主观上不希望被害人死亡，其行为构成故意伤害。

【案例讨论】请结合所学知识分析本案应如何处理？

【延伸阅读】

1. 王作富主编：《刑法分则实务研究》，中国方正出版社2013年版。
2. 陈兴良：《刑法中的故意及其构造》，载《法治研究》2010年第6期。
3. 孙万怀、李春燕：《故意杀人罪“情节较轻”标准规范化的实证考察》，载《政治与法律》2012年第9期。
4. 季文生、朱士阔：《故意伤害（致死）罪与（间接）故意杀人罪的司法辨析》，载《中国检察官》2012年第10期。

5 CASE 关于过于自信致人死亡与间接故意杀人的区分
——李朝某会等过失致人死亡案

重庆市江北区人民法院(2011)江法刑初字第955号刑事判决书

【案情摘要】 曾某祥聘请了被告人梁某芳、李朝某会做保姆,梁某芳负责照顾被害人曾某浩(曾某祥之子,案发时2岁),李朝某会主要负责家务。2009年1月3日17时,梁某芳到厨房做饭,让李朝某会临时照看曾某浩。李朝某会在照看曾某浩时,曾某浩伸手欲拿一个桂圆(有核)吃,李朝某会顺手将桂圆剥皮后喂给曾某浩,曾某浩吃下桂圆后,痛苦难耐,李朝某会见状,立即告知梁某芳,并问梁某芳桂圆是否有核,梁某芳告诉李朝某会桂圆有核,李朝某会惊慌失措。二人见曾某浩脸色不对,立即将曾某浩送往小区附近的药房求助。在去药房的途中,李朝某会害怕承担责任,遂提议让梁某芳一起隐瞒小孩被带核桂圆卡住咽喉的真相,梁某芳听后默然不答。曾某浩被带到药房后,药房工作人员帮助拨打了"120"急救电话。等候过程中,药房工作人员和周围群众询问曾某浩病因,李朝某会、梁某芳隐瞒了曾某浩被带核桂圆卡住咽喉的事实。梁某芳随后返回曾某浩家中查找曾某浩父母电话,李朝某会陪同"120"急救人员送曾某浩前往医院,"120"急救医护人员向李朝某会询问曾某浩是否吃过什么东西时,李朝某会继续隐瞒曾某浩被带核桂圆卡住咽喉的事实。医护人员遂采取了心肺复苏术、面部给氧等急救措施,并将曾某浩立即送往医院。医院对曾某浩实施了3小时急救,期间多次询问李朝某会,儿童可曾吃过什么东西,李朝某会均回答没有。直至21时,医生发现曾某浩咽喉中有异物,将其取出,22时30分,曾某浩因异物吸入、窒息、脑疝、多器官功能衰竭,经抢救无效死亡。

【分歧意见】 关于本案的定性,存在两种意见:

一种意见认为,李朝某会为犯罪故意。李朝某会向曾某浩喂食带核的桂圆,导致曾某浩被桂圆核卡住咽喉,因此,李朝某会负有尽全力对曾某浩进行救助的义务,如果李朝某会尽全力施救后仍然造成曾某浩救助无效导致死亡的后果,则可以考虑曾某浩之死为意外事件。而事实上,李朝某会在药店工作人员和医护人员的多次询问之下,隐瞒曾某浩被桂圆核卡住咽喉的真实情况,甚至于在医院救护过程中,曾某浩被卡3个小时以后,李朝某会仍然予以隐瞒。正常人在正常情况下,均可预料到两岁小孩被卡3个小时可能会有生命危险,李朝某会也应对此有所预料,而其一再予以隐瞒的行为,是对曾某浩生命的漠视,也是曾某浩最终死亡的最直接原因。因此,应当认定李朝某会对曾某浩之死持放任态度,无论曾某浩最终结果如何,李朝某会都漠不关心,故应当以李朝某会间接故意杀人罪判处刑罚。

梁某芳属于主观故意。梁某芳工作的主要职责就是照顾曾某浩,在照顾曾某浩的过程中,擅离职守,将曾某浩交给其他人照顾已属过错。在发现李朝某会给曾某浩食用桂圆被卡咽喉后,基于其工作职责,梁某芳应当积极对曾某浩施救方能避免出现重大过错。而实际上,她在听到李朝某会隐瞒真相的意见后默不作声,以默示的方法表示对李朝某会的意见的肯定;在药店被药店工作人员询问时,梁某芳和李朝某会一起隐瞒曾某浩被桂圆核卡住咽喉的真相。因此,梁某芳和李朝某会一样,对曾某浩之死持放任态度,亦应当以故意杀人罪判处刑罚。

另一种意见认为,二人构成过失致人死亡罪。第一,从认识因素上看,二被告人对曾某浩的死亡持排斥、反对态度。从二人在庭审过程中的陈述来看,二人一直向医生隐瞒曾某浩被桂圆核卡住咽喉的目的是想减轻个人责任,避免受到曾某浩家人的责难,而绝非追求或者放任曾某浩死亡的后果。第二,从行为上看,二被告人采取了比较积极的措施对曾某浩施救。比如将曾某浩带到药店向药店工作人员寻求帮助,李朝某会陪同曾某浩到医院协助医生救助,虽然二被告人隐瞒曾某浩被桂圆核卡住咽喉是导致曾某浩最终死亡的直接原因,但也不能完全忽视二被告人对曾某浩的施救行为。第三,从结果上看,二人在主观上仅可能认识到曾某浩的死亡后果,而非确信。与间接故意的明知可能发生危害后果不同,本案二被告人基于对医院和医生的信任,认为曾某浩发生死亡后果的可能性不大,也一直相信医生能够将桂圆核拿出,并将成功救治被害人。因此,不能认定二被告人放任曾某浩死亡的后果,而仅仅是对客观情况的估计过于自信,未充分认识到行为的危害性。

【案例讨论】 请结合所学知识分析本案应如何处理?

【延伸阅读】 1. 陈磊:《犯罪故意的古今流变——兼评方法论意义上故意与过失的界分》,载《环球法律评论》2014年第4期。

2. 刘艳红:《间接故意犯罪的认定》,载《武汉大学学报(社会科学版)》2003年第6期。

3. 焦阳:《刑法中的间接故意研究》,中国政法大学出版社 2019 年版。

4. 满涛:《界分间接故意与过于自信过失的合理方案》,载《中国检察官》2016 年第 8 期。

6 CASE 关于故意伤害致死、过失致人死亡、意外事件的界分——杨某伤人致死案

甘肃省庆阳市中级人民法院(2014)庆中刑终字第 167 号刑事判决书

【案情摘要】 2012 年 10 月 26 日 15 时许,西峰区董志镇周岭村李堡组联系的拉土车辆经过该组村民李某家承包地时,李某因车辆碾压承包地拦挡车辆通行,该组村民李某便打电话告知该组组长杨某。杨某到现场即与李某协商车辆通行,双方发生争吵,相互厮打,李某用拳头在杨某身上击打,杨某持钢卷尺向李某身上抡去,二人厮打中致杨某倒地,李某骑在杨身上两人继续厮打,被李怀某等人劝开。李某起身后边骂边朝其家门前停放的翻斗车走去,中途突然倒地,经"120"急救中心医生抢救无效当场死亡。

【分歧意见】 对本案的处理,出现了以下三种不同意见:

第一种意见认为,构成故意伤害罪(致死)。杨某与李某发生争执后相互厮打,导致李某心脏病发作而死亡,被告人杨某故意伤害他人身体,致一人死亡,其行为已触犯《刑法》第 234 条第 2 款之规定,应当以故意伤害罪追究其刑事责任。

第二种意见认为,该案属于意外事件。李某死亡的原因是冠心病急性发作,与杨某的行为并没有直接的因果关系,二人相互厮打的行为并不能直接导致李某的死亡结果,其主观上也没有将其殴打致死的故意,李某突发冠心病是意外事件。

第三种意见认为,杨某的行为构成过失致人死亡罪,杨某与李某相互厮打的行为具有诱发李某心脏病发的高度可能性,主观上具有伤害他人身体的故意,但是由于主观上的疏忽大意对于死亡结果存在一定的过失,构成过失致人死亡罪。

【案例讨论】 请结合所学知识分析本案应如何处理?

【延伸阅读】1. 韩啸:《意外事件与过失之分——试析穆志祥被控过失致人死亡案》,载《中国刑事法杂志》2010 年第 12 期。

2. 黄祥青:《轻微暴力致人死亡案件定性研究》,载《法律适用》2016 年第 3 期。

3. 储陈城:《意外事件的阶层化判断》,载《刑事法评论》2017 年第 1 期。

7 CASE 关于故意伤害罪、过失致人死亡罪的界分——张某过失致人死亡案

黑龙江省双鸭山中级人民法院(2013)双刑终字第 5 号刑事判决书

【案情摘要】2011 年 5 月 28 日 17 时 30 分许,被告人张某在友谊县东建乡水韵居小区工地驾驶农用四轮水罐车欲回工地住处,当行至该小区的第二花坛拐弯处时,与被告人张某一起打工负责水泥路面浇水养生的被害人李某阳过来双手抓住该车的驾驶室门框,一只脚踏上驾驶室的脚踏板要上车一起回工地住处,张某用左手将李某阳从车上推下,李某阳被推下车后摔倒,被张某驾驶的四轮车从身上轧过受伤。李某阳受伤后在友谊县四分场医院打消炎针治疗,后于 2011 年 6 月 10 日人绥化市第一医院、哈尔滨医科大学附属第二医院、绥化市人民医院住院治疗,诊断为闭合性胸外伤、左侧多发肋骨骨折、左侧血气胸、左肩部及上肢外伤。同年 9 月 10 日在家中死亡。经鉴定,李某阳生前胸部受外力作用致左侧多发肋骨骨折,左侧血气胸,胸部创伤后肺炎、胸膜炎继发肺气肿、肺心病死亡;李某阳的损伤符合现场四轮车碾压形成。

【分歧意见】本案在审理过程中,对于张某的行为如何定性,有两种不同意见:

一种意见认为,张某的行为构成故意伤害(致死)罪。理由是:故意伤害致人死亡可以表现为复杂的罪过形式,即伤害他人的故意和致人死亡的过失两种罪过形式的叠加。张某在对被害人掌推时,其主观上完全能够认识,李某阳毕竟年近六旬,张某应当预见自己的行为可能导致李某阳摔倒而发生危害结果,但仍故意实施了掌推的伤害行为。张某实施故意伤害行为在先,并由此直接导致李某阳摔倒后被四轮车从身上轧过致左侧多发肋骨骨折,并产生死亡结果。张某的故意伤害行为与被害人的死亡结果之间具有刑法上的

间接因果关系。张某在实施故意伤害行为时，主观上虽不希望或者放任被害人死亡结果的发生，但对被害人的死亡却具备应当预见而没有预见的过失心理态度。张某的行为符合故意伤害(致死)罪的构成要件，应以故意伤害(致死)罪追究其刑事责任。

另一种意见认为，张某的行为不构成故意伤害(致死)罪，而应构成过失致人死亡罪。张某掌推李某阳，目的是不想让李某阳违章搭车，当时车速缓慢，正常情况下不会造成伤害或死亡的后果，但李某阳毕竟年近六旬，张某应当预见自己的行为可能导致李某阳摔倒而发生危害结果，因为疏忽大意而没有预见，以致发生危害结果。二人系工友关系，没有积怨，案发当时亦未发生冲突，张某没有伤害李某阳的现实动因，其既不希望发生李某阳身体受伤的后果，更不希望发生李某阳死亡的后果，因此，张某的行为符合疏忽大意的过失致人死亡罪的犯罪构成要件。

【案例讨论】 请结合所学知识分析本案应如何处理？

【延伸阅读】

1. 王旭升：《关于殴打体质特异人死亡案件的定罪反思》，载《中国检察官》2018 年第 16 期。
2. 黄青、吴友海：《故意伤害致死与过失致人死亡的界定》，载《中国检察官》2014 年第 6 期。
3. 杨阳、林希、赵晶：《从“醉拳案”看故意伤害致人死亡和过失致人死亡的界定》，载《中国检察官》2006 年第 11 期。
4. 李富强：《是意外事件、过失致人死亡，还是故意伤害(致死)》，载《检察实践》2005 年第 3 期。
5. 刘旭阳：《故意伤害罪(致人死亡)与过失致人死亡罪的区分——崔某某故意伤害案评析》，载《山东法官培训学院学报》2020 年第 4 期。

8 CASE 关于不作为的故意伤害罪之认定
——陈某开故意追打他人致其溺水死亡案

江苏省无锡市中级人民法院(2009)锡刑终字第 22 号刑事判决书

【案情摘要】 2008 年 3 月 25 日 22 时许，被告人陈某开与其女友扈某梅及朋友李某等人在无锡市锡山区锡通停车场附近吃夜宵。后扈某梅先行离开，遇到黄某、付某江等人，便在路旁闲聊。此时，被告人陈某开酒后与相某江（摩的司机）寻找扈某梅路过此地，见此情形，即上前与黄某、付某江发生口角并扭打。在场群众逐渐增多，其中亦有人报警。黄某、付某江二人见状即跨过312国道中心护栏向南一块荒地逃跑。被告人陈某开感到自己吃亏，便在后面紧追。闻讯而来的李某与相某江、扈某梅等人也跟随其后。黄某、付某江逃至东北塘镇严埭河边，先后跳入河中，后因体力不支等原因大呼“救命”。被告人陈某开得知二人跳入河中并听见“救命”的求救声，但未采取任何救助措施，也未告知随后到场的民警。次日16时许和18时许，黄某、付某江的尸体从河中被打捞上岸。经无锡市公安局法医鉴定：黄某、付某江二人系生前溺水死亡。

【分歧意见】 针对本案的处理，形成了两种不同意见：

一种意见认为，被告人陈某开与被害人黄某、付某江发生扭打行为并随后追赶，被害人逃跑时自己跳入水中淹死，被告人的行为与被害人的死亡结果之间并无直接的因果关系，被告人追逐的行为不能构成先行行为。

另一种意见认为，虽然被害人是自己跳入河中，但这是在被告人陈某开追赶的过程中发生的，是为了躲避来自他人的伤害行为而进行的自救行为，被告人陈某开的追打行为与被害人的死亡结果之间存在因果关系。在被害人落水后，被告人既未实施救助，也未告知随后到场的民警，而是放任被害人溺水死亡，其主观上对被害人死亡后果持放任态度，系间接伤害故意；客观上未履行其因先行行为而产生的避免或排除危害结果发生的特定义务，其行为属于不作为犯罪，构成故意伤害致人死亡罪。

【案例讨论】 请结合所学知识分析本案应如何处理？

【延伸阅读】 1. 张明楷：《不作为犯中的先前行为》，载《法学研究》2011年第6期。

2. 陈兴良：《不作为犯论的生成》，载《中外法学》2012年第4期。

3. 温登平：《以不作为参与他人的法益侵害行为的性质——兼及不作为的正犯与帮助犯的区分》，载《法学家》2016年第4期。

9 CASE 关于聚众斗殴致人死亡的定性
——张某故意伤害案*

【案情摘要】 2006 年 9 月 20 日 22 时许，在湖北省武汉市打工的莫某到该市高雄路 92 号程某开的发廊做保健时，因琐事与服务员发生争执，遭程某、祝某、丁某的殴打后离开。程某邀李某等三人携带三把砍刀前来，并与被告人张某和祝某、丁某及张某福守候在发廊以防对方报复。次日 2 时许，程某让李某等三人回去休息。与此同时，莫某将被打之事告知被害人王某并请王出面为其讨要医药费。4 时许，王某纠集十余人和莫某乘出租车来到该发廊，程某见状再次打李某电话，李便将该情况告知高某强，同时带领三人携砍刀一同乘坐高驾驶的轿车赶到发廊。见到王某等人后，李某等三人持砍刀下车追砍，程某、张某、祝某、丁某及张某福等人也上前追打，在此过程中，张某持匕首捅刺王某的左腿腘等处，其他人连砍王某背部等处数刀，后均逃离现场。王某因腘动脉、腘静脉破裂，致急性失血性休克而死亡。

【分歧意见】 关于本案聚众斗殴致人死亡的定性，有三种不同意见：

第一种意见认为，《刑法》第 292 条第 2 款规定，只要发生了死亡后果，就应当认定为故意杀人罪，而不论行为人对该死亡结果是否有杀人故意。张某的行为造成被害人死亡，应认定为故意杀人罪。

第二种意见认为，《刑法》第 292 条第 2 款并非不要求行为人有杀人故意或者伤害故意，只要是由于聚众斗殴所具有的暴力性使行为人对重伤结果或者死亡结果的发生均有概括性认识。因此，综合本案的情况，应该认定为故意杀人罪。

第三种意见认为，聚众斗殴中出现重伤或者死亡后果的，应当依照《刑法》规定的故意伤害罪或者故意杀人罪的具体构成要件定罪处罚。本案中，张某具有明显的伤害故意，虽致人死亡，仍应认定为故意伤害罪。

【案例讨论】 请结合所学知识分析本案应如何处理？

---

* 案件来源：最高人民法院刑事审判一、二、三、四、五庭编：《刑事审判参考》，法律出版社 2014 年版，第 32 页。

【延伸阅读】1. 孙国祥、魏昌东:《试析聚众斗殴罪中的转化犯》,载《法学》2002 年第 11 期。

2. 刘之雄:《法律推定的故意伤害罪、故意杀人罪研究——以聚众斗殴致人重伤、死亡为焦点》,载《法学家》2018 年第 1 期。

3. 张菁:《聚众斗殴罪的司法认定》,载《法学》2006 年第 3 期。

4. 杜文俊:《聚众斗殴罪的成立及司法适用再探讨——兼评该罪的废除论》,载《政治与法律》2012 年第 5 期。

10 CASE 关于特殊环境下致人死亡的主观罪过认定——季某兵过失致人死亡案*

【案情摘要】被告人季某兵,男,1974 年 11 月 28 日出生于江苏省海门市,汉族,初中文化,原系上海汇津装饰工程有限公司油漆工。2007 年 6 月 30 日 17 时 20 分许,季某兵到上海市宝山区塘祁路 101 号上海汇津装饰工程有限公司锅炉房门口打开水,因故与汪某龙发生争执,继而相互推搡扭打。其间,季某兵拎起放于锅炉房边上的一个油漆桶甩向汪某龙,致盛放桶内的香蕉水泼洒在汪某龙身上,香蕉水随即起火燃烧,汪某龙和季某兵均被烧着。嗣后,两人被送往医院救治,汪某龙因高温热作用致休克而死亡。

【分歧意见】对本案应如何定性,在处理过程中形成了三种不同意见:

第一种意见认为,应按故意伤害罪处理。理由:被告人季某兵的行为属间接故意的伤害行为。被告人明知桶内有香蕉水,且香蕉水溢出可能导致燃烧的结果,仍将桶扔向被害人,主观心态上放任结果的发生。故应承担故意伤害致人死亡的法律责任。

第二种意见认为,应按过失致人死亡罪处理。理由:被告人季某兵的行为属疏忽大意的过失行为。被告人虽然看到盛有香蕉水的桶盖密封,但应该预见到将桶扔向被害人、用桶殴打他人的行为可能导致香蕉水溢出而发生燃烧的结果,但行为人却没有预见到,属于疏忽大意的过失。故应按过失致人

* 案例来源:最高人民法院刑事审判一、二、三、四、五庭编:《刑事审判参考》,法律出版社 2014 年版,第 29 页。

死亡罪定罪处罚。

第三种意见认为,不构成犯罪。理由:被告人季某兵的行为属于意外事件,被告人对香蕉水溢出可能导致燃烧的结果不具有预见义务。被告人不构成犯罪,不承担刑事责任。

【案例讨论】 请结合所学知识分析本案应如何处理?

【延伸阅读】

1. 陈兴良:《刑法分则规定之明知:以表现犯为解释进路》,载《法学家》2013 年第 3 期。

2. 周光权:《论主要罪过》,载《现代法学》2007 年第 2 期。

3. 王新:《我国刑法中“明知”的含义和认定——基于刑事立法和司法解释的分析》,载《法制与社会发展》2013 年第 1 期。

4. [日]小野清一郎:《犯罪构成要件理论》,王泰译,中国人民公安大学出版社 2004 年版。

5. 陈开琦:《我国犯罪故意中的“明知”新探》,载《社会科学研究》2011 年第 6 期。

第十章　性犯罪

1 CASE 关于婚内强行发生性关系行为的定性
——孙某军强奸案

上海市浦东新区人民法院(2011)浦刑初字第685号刑事判决书

【案情摘要】 2006年10月,被告人孙某军经人介绍与被害人金某某相识,2008年9月24日双方登记结婚。在领取结婚证书的当晚,被告人孙某军提出要与被害人金某某发生性关系,遭到金某某的拒绝。之后,双方从未共同生活,财产也各归自己所有。

2010年3月被害人金某某向上海市浦东新区人民法院起诉离婚。同年5月18日,上海市浦东新区人民法院认为双方感情尚未达到破裂程度,驳回金某某要求与被告人孙某军离婚之诉,双方均未上诉(被害人原拟过6个月再起诉离婚),判决于2010年6月9日生效。

2010年6月14日13时许,被告人孙某军至上海市浦东新区新金桥路2077号上海京瓷电子有限公司被害人金某某工作单位门口,强行将金某某拉上出租车,带至上海市浦东新区孙某军的暂住处,采用言语威胁、殴打等手段,强行与被害人金某某发生性关系。2010年6月15日凌晨,公安机关接群众报警后至现场将被害人金某某解救,同时将被告人孙某军抓获。

2010年6月21日,被害人金某某再次向上海市浦东新区人民法院起诉要求与被告人孙某军离婚。同年7月28日,上海市浦东新区人民法院作出准予金某某与被告孙某军离婚的判决。

【分歧意见】 本案的争议焦点是对被告人孙某军的行为如何定性。在审理过程中,存在三种不同意见。

第一种意见认为,被告人孙某军不构成犯罪。理由:婚姻关系存续期间,不应有"奸"的存在。合法的婚姻关系之中,夫妻有特定的人身、财产权利,夫妻之间具有同居的权利和义务。本案中,被告人孙某军与被害人金某某是合法夫妻,因此被告人的行为不构成强奸罪。

第二种意见认为,被告人孙某军不构成犯罪。理由:婚内强奸行为只在特定的情形下成立强奸罪,即只有在丈夫强奸妻子的行为发生在离婚诉讼期间,判决尚未生效,婚姻关系处于不稳定状态,丈夫的强奸行为才构成强奸罪。本案中,被告人孙某军与被害人金某某是合法夫妻,在第一次起诉离婚后,法院判决不准予离婚,且双方没有上诉,判决已经生效。孙某军与被害人金某某恢复到正常的婚姻关系状态,被告人有权与被害人发生性关系,不构成强奸罪。

第三种意见认为,被告人孙某军构成强奸罪。理由:从结婚目的、婚后财产归属和居住状况、婚后感情、女方态度看,被告人与被害人之间的婚姻关系有名无实。即使双方属于合法的婚姻关系,也因其仅有婚姻的形式要件,而无婚姻的实质要件,一纸结婚证书不应成为阻碍被告人成立强奸罪的当然理由。此种婚姻状况下,被告人孙某军违背妇女意志,采用暴力、威胁手段强行与妇女发生性关系,其行为已触犯《刑法》第236条之规定,符合强奸罪的犯罪构成要件,应当认定为强奸罪。

【案例讨论】 请结合所学知识分析本案应如何处理?

【延伸阅读】 1. 陈兴良:《婚内强奸犯罪化:能与不能——一种法解释学的分析》,载《法学》2006年第2期。

2. 梁健:《强奸罪比较研究》,中国人民公安大学出版社2010年版。

3. 李立众:《婚内强奸应构成强奸罪——王卫明婚内强奸案评析》,载《云南大学学报(法学版)》2001年第7期。

4. 杨德寿:《婚内强迫性行为的法律责任论——由王卫明强迫妻子性交被判强强奸罪说起》,载《中国刑事法杂志》2001年第5期。

2 CASE 关于轮奸情节的认定——陈某某等强奸案

广东省广州市中级人民法院(2011)穗中法刑一终字第48号刑事裁定书

【案情摘要】 2010年6月5日21时许,被告人陈某某、黄某某驾驶一辆面包车去广州市荔湾区某饭店吃饭，将该饭店员工被害人蒙某某带至佛山市南海区大排档吃夜宵。次日3时许，被告人陈某某、黄某某驾驶面包车将被害人蒙某某强行带至广州市荔湾区海南村南丫一队江边，被告人陈某某在面包车上要求被害人蒙某某与其发生性关系，遭到蒙某某拒绝后其即对蒙某某进行恐吓和殴打，之后被告人黄某某在面包车上强行与被害人蒙某某发生了性关系。后经法院审理，陈某某与黄某某均已构成强奸罪，且均已构成轮奸。

【分歧意见】 对本案应如何定性，在处理过程中形成了两种不同意见：

一种意见认为，轮奸要求有二人以上实际上实施了奸淫才能构成，一人实施了奸淫，另一人未能实施奸淫的不构成轮奸情节，只能按强奸罪的基本犯处理。该种意见认为，应当以最终侵犯法益的结果作为刑法评价的最终标准，从被害人遭受侵害的角度，认为轮奸的成立必须以二人均对被害人的性自主决定权造成实质侵害，否则便不能认定为轮奸。

另一种意见认为，只要各共犯人均有轮奸的故意与客观上实施奸淫的行为，实施了奸淫的认定为轮奸的既遂，未能实施奸淫的认定为轮奸的中止或未遂。该种意见认为，应当以行为的社会危害性作为刑法评价的优先考虑因素，从二人行为的社会危害性的角度出发，认为轮奸的成立需要综合考量行为人的主观心态、行为及结果，即将主观要素与客观要素相结合。

【案例讨论】 请结合所学知识分析本案应如何处理？

【延伸阅读】

1. 陈洪兵：《“二人以上轮奸”的认定》，载《海南大学学报（人文社会科学版）》2012年第6期。
2. 董敏、阮凤权：《轮流强奸中即使一人未得逞亦构成轮奸》，载《人民司法（案例）》2017年第29期。
3. 王星光：《轮奸情节与既未遂的判定探究》，载《法律适用（司法案例）》2017年第8期。

3 CASE 关于奸淫幼女案“应当知道”的判断——何某强奸案*

【案情摘要】 被告人何某,男,1993年9月13日生,无业。2012年2月中旬,何某通过网络登录其堂妹的QQ号,结识被害人徐某(女,1998年4月5日出生)。何某分别于同年3月3日、4日在家中、宾馆与徐某发生性关系。同月5日,何某在明知徐某不满14周岁后,仍与徐某再次发生性关系。

2012年3月21日何某涉嫌强奸罪被逮捕。X区法院认为,被告人何某明知被害人系幼女,仍与其发生性关系,其行为构成强奸罪。公诉机关指控的罪名成立。但公诉机关指控何某第一次、第二次与被害人发生性关系时已明知被害人系幼女的证据不足,对该部分指控事实不予认定。一审宣判后,检察机关提出抗诉,C市中级人民法院裁定驳回抗诉,维持原判。

【分歧意见】 对本案应如何定性,在处理过程中形成了两种不同意见:

一种意见认为,被告人何某是在第二次发生性关系后才知道被害人不满14周岁,对于前两次发生性关系不明知被害人不满14周岁,所以只能认定第三次为强奸。

另一种意见认为,从堂妹的年龄,与被害人认识的途径以及被害人QQ上的个人资料可以看出,被告人何某对三次发生性关系均知道或应当知道被害人不满14周岁,所以应当认定为强奸三次。

【案例讨论】 请结合所学知识分析本案应如何处理?

【延伸阅读】

1. 龙宗智:《推定的界限及适用》,载《法学研究》2008年第1期。
2. 刘宪权:《性侵幼女构成强奸仍应以“明知”为前提》,载《青少年犯罪问题》2014年第1期。
3. 陈伟:《“严格责任”抑或“推定责任”——性侵未满12周岁幼女的责任类型辨识》,载《法学家》2014年第2期。
4. 胡东飞:《〈刑法〉第236条第2款的构造——奸淫幼女“明知”问题的另一种解读》,载《刑法论丛》2016年第1期。

---

* 案例来源:最高人民法院刑事审判一、二、三、四、五庭编:《刑事审判参考》,法律出版社2014年版,第1页。

4 CASE 关于强奸共同犯罪的认定
——卓某成等强奸案*

【案情摘要】 被告人卓某成，男，1977年生，无业。2001年8月6日因犯故意伤害罪被判处有期徒刑5年，2005年9月10日刑满释放。2010年1月14日因涉嫌犯强奸罪被刑事拘留，同年2月11日因涉嫌嫖宿幼女罪被逮捕。被告人周某，男，1991年6月23日生，无业。被告人钱某，男，1990年12月2日生，无业。

2009年4月初的一天中午，因卓某成要找女孩陪睡，周某联系范某（未满14岁，未追究刑事责任）帮助物色。在建阳市某中学门口，范某将初二女学生被害人黄某（时年13岁）强行带走。周某、钱某、范某将黄某带到建阳花园酒店内，在房间门口威胁黄某陪卓某成睡觉。黄某不从，范某遂殴打黄某，与周某一起强行将黄某拉进房间。因黄某不配合，卓某成走出房间责备周某等人。范某又进入房内卫生间威胁、殴打黄某，黄某被迫与卓某成发生了性关系。事后卓某成付给周某现金700元。

数日后，卓某成又要周某等人帮其找女孩陪睡。2009年4月的一天下午，在建阳市华荣金座公交站，钱某、周某与范某强行将女学生被害人陈某（时年16岁）带到建阳花园酒店内，威胁陈某，要陈某陪卓某成睡觉。陈某不从，范某、钱某、周某便殴打、威胁陈某，陈某只好同意。范某将陈某带入卓某成的房间后与周某等人守在门口，陈某被迫与卓某成发生了性关系。事后，卓某成付给周某现金600元。十几天后，钱某应卓某成要求，再次要陈某陪卓某成睡觉。陈某不从，钱某遂言语威胁，迫使陈某到建阳花园酒店房内与卓某成发生了性关系。事后卓某成付给钱某现金300元。

2010年1月7日下午，卓某成又要周某找女孩与其发生性关系。周某便与陈某玲（未满14岁，未追究刑事责任）到建阳某中学初二年级，将站在教室门口的女学生被害人刘某1（时年13岁）强行带到建阳花园酒店进行恐吓，又按卓某成要求把刘某1带到建阳华荣金座大厅，卓某成看后表示满意。周

---

* 案例来源：最高人民法院刑事审判第一、二、三、四、五庭编：《刑事审判参考》总第98集，法律出版社2014年版，第7页。

某遂威胁刘某1与卓某成发生性关系。回到花园酒店后,刘某1被迫到卓某成开的815房,卓某成亲吻、抚摸刘某1,且双方性器官有接触。事后卓某成付给周某现金700元,周某分给陈某玲100元。之后,周某、陈某玲又将刘某1带至建阳朝晖宾馆,周某强行与刘某1发生了性关系。

【分歧意见】 对本案应如何定性,在处理过程中形成了两种不同意见:

一种意见认为,卓某成、周某强奸妇女、奸淫幼女三人四次,钱某强奸妇女、奸淫幼女二人三次,三人均构成强奸罪。周某、钱某等人为获取卓某成的好处费,先后以暴力、胁迫或其他手段,违背他人的意志,强行使被害人黄某、陈某、刘某1与卓某成发生性关系,周某、钱某在共同犯罪中均系强奸罪主犯。同时,卓某成明知被害人只是表面"同意"与其发生性关系,也应认定为违背他人的意志。三人均成立强奸罪。

另一种意见认为,卓某成、周某、钱某强奸妇女、奸淫幼女二人三次,构成强奸罪。理由是卓某成不知道被害人刘某1是幼女,此次行为不构成强奸罪。

【案例讨论】 请结合所学知识分析本案应如何处理?

【延伸阅读】

1. 陈兴良:《奸淫幼女构成犯罪应以明知为前提——为一个司法解释辩护》,载《法律科学》2003年第6期。
2. 周光权:《明知与刑事推定》,载《现代法学》2009年第2期。
3. 刘刚:《强奸共同犯罪中定罪量刑的分歧及其消除——兼谈"一元共犯制"与"二元共犯制"的实质差异》,载《政治与法律》2009年第2期。

5 CASE 关于与未达刑事责任年龄者轮流奸淫同一幼女行为的定性——李某强奸案*

【案情摘要】 被告人李某,男,1985年7月4日出生,汉族,初中文化,无业。因涉嫌犯奸淫幼女罪,于2000年11月28日被逮捕。法定代理人黄某珍,系被告人李某之母。2000年7月某日中午,被告人李某伙同未成年人申某某

* 案例来源:最高人民法院刑事审判第一、二、三、四、五庭编:《刑事审判参考》,法律出版社2014年版,第27页。

(1986年11月9日出生,时龄13周岁)将幼女王某(1992年5月21日出生)领到香坊区幸福乡东柞村村民张松岭家的玉米地里,先后对王某实施轮流奸淫。2000年11月2日,因被害人亲属报案,李某被抓获。

【分歧意见】 对本案应如何定性,在处理过程中形成了两种不同意见:

一种意见认为,李某的行为不属于"轮奸",不能适用《刑法》第236条第3款第(四)项的规定进行处罚。理由:"轮奸"属于共同犯罪中共同实行犯。既然是共同犯罪,那么,就必须具有两个以上犯罪主体基于共同犯罪故意实施了共同犯罪行为这一要件。由于本案的另一行为人不满14周岁被排除在犯罪主体之外,也不存在所谓的犯罪故意,故不能将本案认定为共同犯罪,因而也就不能认定为轮奸(简称轮奸共同犯罪说)。

另一种意见认为,李某的行为属于"轮奸"。理由:《刑法》规定的"轮奸"只是强奸罪的一个具体的量刑情节。认定轮奸,只要看行为人具有伙同他人在同一段时间内,对同一妇女或幼女,先后连续、轮流地实施了奸淫行为即可,并不要求各行为人之间必须构成强奸共同犯罪。换言之,认定是否属于"轮奸",不应以二人以上的行为是否构成共同强奸犯罪为必要,而是看是否具有共同的奸淫行为(简称轮奸共同行为说)。

【案例讨论】 请结合所学知识分析本案应如何处理?

【延伸阅读】

1. 陈洪兵:《"二人以上轮奸"的认定》,载《海南大学学报(人文社会科学版)》2012年第6期。
2. 李红芳:《共同强奸犯罪中一人未遂能否认定为轮奸》,载《中国检察官》2011年第20期。
3. 赵俊甫:《刑法修正背景下性侵儿童犯罪的司法规制:理念、技艺与制度适用》,载《政治与法律》2021年第6期。

6 CASE 关于轮奸案既、未遂认定
——戴某钢等强奸案

浙江省绍兴市中级人民法院(2016)浙06刑终828号刑事判决书

【案情摘要】 2016年6月13日2时许,被告人戴某钢在与吴某某(女,未成年人)QQ聊天时,获悉吴某某因与其男朋友闹矛盾而情绪低落,遂以送夜宵

为由赶至浙江省嵊州市剡湖街道新天地客房部吴某某住宿的房间，见吴某某处于醉酒状态，即与吴某某发生了性关系。随后被告人戴某钢又纠集被告人戴某洋、操某波到房间，先后与仍处醉酒状态的吴某某发生性关系，其中被告人操某波因自身原因未得逞。

【分歧意见】本案按“强奸罪”定性没有争议，但是对“轮奸”犯罪中一人奸淫未得逞的，能否认定为轮奸未遂？在处理过程中形成了如下两种不同意见：

一种意见认为，轮奸为法律所规定的强奸罪的加重处罚情节之一，本身不存在既未遂问题，即使一人未得逞，也应认定为轮奸。理由：(1)从规范角度分析，轮奸是指两名以上男子有轮奸的共同故意，轮流对同一女子实施奸淫行为。强奸是否既遂是犯罪停止形态的问题，并不影响行为性质的认定。行为人在强奸故意支配下实施强奸行为，由于意志以外原因未得逞的，仍应肯定其行为系强奸行为，只是未完成而已。(2)就法益侵害角度而言，轮奸之所以系强奸罪的法定刑升格要件，是因为轮奸行为不仅严重侵害受害者的性自主决定权，而且这种行为无视被害人的基本尊严和自由，表明行为人无视正常社会伦理秩序，藐视法益，人身危险性极大。行为人基于轮奸故意，轮流对同一女子实施强奸，虽然一人未得逞，但行为已经充分表明行为人的主观恶性和人身危险性。在轮奸故意支配下实施的强奸行为的社会危害性要远远大于强制猥亵行为的社会危害性，因此，不能认为未得逞的强奸行为充其量只是强制猥亵行为。(3)从预防犯罪视角分析，刑法通过法定刑的设置、适用，对潜在行为人予以警示，从而保护法益。立法者将轮奸法定刑规定在10年有期徒刑以上刑罚，其目的在于对女性性自由予以特殊保护，威慑潜在犯罪人实施轮奸行为。如果认为轮奸要求两名以上男子均要既遂的话，则刑罚设置轮奸如此高的法定刑的目的就会落空，不利于预防犯罪。(4)从司法实践来看，2003年11月12日发布的浙江省中级法院刑庭庭长会议暨刑事审判信息联络员例会情况综述中关于轮奸情节的认定问题认为：所谓轮奸，是指二男以上处于共同强奸的故意，在同一时间段内，轮流对同一妇女或者幼女强行奸淫的行为。在共同强奸犯罪中，一人实施了奸淫后，另一人接着实施奸淫，虽然奸淫未成的，仍应认定两人具有轮奸情节。因此，戴某钢、戴某洋、操某波基于轮奸故意，轮流对同一女子实施强奸，虽然操某波由于饮酒过多未能得逞，仍应认定三人具有轮奸情节。

另一种意见认为，轮奸系加重构成要件，存在既未遂形态，本案应认定为轮奸未遂。理由：(1)若所有情节加重犯都是既遂的话，不仅使犯罪未遂变得不可能，甚至也消除了犯罪中止的可能性，这一方面使犯罪人无法依靠犯罪中止的“黄金桥”为自己赢得回头是岸、改过从新的机会，另一方面也会使得受害人因此而陷入更加危险的境地。这将会使犯罪中止的双面保护的形式政策彻底落空。(2)轮奸犯罪人的行为有无对刑法所保护的法益造成实质侵害结果从而构成犯罪既遂，主要看轮奸犯罪人是否有人完成对被害人的奸淫行为，即在强奸成年女性的场合，有无实现性器官的插入，而在奸淫幼女的场合，有无实现性器官的接触。若无上述情况发生，意图轮流奸淫的犯罪行为着手实施后，由于犯罪人意志以外的原因，无人完成奸淫行为的，当然成立轮奸犯罪的未遂形态。因此，应认定为轮奸未遂，适用轮奸情形，但认定为未遂。

【案例讨论】 请结合所学知识分析本案应如何处理？

【延伸阅读】 1. 何伟、罗玮：《加重处罚情节不存在未遂情形》，载《检察日报》2017 年 11 月 19 日。

2. 王玉杰：《轮奸犯罪中的未遂形态》，载《河南师范大学学报(哲学社会科学版)》2010 年第 1 期。

3. 陈洪兵：《“二人以上轮奸”的认定》，载《海南大学学报(人文社会科学版)》2012 年第 6 期。

4. 吴波、贾楠：《对“亲手犯之共同正犯既遂与未遂形态并存说”的质疑》，载《法学》2011 年第 2 期。

7 CASE 关于冒充女性男友与之发生性关系行为的定性
——×××真强奸案

四川省德格县人民法院(2019)川 3330 刑初 23 号刑事判决书

【案情摘要】 被告人×××真，男，1991 年 9 月 15 日出生，白玉县××局职工。2019 年 7 月 27 日，被告人×××真与三名朋友前往德格县酒吧喝酒至 5 时左右后，到德格县古城酒店住宿。当三名朋友回房间休息后，被告人×××真前往酒店吧台对女服务员进行调戏，遭到服务员拒绝后转身回房间。

在回房间的过程中,发现有两个房间的门是开着就进入了307房间,进入房间后,发现房间内床上躺着一名女性,明知进错房间,在不认识对方的情况下,基于被害人认识错误(以为是自己男朋友)的前提下,违背被害妇女的意志与其发生性关系。同年7月28日,被公安机关刑事拘留,8月9日被执行逮捕。检察机关于10月31日提起公诉,一审法院判决被告人构成强奸罪。

【分歧意见】 对于本案应如何定性,在处理过程中形成了如下两种不同意见:

一种意见认为,应按强奸罪处理。理由:构成强奸罪,在客观方面,必须具备三种手段之一,即暴力、胁迫或其他手段。这三种手段的共同特点都是"违背妇女意志",这是强奸罪的本质特征。理解"其他手段"应当从强奸罪的本质特征出发,即"违背妇女意志,使妇女不知反抗或无法抗拒的手段",就是"其他手段"。[1] 在本案中,被告人×××真于凌晨假冒被害人男朋友,致使被害人貌似"自愿同意"与被告人发生性关系。表面上看,被告人×××真与被害人的性交行为是被害人"同意"的,但这种"同意"是被欺骗的结果。被告人×××真假冒被害人男朋友,造成被害人"不知抗拒"的状态。从根本上讲,被害人并非基于本意与被告人×××真发生性关系,换言之,与被告人发生性关系已经违背了被告意志,符合强奸罪的本质特征。因此,被告人的行为构成强奸罪。

另一种意见认为,不应以犯罪论处。理由:强奸罪的本质特征是违背妇女意志,用暴力、胁迫等强制性的手段以达到足以使妇女不知反抗或无法抗拒并与妇女发生性关系的行为。本案中,被告人×××真对受害人并没有采取任何身体上或精神上的强制手段,也没有利用妇女不知反抗或无法反抗的状态,被害人还抱住了被告人,充分说明被害人是自愿发生性关系的,因此,被告人不构成犯罪。

【案例讨论】 请结合所学知识分析本案应如何处理?

【延伸阅读】 1. 车浩:《法定犯时代的违法性认识错误》,载《清华法学》2015年第4期。

---

[1] 李邦友:《性犯罪定罪量刑案例评析》,中国民主法制出版社2003年版,第178页。

2. 杨春然:《论语义学视角下的法律错误——兼论对强奸罪中的被害人不同意认识错误的性质》,载《法学论坛》2016 年第 6 期。
3. 张雪琳:《性行为中的被害人承诺研究——从被害人承诺的角度看性犯罪的认定》,载《广东社会科学》2008 年第 4 期。
4. 何洋:《强奸罪:解构与应用》,法律出版社 2014 年版。
5. 田刚:《强奸罪司法认定面临的问题及其对策》,载《法商研究》2020 年第 2 期。

第十一章　暴力胁迫类财产犯罪

1 CASE 关于入户抢劫案“户”的认定
——韦某抢劫案

【案情摘要】 2010 年 7 月 6 日 11 时许,被告人韦某伙同乙以假装租房的名义在房间内对带去看房的人实施抢劫。乙通过网上出租房信息了解到被害人丙的联系方式并与丙联系,以看房租房为由约好看房的时间地点,韦某着手准备好作案用的弹簧刀、封口胶等物品。韦、乙二人于当日 16 时许来到南宁市民主路 9 号粮食局宿舍 5 栋 1 单元 8 楼×××房,随丙进入房间后即拿出弹簧刀对丙进行威胁、恐吓,并用封口胶封住丙的嘴巴,用绳子将丙绑在凳子上,随后抢走丙手提包内的现金人民币 500 元和三星牌 J208 型手机一部。经鉴定,被抢手机案发时价值人民币 250 元。

【分歧意见】 对于本案两被告人的行为构成抢劫罪,各方均无异议。但对本案中无人居住的待租房屋能否认定为“户”,两被告人的行为是否属于“入户抢劫”？在处理过程中形成了如下两种不同意见:

1. 本案中无人居住的待租房屋属于《刑法》第 263 条第(一)项“入户抢劫”中的“户”,两被告人将被害人骗入该房屋抢劫的行为属于“入户抢劫”。主要理由是,本案中的待租房屋是可供他人家族生活的与外界相对隔离的住所,符合司法解释规定的“户”的特征。

2. 本案中两被告人实施抢劫的场所为待出租的空置房屋,虽然该房屋系与外界相对隔离的住所,但不是供受害人本人或者其家人生活居住使用,不具有刑法上“户”的功能性特征。因而本案不属于《刑法》第 263 条第(一)项规定的“入户抢劫”。

【案例讨论】 请结合所学知识分析本案应如何处理？

【延伸阅读】 1. 张明楷:《论入户抢劫》,载《现代法学》2013 年第 5 期。

2. 黎宏:《入户抢劫中“入户目的非法性”的要求应当取消》,载《上海政法学院学报(法治论丛)》2019 年第 6 期。
3. 杜强强:《论宪法规范与刑法规范之诠释循环——以入户抢劫与住宅自由概念为例》,载《法学家》2015 年第 2 期。
4. 蒋铃:《刑法中“户”的界定及其实践展开——以对〈关于办理盗窃刑事案件适用法律若干问题的解释〉的解释为视角》,载《政治与法律》2013 年第 9 期。
5. 武晓雯:《“入户抢劫”量刑合理化的路径》,载《法学杂志》2016 年第 5 期。

2 CASE 关于绑架罪与非法拘禁罪的界限与认定
——李某、袁某京、胡某珍等人绑架、非法拘禁、敲诈勒索案

【案情摘要】 2006 年 3 月初,被告人李某、袁某京、胡某珍预谋绑架石某清勒索钱财。袁某京以帮助他人“要账”为由纠集被告人燕某峰、刘某 1、刘某荣、刘某 2 参与。同年 3 月 9 日 2 时许,李某、袁某京、胡某珍、燕某峰、刘某 1、刘某荣、刘某 2 冒充公安人员驾车将石某清绑架至山东省泰安市山区一处住房,期间胡某珍、袁某京将石某清身上的手链、项链、戒指等物抢走。李某、袁某京指派燕某峰、刘某 1、刘某荣、刘某 2 看押被害人石某清。尔后,李某、袁某京、胡某珍两次向石某清家属勒索人民币 80 万元,打入事先开立的信用卡账号中,并在秦皇岛、葫芦岛、唐山等地以划卡消费的方式,购买大量黄金后私分、挥霍。同月 11 日,燕某峰、刘某 1、刘某荣、刘某 2 得知石某清与李某等人不存在债务关系,并在石某清承诺给付好处后,遂将石某清放走。其后,燕某峰、刘某荣、刘某 1 伙同刘某 3(另案处理)多次打电话向石某清催要钱款,石某清害怕遭到他们的再次报复,便向燕某峰等指定的账户打入人民币 6 万元,该款大部分由燕某峰、刘某荣、刘某 1 和刘某 3 私分、挥霍。

【分歧意见】 对于本案各被告人的行为应如何定性,在处理过程中有以下三个问题产生了分歧:

1. 被告人燕某峰、刘某 1、刘某荣、刘某 2 系受邀约帮助他人“要账”,对他们这种误以为索要债务而帮助他人实施的绑架行为,如何定性?

2. 被告人燕某峰、刘某1、刘某荣、刘某2在看押人质期间，与人质谈好“报酬”后将其释放，事后索要“报酬”的行为，如何定性？

3. 绑架过程中，胡某珍、袁某京将人质身上的手链、项链、戒指等物抢走的行为如何定性？

【案例讨论】 请结合所学知识分析本案应如何处理？

【延伸阅读】 1. 杨兴培：《索取非法“债务”拘押他人的刑法定性》，载《华东政法大学学报》2013年第2期。

2. 张明楷：《绑架罪的基本问题》，载《法学》2016年第4期。

3. 徐光华：《索债型非法拘禁罪扩张适用下对绑架罪的再认识》，载《中国法学》2020年第3期。

4. 卢勤忠：《绑架罪疑难问题认定探究》，载《东方法学》2012年第4期。

5. 黄丽勤：《索债型非法拘禁案件的定性分析》，载《法学》2012年第4期。

3 CASE 关于抢劫罪与敲诈绑架罪的界限与认定——马某堂绑架案

辽宁省大连市中级人民法院(2014)辽刑三终字第9号刑事判决书

【案情摘要】 2012年11月23日7时许，被告人马某堂在辽宁省瓦房店市大宽街某号楼楼下的车库内，持壁纸刀挟持幼儿魏某某(5周岁)为人质，当场向魏某某的母亲尹某勒索财物。在尹某交出3万元后，马某堂放下魏某某逃跑。2013年1月18日18时许，被告人马某堂在瓦房店市长兴岛三堂街某小区停车位处，持尖刀挟持儿童张某某(11周岁)为人质，进入车内当场向张某某的母亲宋某勒索财物。在宋某交出1.6万元后，马某堂放下张某某逃跑。2013年2月6日17时许，被告人马某堂在瓦房店市某小区车库内，持尖刀挟持幼儿单某某(7周岁)为人质，进入车内当场向单某某的母亲刘某勒索财物。在刘某交出1500元后，马某堂仍挟持单某某，并继续向刘某勒索财物，后又向单某某的父亲单某1电话勒索赎金20万元。当日19时许，在单某1交出赎金20万元后，马某堂放下单某某逃跑，随即被民警抓获归案。

【分歧意见】对于本案被告人的行为应如何定性，在处理过程中产生了如下分歧：

1. 本案被告人马某堂应构成抢劫罪。理由：被告人劫持幼儿魏某某，以暴力相威胁，当场迫使被害人交出财物，其行为符合抢劫罪的特征。

2. 本案被告人马某堂的行为应当构成绑架罪。理由：被告人以勒索财物为目的，将小孩作为人质，胁迫在场的人质的亲属交付财物，人质的亲属为避免被告人对人质造成伤害而给付被告人财物。孩子是人质，而孩子的母亲则是被勒索的第三人。被告人的行为貌似符合抢劫罪当场劫取财物的行为手段特征，但并不符合抢劫罪的构成要件，而符合绑架罪的构成要件，应当以绑架罪对马某堂的行为定罪量刑。

【案例讨论】请结合所学知识分析本案应如何处理？

【延伸阅读】1. 侯德强：《行为手段的当场性并非区分抢劫罪与绑架罪的标准》，载《人民司法(案例)》2016 年第 2 期。

2. 韩青梅、李新增：《帮助他人看管绑架人质的行为如何定性》，载《中国检察官》2022 年第 8 期。

3. 郭晓红：《抢劫罪手段行为的界定：实务考察与标准重塑》，载《法学家》2021 年第 5 期。

4. 钱叶六：《绑架罪司法认定中的几个疑难问题探究——从陈某绑架、抢劫案开始谈起》，载《云南大学学报(法学版)》2007 年第 3 期。

5. 张永红：《抢劫罪行为结构检讨》，载《中国刑事法杂志》2008 年第 6 期。

4 CASE 关于转化型抢劫罪的未成年犯罪主体认定——王某华抢劫案

【案情摘要】被告人王某华，男，1996 年 3 月 5 日出生于四川省乐山市五通桥区。2010 年 9 月 29 日 12 时 40 分许，王某华窜至四川省乐山城区“莱佛士地景”18 幢 2 单元 ×× 楼时，发现该处住户戴某清家房门虚掩，遂潜入该住户房内盗得项链两根、项链坠一个，后被戴某清发现并将其挡在户内。王某华为达到逃离现场的目的，当场将戴某清头部、手部咬伤后挣脱逃出房间至该小区正门入口时，被该小区保安人员挡获。小区保安人员从其鞋内搜出项链两根、项链坠一个。公安人员接到报警后赶到现场将王某华抓获归案。经鉴定，王某华窃得的项链两根、项链坠一个共价值人民币（以下币种同）2728元。案发后，该物品已发还被害人。诉讼中，被告人王某华对公诉机关指控的犯罪事实无异议，并自愿认罪，其亲属代其缴纳罚金500元。

【分歧意见】 对于本案应如何定性，在处理过程中形成了如下两种不同意见：

一种意见认为，王某华的行为构成抢劫罪。主要：被告人王某华在实施盗窃行为后，为抗拒抓捕当场使用暴力，根据《刑法》第263条、第269条的规定，其行为已触犯刑法，构成（转化型）抢劫罪。王某华犯罪时已满14周岁不满16周岁，应当对其从轻或减轻处罚；其自愿认罪，案发后犯罪所得已经追回发还失主，可酌情对其从轻处罚。

另一种意见认为，王某华的行为不构成抢劫罪，也不构成其他犯罪。理由：被告人王某华在入户盗窃数额较大的公私财物后，为抗拒抓捕而当场使用暴力，其行为符合转化型抢劫犯罪的客观构成要件。其行为时已满14周岁不满16周岁，根据《刑法》第17条第2款的规定，对其盗窃行为不负刑事责任；根据《刑法》第263条、第269条和《最高人民法院关于审理未成年人刑事案件具体应用法律若干问题的解释》第10条第1款之规定，已满14周岁不满16周岁的未成年人，无论在何种情况下，均不能适用《刑法》第269条的规定转化为抢劫罪，故其盗窃后为抗拒抓捕而当场使用暴力的行为不构成抢劫罪。其后续暴力行为属故意伤害行为，因该行为未致人重伤或死亡的后果，故其暴力行为不构成故意伤害罪。

【案例讨论】 请结合所学知识分析本案应如何处理？

【延伸阅读】

1. 李希慧、徐光华：《论转化型抢劫罪的主体——以已满14周岁不满16周岁的人为视角》，载《法学杂志》2009年第6期。
2. 刘艳红：《转化型抢劫罪主体条件的实质解释——以相对刑事责任年龄人的刑事责任为视角》，载《法商研究》2008年第1期。
3. 郑泽善：《转化型抢劫罪新探》，载《当代法学》2013年第2期。

4. 杨志国:《转化型抢劫罪的未遂形态及判断标准》,载《人民检察》2010 年第 7 期。

5. 刘斌:《转化型抢劫罪的停止形态研究》,载《云南大学学报(法学版)》2008 年第 2 期。

第十二章　窃取骗取类财产犯罪

1 CASE 关于合同诈骗罪与诈骗罪的区分——陈某等人诈骗案

【案情摘要】2014年6月，周某、秦某共同出资，租赁河南省某市国际企业中心×座××楼×号写字楼作为办公地点，并租用甲网络科技有限公司的“大银家贵金属交易系统”和使用乙公司提供的网上人民币支付结算平台，以盛元商品交易中心、华信大宗商品交易中心、通盈商品交易中心等名义在互联网上开设虚假的汽油、白银、天然气、翡翠、红珊瑚等现货交易平台，采取修改交易数据、控制交易涨跌的方式诱骗被害人投资，从而骗取被害人财物。陈某加入周某、秦某的诈骗团伙后，负责对客户投资的后期跟进，冒名给客户充当指导老师，诱导客户投资，控制交易行情，对新进的业务员进行业务培训和指导等，诱骗被害人投资现货交易，共计骗取285万余元。

【分歧意见】对本案陈某等人的行为如何定性，在处理过程中形成了如下两种不同意见：

1. 陈某等人的行为构成合同诈骗罪。理由：陈某等人以非法占有为目的，在签订、履行合同过程中，虚构事实，隐瞒真相，骗取被害人财物，数额特别巨大，其行为符合《刑法》第224条合同诈骗罪的规定。

2. 陈某等人的行为构成诈骗罪。理由：陈某等人在明知他人控制的为虚假现货交易平台，客户资金并未真正进入现货交易市场的情况下，以非法占有为目的，共同采取虚构事实，隐瞒真相的方式，骗取被害人财物，但陈某等人与被害人之间并没有进行合同交易的意思，不符合《刑法》第224条规定的“在签订、履行合同过程中，骗取对方当事人财物”，应以诈骗罪对陈某等人定罪处罚。

【案例讨论】请结合所学知识分析本案应如何处理？

【延伸阅读】1. 张明楷:《合同诈骗罪行为类型的边缘问题》,载《东方法学》2020 年第 1 期。

2. 陈兴良:《合同诈骗罪的特殊类型之"两头骗":定性与处理》,载《政治与法律》2016 年第 4 期。

3. 舒洪水:《合同诈骗罪疑难问题研究》,载《政治与法律》2012 年第 1 期。

4. 柏浪涛:《论诈骗罪中的"处分意识"》,载《东方法学》2017 年第 2 期。

5. 殷玉谈、丁晶:《合同诈骗罪的司法认定》,载《中国刑事法杂志》2009 年第 1 期。

2 CASE 关于以借用为由非法占有他人财物的行为定性——郭某、孙某等人盗窃案

【案情摘要】2004 年 12 月的一天晚上,水某某、郭某等人共谋后,由郭某以与前男友冯某和好为由,将冯某约至某市商业街一酒吧。喝酒期间,水某某给冯某打电话称要找郭某,郭某以在酒吧内说话不方便为由,将冯某的一部三星 T408 型手机拿到酒吧外逃离,二人将手机销赃,得赃款 600 余元。经估价鉴定,该手机价值 1630 元。2005 年 1 月初的一天下午,孙某、水某某、郭某共谋后,孙某与郭某到某市一中学门口找到郭某的朋友李某某,孙某趁郭某和李某某说话之机,以借打电话为由,借得李某某的一部熊猫 700 型手机,在打电话过程中离开,后三人将手机销赃,得赃款 400 余元。经估价鉴定,该手机价值 1530 元。

【分歧意见】对本案应如何定性,在处理过程中形成了如下两种不同意见:

一种意见认为,本案应定性为诈骗罪。理由:(1)郭某、孙某获取被害人财物的主要手段是欺诈而非窃取,其的行为不符合盗窃罪的构成要件。(2)被害人将手机交给郭某、孙某,是基于错误认识而实施的处分行为,进而导致财物的损失。郭某、孙某的行为符合诈骗罪的构成要件应当以诈骗罪定罪处罚。

另一种意见认为,本案应定性为盗窃罪。理由:(1)郭某、孙某趁被害人

不备携手机离开，属于秘密窃取。(2)被害人将手机交给郭某、孙某，只是受欺骗而交给其临时使用，并不是法律意义上的处分行为，更不是处分手机的所有权，系行为人违背被害人的意思而非法占有手机。郭某、孙某的行为符合盗窃罪的构成要件，应当以盗窃罪定罪处罚。

【案例讨论】请结合所学知识分析本案应如何处理？

【延伸阅读】1. 张明楷：《三角诈骗的类型》，载《法学评论》2017年第1期。
2. 黎宏：《论盗窃财产性利益》，载《清华法学》2013年第6期。
3. 车浩：《占有概念的二重性：事实与规范》，载《中外法学》2014年第5期。
4. 蔡桂生：《新型支付方式下诈骗与盗窃的界限》，载《法学》2018年第1期。
5. 陈洪兵：《盗窃罪与诈骗罪的关系》，载《湖南大学学报(社会科学版)》2013年第6期。

3 CASE 关于"套路贷"诈骗罪与民间借贷的区分——熊某某、向某某"套路贷"诈骗案

【案情摘要】2016年11月1日至2017年2月10日，袁某某与被告人熊某某签订借款合同，先后三次向熊某某借款共计1230万元。2017年3月20日，袁某某准备再次向被告人熊某某借款200万元，被告人熊某某、向某某要求袁某某把前三次借款所欠的利息共计189万元垒成本次借款本金的一部分，袁某某因为急需资金，遂同意。之后，袁某某与熊某某、向某某签订了一份389万元的借款合同，本次借款，袁某某实际得到200万元。借款到期后，为讨要借款，熊某某安排向某某等人到袁某某家中骚扰、滋事，并强行限制其人身自由，2017年，被告人熊某某、向某某将袁某某的上述四笔借款起诉到法院，判决袁某某偿还前三次向熊某某借款的本金共计1230万元及利息，偿还向某某借款本金389万元及利息。法院冻结了袁某某的有关账户，并于2017年12月11日执行了袁某某的财产，共计执行1575万元。

【分歧意见】对本案应当如何定性，在处理过程中形成了如下两种不同

意见：

一种意见认为，熊某某、向某某的行为属于“套路贷”，构成诈骗罪。理由：(1)被告人熊某某、向某某通过签订银行合同、“借新还旧”的方式恶意垒高借款金额，在借款人无力偿还虚高借款时，熊某某、向某某通过诉讼、执行的方式索取债务，符合“套路贷”诈骗罪的客观特征。(2)尽管熊某某、向某某否认其具有非法占有借款人财物的主观目的，但是二人的客观行为足以表明其具有该目的。因此，熊某某、向某某恶意垒高借款金额并借助诉讼索取债务的行为，属于“套路贷”，应以诈骗罪定罪处罚。

另一种意见认为，熊某某、向某某的行为性质为民间借贷，不构成犯罪。理由：(1)熊某某、向某某并没有假借民间借贷之名非法占有他人财物，他们与借款人之间是真实的民间借贷关系。(2)熊某某、向某某将之前借款的利息计算在后次借款的本金之内，是为了获取之前的借款利息，并不是恶意垒高借款金额。(3)熊某某、向某某通过向法院起诉，通过法院执行的方式向出借人索要借款，是实现债权的方式，并非借助诉讼来非法占有他人财物。因此，熊某某、向某某的行为不具备“套路贷”的基本特征，属于民间借贷，不构成犯罪。

【案例讨论】请结合所学知识分析本案应如何处理？

【延伸阅读】

1. 陈兴良：《套路贷犯罪研究》，载《法制与社会发展》2021年第5期。
2. 董邦俊、侯晓翔：《“套路贷”的刑事规制及其防控研究》，载《湖北社会科学》2018年第10期。
3. 彭新林：《论“套路贷”犯罪的刑事规制及其完善》，载《法学杂志》2020年第1期。
4. 孙丽娟、孟庆华：《“套路贷”相关罪名及法律适用解析》，载《犯罪研究》2018年第1期。
5. 石经海、邱胜帆：《“套路贷”的刑民界分认定应以犯罪概念为基本标准》，载《人民法院报》2020年12月17日，第06版。

4 CASE 关于诈骗罪与民事欺诈的区分——黄某诈骗无罪案

【案情摘要】2010年7月,被害人杨某在吉林省长春市朝阳区一小区做墙体保温,认识了被告人黄某的父亲,后通过黄某的父亲认识了黄某。2010年10月至2011年8月,黄某向杨某谎称能够买到便宜考斯特车和用购买的考斯特车向银行贷款300万元借给杨某,可以为杨某在南航长春机场办理接送员工及滞留旅客车辆运营。杨某先后3次给予黄某73.5万元,让黄某帮助其购买2辆便宜的考斯特车和车辆落籍贯,并由黄某负责用于南航长春机场办理接送员工和滞留旅客车辆运营事宜。后来。杨某向黄某借款7万元。2012年2月3日,黄某让杨某到她家中取剩余的66.5万元,杨某来到黄某家中,当听到黄某只给本金66.5万元时,杨某拒绝收取。之后几日,黄某反复主动向杨某还款,但杨某均予以拒绝。2012年2月15日,杨某向公安机关报案,黄某被公安机关抓获。黄某到案后,其银行账户内有存款70余万元。

【分歧意见】对本案应当如何定性,在处理过程中形成了如下两种不同意见:

一种意见认为,黄某的行为构成诈骗罪。理由:(1)被告人黄某向杨某虚构可以帮其购买运营车辆并办理贷款,使杨某陷入错误认识,信以为真,并给予黄某73.5万元。黄某的行为符合诈骗罪的客观行为要件。(2)被告人黄某向杨某虚构事实、骗取钱款的客观行为充分表明了其具有非法占有杨某财物的主观目的。(3)被告人黄某虽有还款意愿,但这是一种畏罪表现,且还款行为发生在公安机关立案之后。被告人黄某的行为符合《刑法》第266条的规定,具备诈骗罪的全部构成要件,应当以诈骗罪定罪处罚。

另一种意见认为,被告人黄某的行为性质属于民事欺诈,不是诈骗罪。理由:(1)黄某向杨某谎称能够买到便宜考斯特车和用购买的考斯特车向银行贷款300万元借给杨某,能为杨某在南航长春机场办理接送员工及滞留旅客车辆运营的事实,从杨某处骗得66.5万元。(2)案发前黄某多次找杨某提出还款,遭到拒绝,且黄某的银行账户内有存款70余万元,具有还款能力,表明黄某主观上不具有非法占有目的。因此,黄某的行为属于民事欺诈,但不构成诈骗罪。

【案例讨论】请结合所学知识分析本案应如何处理?

【延伸阅读】

1. 陈兴良:《民事欺诈和刑事欺诈的界分》,载《法治现代化研究》2019 年第 5 期。
2. 陈曦:《民事欺诈与刑事诈骗的法理辨析与实务认定》,载《人民检察》2017 年第 10 期。
3. 张祥宇:《民事欺诈与合同诈骗的界分》,载《中国检察官》2020 年第 14 期。
4. 杜邈:《刑民交叉型诈骗犯罪的司法认定》,载《中国刑事法杂志》2020 年第 3 期。
5. 肖中华、朱晓艳:《经济纠纷背景下的刑事诈骗案件认定》,载《法学杂志》2021 年第 6 期。

第十三章　侵占挪用毁坏类财产犯罪

1 CASE 关于快递工作人员偷拿快递包裹行为的认定——吴某盗窃案

【案情摘要】吴某系北京某快递公司员工，其工作职责是押运货物、分拣货物。2014年11月29日5时许，吴某在快递公司内分拣货物时，发现某快件包裹里装有万国牌手表和浪琴牌手表各一块，就躲到监控盲区，将快件占为己有。后当快递公司经理找吴某询问是否拿走了该手表时，吴某承认拿走并称扔进了垃圾桶，之后又推托说无法找到手表。一个月之后，该经理电话报警。经鉴定，该两块手表均系仿冒，万国牌手表价值人民币2000元，浪琴牌手表价值人民币3000元。

【分歧意见】对本案吴某某的行为应如何定性，在处理过程中形成了如下三种不同意见：

1. 吴某行为构成职务侵占罪。理由：(1)吴某身为快递公司员工，具备职务侵占罪的主体条件。(2)吴某利用自己分拣快递的职务之便，将本单位财物据为己有，符合职务侵占罪的客观构成要件。(3)吴某窃取的手表价值5000多元，符合财物必须达到数额较大的标准。因此，吴某的行为构成职务侵占罪。

2. 吴某行为构成侵占罪。理由：(1)基于快递公司与客户签订的快递合同，也即是客户委托快递公司保管手表，吴某作为快递公司员工合法占有该手机。(2)吴某以非法占有手表的目的，变合法占有为非法占有，且拒不退还手表，属于对保管物的非法侵占。因此，吴某的行为构成侵占罪。

3. 吴某行为构成盗窃罪。理由：(1)吴某是以非法占有为目的，在客观上采取自认为秘密的方式拿走手表。(2)手表价值也达到了盗窃数额较大这一标准。因此，吴某的行为构成盗窃罪。

【案例讨论】 请结合所学知识分析本案应如何处理?

【延伸阅读】 1. 周光权:《职务侵占罪客观要件争议问题研究》,载《政治与法律》2018 年第 7 期。

2. 魏东:《职务侵占的刑法解释及其法理》,载《法学家》2018 年第 6 期。

3. 尹琳:《刑法上"利用职务便利"与"利用工作便利"的区别必要性辩析》,载《政治与法律》2015 年第 12 期。

4. 周啸天:《职务侵占罪中"利用职务上的便利"要件之再解读——以单一法益论与侵占手段单一说为立场》,载《政治与法律》2016 年第 7 期。

2 CASE 关于占有相对封闭公共场所遗忘物行为的定性——耿某某盗窃案

【案情摘要】 2014 年 4 月 13 日 10 时左右,白云区某五星级酒店客房服务员耿某某在打扫房间卫生时,在该客房的洗手间洗漱台上发现了一枚钻石戒指。耿某某将这枚戒指放入了自己的口袋中占为已有。随后,在接受公安机关调查期间,耿某某为了掩饰自己拿走戒指的行为,将该枚戒指扔进了厕所下水道冲走。经鉴定,涉案戒指为价值人民币 6 万元。

【分歧意见】 对本案耿某某行为应如何定性,在处理过程中形成了如下三种不同意见:

一是耿某某的行为构成侵占罪。理由:(1)钻石戒指是他人遗忘之物,且数额较大。(2)耿某某取走戒指,接受公安调查,将戒指扔进下水道的行为意味着拒不返还。因此,耿某某的行为应认定为侵占罪。

二是耿某某的行为构成职务侵占罪。理由:(1)耿某某身为五星酒店的员工,利用了其职务的便利条件。(2)耿某某拿走钻石戒指且戒指数额较大。因此,耿某某的行为应认定为职务侵占罪。

三是耿某某的行为构成盗窃罪。理由:(1)耿某某以非法占有为目的,采取秘密方式,拿走他人的戒指。(2)戒指价值较高,达到盗窃罪数额较大标准。因此,耿某某的行为应认定为盗窃罪。

【案例讨论】请结合所学知识分析本案应如何处理?

【延伸阅读】1. 卢建平、邢永杰:《职务侵占罪“利用职务便利”认定中的若干争议问题》,载《黑龙江社会科学》2012 年第 2 期。

2. 周光权:《财物占有的意思与犯罪界限》,载《法学评论》2018 年第 5 期。

3. 魏东:《职务侵占的刑法解释及其法理》,载《法学家》2018 年第 6 期。

4. 刘俊杰:《财产犯罪中占有判断的类型化》,载《现代法学》2019 年第 4 期。

3 CASE 关于行为人基于毁损目的先转移财物再毁坏行为的认定——孙某故意毁坏财物案

【案情摘要】孙某于 2001 年 9 月应聘到某乳品公司担任业务员,出于为该公司经理孙某某创造经营业绩的动机,于 2002 年 10 月 8 日起向该公司虚构了三江学院需要供奶的事实,并于 2002 年 12 月 1 日利用伪造的“三江学院”行政章和石某等三人印章,与该公司签订了“供货合同”,从 2002 年 10 月 8 日起至 2003 年 1 月 4 日止,孙某将该公司钙铁锌奶 321,500 份,每份 200 毫升送至自己家中,并要求其母亲每天将牛奶全部倒掉或给邻居喂猪。经鉴定上述牛奶按 0.95 元/份计算,共计价值人民币 305,425 元。2003 年 12 月 24 日,孙某以三江学院名义交给该乳品公司奶款 7380 元,其余奶款以假便条、假还款协议等借口和理由至案发一直未付给该乳品公司。

【分歧意见】对本案孙某的行为应如何定性,在处理过程中形成了如下两种不同意见:

一种意见认为,孙某的行为构成职务侵占罪。理由:(1) 孙某利用担任乳品公司业务员的职务便利。(2) 为创造虚假业绩,骗取该公司财物,数额巨大,其行为构成职务侵占罪。

另一种意见认为,孙某的行为构成故意毁坏财物罪。理由:(1) 孙某是出于创造虚假业绩动机而骗取公司财物。(2) 孙某没有利用意思,让自己母亲将牛奶倒掉或给邻居喂猪，等于是毁损财物，其行为构成故意毁坏财物罪。

【案例讨论】 请结合所学知识分析本案应如何处理？

【延伸阅读】 1. 陈兴良：《故意毁坏财物行为之定性研究》，载《国家检察官学院学报》2009 年第 1 期。

2. 陈洪兵：《财产犯的排除意思与利用意思》，载《辽宁大学学报（哲学社会科学版）》2013 年第 3 期。

3. 张红昌：《财产罪中规定非法占有目的的质疑》，载《中南大学学报（社会科学版）》2009 年第 6 期。

4. 王俊：《非法占有目的的不同意义——基于对盗窃、侵占、诈骗的比较研究》，载《中外法学》2017 年第 5 期。

第十四章　公共管理类犯罪

1 CASE 关于恶势力与黑社会性质组织的区分
——唐某伟等人聚众斗殴、故意伤害案

【案情摘要】2015年年底至2017年2月，被告人唐某伟、李某情通过为赌场工作人员发工资、年底聚餐发红包、垫付医疗费、代为支付赔偿款、召集娱乐消费、提供砍刀、钢管等作案工具为手段，先后笼络、纠集被告人陈某、杨某龙、肖某刚、龙某1、骆某、蒋某、杨某文、龙某2、杨某、于某杰、张某志等人，在某市某区实施故意伤害、聚众斗殴、开设赌场、寻衅滋事等违法犯罪活动，逐渐形成以唐某伟、李某情为首的恶势力团伙，在该地区造成较为恶劣的社会影响。

（一）聚众斗殴的事实

2017年1月，杨某清追求唐某兰时得知唐的前男友覃某伟威胁唐某兰不准谈恋爱，遂请求杨某龙帮忙解决。同年2月4日，杨某清与覃某伟相约在某市某区蓝湖星空小区广场解决纠纷。邀约被告人杨某、张某志、于某杰等人携带数把砍刀，与覃某伟一方的杨某彬、谢某报等人打斗。在打斗过程中，杨某彬、杨某龙均受轻伤。

（二）故意伤害的事实

2017年2月4日23时许，唐某伟、李某情得知杨某龙与他人打架受伤后便分别驾车搭载骆某、陈某、肖某刚、杨某文、龙某1、蒋某等人赶至医院看望。其后，在张某志的指认下，李某情等人殴打了谢某报、覃某伟。杨某彬电话联系被害人何某彬请求帮忙。次日凌晨，李某情、唐某伟发现何某彬等人走出医院急诊科大门时便指使蒋某等人追打对方。其后，李某情、蒋某持刀与唐某伟、杨某文、龙某1追打何某彬等人，李某情用砍刀刀背敲打何某彬大腿，杨某文、龙某1用皮带抽打何某彬，蒋某则持尼泊尔军刀拍打何某彬头部

并捅刺何某彬左大腿，致其左股动、静脉离断急性大失血死亡。

2015 年 2 月 4 日 23 时许，被害人郭某误认为陈某将其朋友砍伤遂在某市某区一网吧与陈某发生冲突。陈某电话邀约肖某刚前来帮忙，肖某刚携带刀具与唐某伟到达现场。肖某刚、陈某持刀共同砍伤郭某手部、右臀部等处，致郭某轻伤二级。

2016 年 6 月，肖某刚与罗某怡、周某鑫发生纠纷，罗某怡之母吴某容带人殴打肖某刚、兰某浩。肖某刚电话联系李某情等人前来帮忙。兰某浩以受伤为由向吴某容索要医疗费。被害人车某友受吴某容安排送医药费时被李某情、肖某刚及蒋某殴打致轻伤二级。

蒋某因被害人周某德不允许蒋某丽与其谈恋爱而怀恨在心。2016 年 8 月 11 日凌晨，蒋某邀约肖某刚共同报复周某德。蒋某持刀、肖某刚持钢管在某夜啤店殴打周某德致其轻伤二级。事后，唐某伟出面与周某德协商，支付对方赔偿款 3 万元。

2016 年 11 月 3 日 18 时许，唐某伟、李某情在某停车场因会车与被害人肖某海发生纠纷，二人殴打肖某海致其轻伤一级。

（三）寻衅滋事的事实

2016 年 3 月 18 日晚，唐某伟、陈某、骆某、肖某刚、蒋某、杨某龙、龙某 1、龙某 2 等人在某酒吧观看表演。其间，骆某因调戏表演女艺人与酒吧保安发生冲突。唐某伟指使上述人员持钢管、木棒殴打酒吧保安及劝阻群众，致被害人陈某国等多人受伤。

2016 年 3 月 24 日 23 时许，唐某伟、李某情欲强行在被害人杨某龙的赌场占股，安排肖某刚、陈某、骆某、杨某文、龙某 1、龙某 2 前往某市某区某农家乐打砸该赌场，并持刀追砍杨某龙及赌客。其间，肖某刚、骆某持刀砍伤杨某龙腿部。

2016 年 10 月 19 日 0 时许，骆某认为其女友遭到被害人舒某、邹某进辱骂，遂邀约肖某刚共同持刀前往某市某区某步行街殴打舒某、邹某进，致舒某背部被砍伤。

2016 年 11 月 4 日 1 时许，杨某龙、陈某在某市某区某烤鱼店就餐时因摩托车噪音问题与被害人黄某等人发生纠纷，双方持板凳、酒瓶等物互殴。其后，陈某、杨某龙邀约肖某刚前来帮忙。肖某刚遂与蒋某、骆某赶至现场殴打黄某，骆某持随身携带的水果刀刺伤黄某右大腿并误伤杨某龙右胸部。

（四）开设赌场的事实

2015年12月至2016年3月，唐某伟、李某情与蒋某虎、江某雄、谭某（均另案处理）在某市某区高某镇青某街处开设赌场，以打马股的方式赌博。其间，唐某伟、李某情安排龙某1等人在赌场站岗放哨、洗牌抽头。该赌场共抽头渔利20余万元，唐某伟、李某情各分得3万余元。

2016年5月，唐某伟通过安排人员打砸陈某明赌场的方式，强行在陈某明开设的赌场内占股50%。其间，李某情安排杨某文等人在赌场洗牌抽头、站岗放哨。该赌场持续至2016年11月，共抽头渔利20余万元，唐某伟分得10万余元。

2016年12月至2017年2月，唐某伟、李某情等人在某市某区中敖镇开设赌场。唐某伟、李某情在该赌场占股30%。其间，唐某伟、李某情安排龙某1等人在赌场站岗放哨、洗牌抽头。该赌场抽头渔利30余万元，唐某伟、李某情各分得3万余元。

2016年10月，唐某伟、李某情安排骆某、陈某等人破坏他人放置于某市某区龙岗街道、棠香街道的数台赌博游戏机后，又安排杨某龙等人另行购买安放赌博游戏机用于赌博敛财，所获利润由杨某龙等人自行分配。赌博游戏机经营期间容留未成年人参与赌博。至2017年2月，赌博机共获利1万余元。

【分歧意见】唐某伟等人形成的犯罪团伙是构成黑社会性质组织还是恶势力，在处理过程中形成了两种意见：

一种意见认为，唐某伟等人已形成较稳定的犯罪组织，人数较多，有明确的组织者、领导者，骨干成员基本固定，该组织通过暴力、胁迫等手段，多次有组织地进行违法犯罪活动，为非作恶，欺压、残害群众，具有一定的经济实力，在某市某区称霸一方，形成重大影响，严重破坏当地经济、社会生活秩序，已经具备黑社会性质组织的组织特征、经济特征、行为特征及危害性特征，应当认定为黑社会性质组织。

另一种意见认为，唐某伟等人属于经常纠集在一起，以暴力、威胁等手段在某市某区这一特定区域内多次实施违法犯罪活动，为非作恶，欺压百姓，扰乱经济、社会生活秩序，造成较为恶劣的社会影响，但尚未形成黑社会性质组织的违法犯罪组织，依法应当认定为恶势力犯罪。

【案例讨论】请结合所学知识分析本案应如何处理？

【延伸阅读】1. 陈兴良:《恶势力犯罪研究》,载《中国刑事法杂志》2019 年第 4 期。

2. 刘仁文、刘文钊:《恶势力的概念流变及其司法认定》,载《国家检察官学院学报》2018 年第 6 期。

3. 黄京平:《恶势力及其软暴力犯罪探微》,载《中国刑事法杂志》2018 年第 3 期。

4. 周光权:《黑社会性质组织非法控制特征的认定——兼及黑社会性质组织与恶势力团伙的区分》,载《中国刑事法杂志》2018 年第 3 期。

5. 何荣功:《避免黑恶犯罪的过度拔高认定:问题、路径与方法》,载《法学》2019 年第 6 期。

2 CASE 关于黑社会性质组织危害性特征的理解——王某娜等人故意伤害、寻衅滋事、非法拘禁、敲诈勒索案

【案情摘要】(一)故意伤害的事实

2009 年 5 月 5 日 14 时许,被告人王某在通往河北省晋州市的公路上发现挤塑板生意上的竞争对手恒保龙保温材料公司的富康车后,便决定教训对方一下,遂打电话和被告人王某娜商量,在征得王某娜同意后,王某即安排被告人董某旭、贾某、李某斌、周某璞对富康车进行跟踪,并安排董某旭打电话让被告人刘某找几个人过来。刘某找来被告人王某朋、贺某宇、郑某博、李某、陈某,王某驾车将之送到富康车停泊的辛集广兴泡沫厂附近。18 时许,周某璞、李某斌分别驾驶汽车在安新线辛集境内马兰路段追上被害人朱某华驾驶的富康轿车,刘某将富康车拦住,刘某、王某朋、贺某宇、李某、陈某、郑某博对朱实施殴打,王某朋持镐把殴打朱的身体,贺某宇、郑某博持镐把打击朱头部,之后分别乘车逃离现场。其中贺某宇多次持镐把击打被害人头部并致镐把折断,造成朱某华颅骨骨折,经送医院抢救无效死亡。王某娜在得知朱某华已死亡后,为让刘某逃避公安机关的抓捕,给刘某等人 1 万元现金帮助其逃跑。

2009 年 3 月 23 日中午,被告人王某娜纠集被告人王某、董某旭、李某斌、

刘某、郗某、崔某权、冯某华、孔某贤、贺某宇、李某1(在逃)、云某(在逃)分乘7辆汽车来到河北省栾城县楼底镇西羊市村恒保龙保温材料公司聚众滋事,用汽车挡住恒保龙保温材料公司门口,使该厂拉货车辆不能出入,时间长达3个多小时,在派出所民警的劝说下,才将堵在厂门口的汽车开走。当业务员张某芝回厂时,刘某、李某1、云某、贺某宇、李某斌等人无故对张某芝进行殴打,打掉其门牙两颗,该伤经法医鉴定为轻伤。

(二)寻衅滋事的事实

2009年4月3日上午被告人王某娜从被告人冯某华、崔某权口中得知恒保龙保温材料公司业务员曹某峰在石家庄市维也纳工地做业务后,为恐吓打压对方,达到垄断市场目的,便指使王某、贺某金、冯某华、崔某权在石家庄市南二环将曹某峰拦截,由贺某金对曹进行殴打后逃跑。

2009年4月29日下午,被告人王某娜、王某从崔某权口中得知恒保龙保温材料公司工作人员严某明到石家庄市金水湾工地做挤塑板业务后,便决定对严某明进行殴打。王某娜指使被告人冯某华、苑某旺对严某明实施跟踪,指使被告人贺某金和李某伟(在逃)殴打严某明。当日下午在石家庄市金水湾工地外的公路上,贺某金、李某伟对严某明进行殴打致轻微伤,之后二人乘坐苑某旺、冯某华的车逃离现场。被告人王某娜等人还实施了非法拘禁、敲诈勒索、故意毁坏财物、向非国家工作人员行贿等犯罪事实。

【分歧意见】 本案在处理过程中,对王某娜等人是否形成黑社会性质组织产生不同意见:

一种意见认为,本案已经形成了以王某娜为组织者、领导者,骨干成员较为固定的犯罪组织,该组织通过实施多起违法犯罪活动,牟取非法利益用于骨干成员和其他组织成员的犯罪支出,在石家庄保温材料行业内形成了重大影响,依法应当认定为黑社会性质组织。

另一种意见认为,王某娜等人组建公司从事保温材料经营活动,其公司员工多系自愿加入公司,没有对成员实施控制或约束;该犯罪团伙仅实施故意伤害和寻衅滋事两类暴力犯罪,不符合黑社会性质组织行为特征的多样性要求;现有证据不能证明该团伙对石家庄的保温材料行业形成了非法控制或重大影响,不具备黑社会性质组织的危害性特征,故依法不应认定为黑社会性质组织。

【案例讨论】 请结合所学知识分析本案应如何处理?

【延伸阅读】1. 陈兴良:《论黑社会性质组织的组织特征》,载《中国刑事法杂志》2020 年第 2 期。
2. 张向东:《黑社会性质组织犯罪涉案财物的处置困境及应对》,载《中国刑事法杂志》2019 年第 1 期。
3. 徐永伟:《黑社会性质组织"保护伞"的刑法规制检视与调试——以涉黑犯罪与腐败犯罪的一体化治理为中心》,载《北京社会科学》2019 年第 5 期。
4. 周立波:《黑恶势力犯罪组织的本质特征及其界定》,载《法治研究》2019 年第 5 期。
5. 石经海、李佳:《黑社会性质组织本质特征之系统性理解与认定》,载《法律适用》2016 年第 9 期。

3 CASE 关于虚假诉讼、妨害作证罪的理解与适用——洪某祥等帮助伪造证据、妨害作证案

浙江省宁波市鄞州区人民法院(2012)甬鄞刑初字第 1356 号刑事判决书

【案情摘要】2009 年年初,被告人洪某祥、吴某平在赌博时结识后交往。被告人洪某祥多次因赌博、偿还赌债、宾馆住宿等向被告人吴某平借款,至 2010 年 2 月 5 日共借款近 200,000 元。被告人吴某平获悉被告人洪某祥坐落于宁波市鄞州区梅墟街道梅某 736 弄 98 号×××室的房屋已被洪某祥协议卖与他人,便与洪某祥恶意串通伪造借条,多写借款金额,并指使被告人洪某祥书写虚假的借款原因,以待日后起诉时骗取人民法院的裁判文书,待该房屋拍卖后可多参与分配。2010 年 3 月 8 日,被告人吴某平持伪造的借条,以洪某祥因生意向其借款人民币 249,000 元不予归还为由向浙江省宁波市鄞州区人民法院提起民事诉讼,要求洪某祥归还借款。被告人洪某祥配合作虚假陈述。同月 15 日,法院作出(2010)甬鄞商初字第 246 号民事调解书,确认洪某祥应偿还吴某平借款及利息共计人民币 251,000 元。同年 3 月 23 日,被告人吴某平向鄞州区法院申请执行,鄞州区法院据此于同年 4 月 1 日作出(2010)甬鄞执民字第 1170－1 号执行裁定书,将洪某祥坐落于鄞州区梅墟街道梅景路 736 弄 98 号×××室的房屋及土地使用权予以查封。2011 年 10 月 27 日,法院以(2011)甬鄞商监字第 3 号民事裁定书决定再审。在再审期

间，被告人吴某平又指使被告人洪某祥提供虚假理由的借款凭据。后法院发现两被告人有虚假诉讼的嫌疑，遂将案件移送宁波市公安局鄞州分局。

【争议问题】本案中，对于洪某祥帮助伪造证据的行为定性并无异议，但对于吴某平的行为如何定性与处罚，存在三种不同意见：

第一种意见认为，吴某平积极帮助伪造与洪某祥之间的借款协议，提起虚假民事诉讼，致使法院作出错误裁决，情节严重，属共同犯罪，其行为已构成帮助伪造证据罪。

第二种意见认为，吴某平在明知洪某祥已将房屋卖与他人欲在法院执行拍卖份额中私占情况下，仍然积极出谋划策，指使洪某祥作伪证虚构借款债务，并作为原告亲自向法院提起虚假诉讼，致使法院作出错误裁决，情节严重，其行为构成妨害作证罪。对吴某平的犯罪处罚应按情节严重，处 3 年以上 7 年以下有期徒刑，但不属于共同犯罪。

第三种意见认为，吴某平既有指使他人虚构事实提起诉讼并作虚假证言的行为，同时也有帮助洪某祥伪造证据的行为，且严重扰乱了法院的审判秩序，其行为同时构成妨害作证罪和帮助伪造证据罪，属牵连犯，应择一重罪处罚。因吴某平妨害作证的行为虽致使法院作出错误的调解书，进入了执行程序，但并未达到《刑法》规定的情节严重，对其可处 3 年以下有期徒刑或拘役。不属于共同犯罪。

【案例讨论】请结合所学知识分析本案应如何处理？

【延伸阅读】
1. 张明楷：《论妨害作证罪》，载《人民检察》2007 年第 8 期。
2. 陈兴良：《辩护人妨害作证罪之引诱行为的研究——从张耀喜案切入》，载《政法论坛》2004 年第 5 期。
3. 孙万怀：《从李庄案看辩护人伪造证据、妨害作证罪的认定》，载《法学》2010 年第 4 期。
4. 王若思：《妨害作证罪疑难问题的法教义学解析——以 369 份刑事判决书为研究起点》，载《法学杂志》2020 年第 8 期。
5. 苏家成：《虚假诉讼中妨害作证罪的认定与处理》，载《人民司法》2012 年第 24 期。

【延伸阅读】1. 张明楷:《虚假诉讼罪的基本问题》,载《法学》2017 年第 1 期。

2. 王利荣、李奇:《修法视阈:证据犯罪罪名体系的重构》,载《江苏社会科学》2014 年第 3 期。

3. 何立荣:《论中国刑法妨害司法罪名体系的缺陷与完善》,载《广西民族大学学报(哲学社会科学版)》2010 年第 1 期。

4. 叶良芳:《程序视角下辩护人伪造证据、妨害作证罪的构成要件解释》,载《江淮论坛》2018 年第 4 期。

5. 郭莉:《虚假诉讼犯罪的理解与适用》,载《中国检察官》2016 年第 1 期。

4 CASE 关于提起虚假诉讼并指使他人作伪证行为的理解与适用——万某华妨害作证案

【案情摘要】被告人万某华，男，49岁，汉族，大学文化，原系上海国际集团工作人员。2009年10月，万某华明知他人向其催讨欠款并已向法院提起民事诉讼，为逃避因败诉所应承担的还款义务，于同年11月虚构其向韩某（另案处理）借款人民币300万元的事实，指使韩某以原告身份向上海市浦东新区人民法院提起民事诉讼追讨欠款，并提请财产保全。后经法院调解，韩某与万某华达成所谓的调解协议，并由法院制作民事调解书确立双方的债权债务关系。

同时查明，上海市浦东新区人民法院查实韩某诉被告万某华民间借贷一案系虚假诉讼案件后，遂于2011年7月启动再审程序。在再审诉讼中，韩某提交撤诉申请，且万某华亦无异议。据此，上海市浦东新区人民法院依法作出民事裁定，撤销原民事调解书并准许韩某撤诉。公安机关经立案侦查，于2011年5月10日将万某华抓获归案。

被告人万某华的辩护人对起诉书指控的事实无异议，但辩称万某华妨害作证涉及的是民事案件，并未造成严重后果，且现行法律、司法解释对此罪情节严重的认定尚无明确规定，故对起诉书指控万某华的行为属于《刑法》第307条第1款规定的"情节严重"提出异议。同时认为，韩某在虚假诉讼中的主体身份是原告，而不是证人，故万某华指使韩某提起虚假诉讼的行为似更符合帮助伪造证据罪的构成要件。

法院认为，被告人万某华指使韩某向法院提起虚假的民事诉讼并提供虚假证据，作出虚假陈述，可以认定万某华的上述行为属于"指使他人作伪证"，完全符合妨害作证罪的犯罪构成。辩护人关于万某华的行为不构成妨害作证罪，而构成帮助伪造证据罪的辩护意见，不能成立。

【争议问题】伙同他人实施虚假诉讼并在其中指使他人作伪证的行为是构成妨害作证罪，还是虚假诉讼罪，或者帮助伪造证据罪？虚假诉讼罪与妨害作证罪的界限如何理解？

【案例讨论】请结合所学知识分析本案应如何处理？

第十五章　毒品问题治理类犯罪

1 CASE 关于制造数量巨大毒品半成品行为的处理——殷某制造毒品案

【案情摘要】2016年年底，殷某为制造毒品牟利，将制毒原料和制毒工具运输至重庆市永川区其亲戚陈某家中。其后，殷某谎称借用陈某住所加工火锅底料油，请求陈某帮忙，并允诺给予好处。2017年年初至7月，殷某在陈某住处采用化学合成方法制造甲基苯丙胺，并将制成的毒品半成品带至其位于永川区某小区的住所，藏匿于冰箱内等待结晶。同年7月18日，公安民警抓获殷某后，从其住所冰箱冷藏室内查获含有甲基苯丙胺成分的液体17,052.46克。其后，公安民警在陈某住所内查获15瓶含有甲基苯丙胺成分的液体、1袋含甲基苯丙胺成分的黑色颗粒状物品、1袋含麻黄碱成分的灰白色粉末及其他制毒工具。

【分歧意见】殷某所制造的甲基苯丙胺处于尚未结晶的液体状态，属半成品。然而，殷某制造毒品数量巨大，在对其是否适用死刑的问题上产生了分歧：

一种意见认为，殷某制造出的毒品虽系液体，但其中已经含有甲基苯丙胺成分，且含量较高，其制造毒品的犯罪行为已经既遂，根据相关司法文件的精神，依法应当计入毒品犯罪数量。殷某制造毒品1.7万余克，犯罪数量巨大，依法应当判处其死刑，立即执行。

另一种意见认为，本案查获的毒品均系半成品，不能直接上市交易；行为人最终能够制成的毒品数量受诸多因素影响，液体毒品半成品社会危害性与毒品制成品存在一定差异，故在量刑上应留有余地，对其判处死刑，缓期2年执行。

【案例讨论】请结合所学知识分析本案应如何处理？

【延伸阅读】1. 朱建华:《毒品犯罪再犯与累犯竞合时的法律适用》,载《人民检察》2006 年第 17 期。

2. 张明楷:《毒品犯罪专题研究》,载《华东政法大学学报》2020 年第 1 期。

3. 何荣功、莫洪宪:《毒品犯罪死刑的国际考察及其对我国的借鉴》,载《华中科技大学学报(社会科学版)》2012 年第 2 期。

4. 江溯:《律师对毒品犯罪死刑态度的实证研究》,载《清华法学》2020 年第 5 期。

5. 魏汉涛:《毒品犯罪死缓的司法偏差与匡正——基于 100 份死缓判决书的分析》,载《现代法学》2018 年第 5 期。

2 CASE 关于“犯意引诱”和“数量引诱”的界分与处理——包某龙贩卖毒品案

【案情摘要】被告人包某龙曾因毒品犯罪被判处有期徒刑,系毒品累犯。2007 年 11 月 9 日 10 时 30 分许,翟某军因其他违法犯罪行为被公安机关抓获后,为争取宽大处理,同意协助公安机关侦破其他毒品犯罪案件。其后,翟某军在公安机关的安排下,打电话向包某龙求购大量毒品(越多越好、尽可能多的毒品),二人随机约定包某龙将 300 克毒品送到翟某军住处交易。12 时许,包某龙携带毒品赶至翟某军楼下即被抓获。公安民警当场从包某龙驾驶的摩托车脚踏板上查获 300.7 克海洛因。其后,公安民警在包某龙的住处查获 0.7 克海洛因。另查明,此前翟某军曾多次向包某龙购买毒品,但每次购买的数量均未超过 50 克。

【分歧意见】关于本案是否存在诱惑侦查问题,存在两种不同意见:

一种意见认为,包某龙在接到翟某军求购毒品的电话后即将毒品送至,其后公安民警又在包某龙租住处查获少量用于贩卖的毒品,表明包某龙主观上具有贩卖毒品的故意,系持毒待售行为,依法不应认定为犯意引诱或数量引诱。

另一种意见认为,翟某军在公安机关的安排下向包某龙求购毒品,但其求购毒品的数量远远超过其日常购买的数量,因此存在数量引诱,在量刑时应酌情予以考虑。

【案例讨论】请结合所学知识分析本案应如何处理?

【延伸阅读】1. 胡云腾、方文军:《论毒品犯罪的惩治对策与措施》,载《中国青年社会科学》2018 年第 5 期。

2. 梅传强、伍晋:《毒品犯罪死刑控制的教义学展开——基于 122 份二审死刑判决书的实证研究》,载《现代法学》2019 年第 5 期。

3. 曾粤兴、孙本雄:《当代中国毒品犯罪刑事政策的检讨与修正》,载《法治研究》2019 年第 2 期。

4. 何荣功:《二十年来我国毒品犯罪动向的实证分析》,载《青少年犯罪问题》2012 年第 1 期。

5. 赵国玲、刘灿华:《毒品犯罪刑事政策实证分析》,载《法学杂志》2011 年第 5 期。

3 CASE 关于受雇以“体内藏毒”方式运输毒品的共犯认定——袁某芳、张某容、周某崇走私、运输毒品案

【案情摘要】2013 年 2 月底,被告人袁某芳邀约被告人张某容帮助他人运输毒品。同年 3 月 1 日,袁某芳在缅甸小勐拉将 5 包甲基苯丙胺片剂藏匿于体内,张某容则在体内藏匿了 3 包甲基苯丙胺片剂。随后,二人同行乘车返回我国云南境内,后一同前往重庆市南川区,在旅馆内排出毒品交给他人。其后,张某容从袁某芳处获得 6000 元报酬。

2013 年 3 月,被告人袁某芳邀约被告人张某容,二人又邀约被告人周某崇帮助他人从境外运输甲基苯丙胺片剂至重庆。3 月 15 日,张某容、周某崇在缅甸小勐拉暂住的旅馆内分别将 4 包、3 包甲基苯丙胺片剂藏匿于体内。随后,二人乘坐袁某芳联系的摩托车从缅甸返回我国云南境内,后乘飞机前往重庆江北机场。次日 1 时许,张某容、周某崇在江北国际机场国内到达出口被抓获归案。公安民警分别从张某容、周某崇处查获从体内排出的甲基苯丙胺片剂 183.9 克、139.4 克。

【分歧意见】袁某芳、张某容及周某崇的行为均构成运输毒品罪,其中袁某芳邀约张某容参与犯罪、二人又共同邀约周某崇参与运输毒品,三人的行为均构成运输毒品罪,其中袁某芳应对其邀约张某容运输毒品的数量承担刑事责任,袁某芳、张某容应对其共同邀约周某崇运输毒品的数量承担刑事责任,但就张某容是否应当对袁某芳所运输毒品、周某崇是否应当对张某容所运输的毒品承担刑事责任,存在两种不同的意见:

一种意见认为,张某容明知袁某芳携带毒品,仍与袁某芳同行将毒品从境外走私入境并运输至重庆市;周某崇明知张某容体内藏有毒品,仍与张某容搭乘公同交通工具走私、运输毒品,张某容与袁某芳构成共同犯罪,应当对袁某芳运输的毒品承担刑事责任,周某崇亦与袁某芳、张某容构成共犯,应当对张某容运输的毒品承担刑事责任。

另一种意见认为,张某容受袁某芳邀约参与运输毒品的犯罪活动,其主观上虽然明知袁某芳也采用体内藏毒的方式运输毒品,但并未对袁某芳运输毒品的行为起到配合或帮助作用,客观上没有形成共同犯罪行为,故不应对袁某芳运输的毒品承当刑事责任。同理,周某崇也不应对张某容运输的毒品承当刑事责任。

【案例讨论】请结合所学知识分析本案应如何处理?

【延伸阅读】

1. 赵秉志、张伟珂:《论运输毒品罪死刑废止的可行性》,载《河北法学》2020 年第 11 期。
2. 何荣功:《运输毒品罪与非法持有毒品罪的区分》,载《中国刑事法杂志》2021 年第 4 期。
3. 刘凌梅:《运输毒品罪司法适用争议问题探讨》,载《法律适用》2015 年第 7 期。
4. 包涵:《运输毒品罪的立法扩张与司法限制》,载《中国刑事法杂志》2021 年第 1 期。
5. 阮能文:《运输毒品罪的主观要件及其证明》,载《中国检察官》2015 年第 14 期。

第十六章　贿赂类犯罪

1 CASE 关于财产性利益是否为贿赂犯罪对象问题——赵某受贿案

【案情摘要】 2004 年至 2018 年，被告人赵某利用其担任某省公安厅办公室主任、交警总队长、副厅长等职务上的便利，非法收受他人财物，为相关单位和个人在信息化建设及维护、设备采购、车牌号办理、货款催要等方面谋取利益。利用职权或地位形成的便利条件，通过其他国家工作人员职务上的行为，为请托人在医疗设备采购等方面谋取不正当利益，收受请托人财物，共计折合人民币 499.5858 万元。其中包括请托人黄某经赵某同意，为赵某的儿子支付 1.368 万元上海新东方学校强化走读班培训费用，为赵某的妻子到英国旅游支付费用 20 万元，为赵某的儿子支付英国伦敦至上海的往返国际航班机票费用 4.5525 万元，为赵某的儿子支付在北京的租房费用 18.12 万元。

【分歧意见】 对于请托人经被告人赵某同意，为其儿子支付的培训费用、旅游费用、机票费用、租房费用等共计 44 万元人民币，是否认定为赵某受贿的金额，在理论上和实践中存在不同的观点：

一种观点认为，不应当认定为受贿金额。理由：(1) 赌赂犯罪是指国家工作人员利用职务上的便利，索取或者非法收受他人财物，为他人谋取利益，以及请托人为获取不正当利益而给予国家工作人员财物的行为之总和。(2) 对刑法进行严格解释，是罪刑法定原则的基本要求。为此，对于贿赂犯罪对象“财物”的解释，应当忠实于其标准的文字涵义。[1] 根据严格的文意

---

〔1〕《新华字典》对财的解释为“金钱或物资”，对物的解释为“(1) 东西；(2) ‘我’以外的人或环境”；《现代汉语词典》将财物解释为“钱财和物资”；《辞海》将财物解释为“金钱物资的总称”。

解释,财物是指货币和物品。(3)被告人赵某收受请托人为其儿子接受培训、出国旅游、乘坐飞机、租赁房屋等提供服务或者方便,并没有直接收受请托人给予的货币及其物品,依照罪刑法定原则不能认定为受贿金额。

另一种观点认为,应当认定为受贿金额。理由:(1)贿赂犯罪的本质是权钱交易。对受贿人而言,是权力寻租,通过行使国家公权力谋取个人经济利益;对于行贿人而言,则是以钱谋权,通过向国家工作人员输送经济利益,换取国家公权力为我所用,谋取不正当利益。(2)被告人赵某利用职务上的便利或者职权和地位形成的便利条件,为请托人谋取不正当利益,请托人为赵某的儿子支付培训费用、机票费用、租房费用,为赵某的妻子支付旅游费用,双方实现了权钱交易,赵某通过权力寻租获取了经济利益,请托人通过经济利益输送,实现了不正当利益。完全符合行受贿犯罪的本质特征。

【案例讨论】 请结合所学知识分析本案应如何处理?

【延伸阅读】

1. 张明楷:《商业贿赂、回扣及相关条款的法律性质》,载《法律适用》2006年第9期。
2. 陈兴良:《贪污贿赂犯罪司法解释:刑法教义学的阐释》,载《法学》2016年第5期。
3. 张绍谦、郑列:《"财产性利益"型贿赂相关问题探讨》,载《法学》2009年第3期。
4. 周光权:《论受贿罪的情节——基于最新司法解释的分析》,载《政治与法律》2016年第8期。
5. 戴玉忠:《我国贿赂犯罪刑法制度的演变与发展完善》,载《法学杂志》2016年第4期。

2 CASE 关于"为他人谋取利益"发展过程问题——徐某某受贿案

【案情摘要】 2004年5~6月,玉山县城市建设综合开发公司鄱阳分公司负责人刘某1某欲购买鄱阳县农机公司的土地搞房地产开发,找到时任鄱阳县国土资源局分管人事、土地利用和土地交易工作的副局长被告人徐某某,询问了土地出让有关政策及农机公司土地的价值情况,徐某某作了详细的答复。同年7~8月,刘某1再次找到徐某某,要求徐某某在土地评估之后,提供土地分类、用地性质及基准价格的有关情况。

因鄱阳县农机公司经法院依法查封,委托江西联创评估咨询有限公司评估。2004年9月,刘某1通过竞买购得鄱阳县农机公司的土地,十余天后,刘某1来到鄱阳,打电话叫被告人徐某某到鄱阳镇饶州大酒店刘某1住处,刘某1将事先用牛皮纸袋装好的4万元现金送给了徐某某,并说感谢徐在其购地过程中帮的忙,还要求徐在土地过户及日后其开发过程中给予关照。2005年11月、2006年3月,刘某1在办理鄱阳县农机公司土地使用证变更手续时,被告人徐某某在审查土地登记审批表上,签署了同意初审意见,报请领导审定的意见。

2006年上半年,被告人徐某某为掩盖其收受刘某1 4万元现金的事实,叫鄢某某在其事先写好的刘某1租王某某(徐某某岳父)房屋的协议上签了字,租金4万元,并跟刘某1说将给的4万元作房屋租金。但事实上,刘某1从未租用王某某的房屋。

【分歧意见】《刑法》第385条规定,国家工作人员利用职务上的便利,索取他人财物的,或者非法收受他人财物,为他人谋取利益的,是受贿罪。据此,理论上一般把受贿罪分为索取型和收受型两类情形。“为他人谋取利益”在收受型受贿犯罪构成中的地位,即其到底属于客观要件还是主观要件,在理论界和实务界存在客观要件说、主观要件说、构成要件取消说。

客观要件说主张,“为他人谋取利益”是收受型受贿罪的客观要件。旧客观要件说认为,“为他人谋取利益”应当是一种行为,受托人必须实施了为他人谋取利益的行为,才构成受贿罪,是否为他人实际谋取到了利益,不影响定罪。反之,如果受托人客观上没有实施为他人谋取利益的行为,即便收受了他人财物,也不构成受贿罪。新客观要件说认为,“为他人谋取利益”是受贿人的一种承诺,并不要求其实际实施了为他人谋取利益的行为,但是为他人谋取利益的主观态度必须通过承诺或者许诺的方式表示出来,可供把握和认知。

主观要件说认为,“为他人谋取利益”是受贿人收受他人财物行为过程中的一种主观心理态度,表现为一种答谢、报偿心理,属于受贿罪主观要件。这种“你给钱,我办事”的心理态度,充分反映了受贿犯罪权钱交易的本质。根据主观要件说,行为人只要在收受他人财物时主观上有为他人谋取利益的意思,就构成受贿罪。至于是否作出了为他人牟利的承诺,是否实际为他人谋取了利益,都不影响受贿罪的构成。

"为他人谋取利益"要件取消说认为,受贿犯罪的本质特征在于"权钱交易",侵害的客体是国家工作人员职务行为的廉洁性。国家工作人员只要接受他人请托并收受他人的财物,其职务行为的廉洁性就受到侵害,受贿罪就已经成立。收受了他人财物的国家工作人员是否实施了为他人谋利的行为、所谋取的利益是否实现,对于其行为性质并无影响,至多只能影响对行为危害程度的判断。因此,应当将"为他人谋取利益"从受贿罪构成要件中移除。

【案例讨论】 请结合所学知识分析本案应如何处理?

【延伸阅读】

1. 李洁:《为他人谋取利益不应成为受贿罪的成立条件》,载《当代法学》2010 年第 1 期。
2. 张明楷:《论受贿罪中的"为他人谋取利益"》,载《政法论坛》2004 年第 5 期。
3. 陈兴良:《为他人谋取利益的性质与认定——以两高贪污贿赂司法解释为中心》,载《法学评论》2016 年第 4 期。
4. 张某:《受贿罪构成要件涵摄下的"为他人谋取利益"》,载《现代法学》2018 年第 3 期。
5. 李琳:《论"感情投资"型受贿犯罪的司法认定——兼论受贿罪"为他人谋取利益"要件之取消》,载《法学论坛》2015 年第 5 期。

3 CASE 关于以合法形式掩盖权钱交易本质行为的定性
——潘某某、陈某受贿案

【案情摘要】 2003 年 8 月至 9 月,被告人潘某某、陈某分别利用担任江苏省南京市栖霞区迈皋桥街道工委书记、迈皋桥办事处主任的职务便利,为南京某房地产开发有限公司总经理陈某某在迈皋桥创业园区低价获取 100 亩土地等提供帮助,9 月 3 日分别以亲属名义与陈某某共同注册成立南京多贺工贸有限责任公司(以下简称多贺公司),以"开发"上述土地。潘某某、陈某既未实际出资,也未参与该公司经营管理。2004 年 6 月,陈某以多贺公司的名义将该公司及其土地转让给南京某体育用品有限公司，潘某某、陈某以参与利润分配名义，分别收受陈某某给予的480万元。

2004年上半年，被告人潘某某利用担任迈皋桥街道工委书记的职务便利，南京某发展有限公司总经理许某某请托其为该公司受让金桥大厦项目减免100万元费用提供帮助，该100万元费用最终并未实际得到减免。在此期间，潘某某以60万元的价格购买了许某某的公司开发的一处市场价格含税费共计应为121万余元的房产。

【分歧意见】1. 陈某某以多贺公司名义将该公司及其土地转让他人时，被告人潘某某、陈某以参与利润分配名义分别获取480万元的行为是否构成受贿罪？对此，有两种不同观点：

一种观点认为，陈某某迈皋桥创业园区获取100亩土地时，被告人潘某某、陈某并没有收受陈某的财物。之后，陈某某同潘某某、陈某共同成立多贺公司开发经营前述土地，属于商业行为。在多贺公司连土地一并转让给他人以后，潘某某、陈某以股东身份分取利润，不构成受贿罪。

另一种观点认为，潘某某、陈某在陈某某取得土地时分别任迈皋桥街道工委书记、迈皋桥办事处主任，利用各自职务便利，为陈某某提供了帮助，在此期间，潘某某、陈某与陈某某商议合作成立多贺公司用于开发上述土地，潘某某、陈某既未实际出资，也未参与公司的经营管理，二人分别获取的480万元，是利用职务便利使陈某某低价获取土地并转卖获利的一部分，体现了受贿罪权钱交易的本质，应以受贿罪论处。

2. 潘某某以低于市场价60万元的价格购买许某某公司的房产是否构成受贿罪？对此，有两种不同观点：

一种观点认为，潘某某没有为许某某实际谋取到利益，开发商基于各种商业策略，在房产销售过程中采取不同策略，给业主以各种不同程度的优惠价格是一种市场惯例，潘某某为购买房产支付了对价，且在案发前支付了实际房价与市场价格之间的差价，不构成受贿罪。

另一种观点认为，潘某某在许某某受让金桥大厦项目中减免100万元的费用谋取利益，用60万元的价格购买许某某公司市场价格为121万元的房产的行为，是以形式上支付一定数额的价款来掩盖其与许某某之间权钱交易本质的一种手段，应以受贿罪论处，犯罪数额应按照涉案房产交易时市场价格与实际支付价格的差额计算，即61万元。

【案例讨论】 请结合所学知识分析本案应如何处理？

【延伸阅读】

1. 高铭暄、陈冉：《论利用影响力受贿罪司法认定中的几个问题》，载《法学杂志》2012 年第 3 期。
2. 陈兴良：《新型受贿罪的司法认定：以刑事指导案例（潘玉梅、陈宁受贿案）为视角》，载《南京师大学报（社会科学版）》2013 年第 1 期。
3. 梁根林：《贪污受贿定罪量刑标准的立法完善》，载《中国法律评论》2015 年第 2 期。
4. 刘宪权：《贪污贿赂犯罪最新定罪量刑标准体系化评析》，载《法学》2016 年第 5 期。
5. 周光权：《论受贿罪的情节——基于最新司法解释的分析》，载《政治与法律》2016 年第 8 期。

第十七章　渎职类犯罪

1 CASE 关于实际行使国家行政管理职权行为的犯罪主体认定——崔某某环境监管失职案

【案情摘要】 江苏省盐城市标新化工有限公司（以下简称标新公司）位于该市二级饮用水保护区内的饮用水取水河蟒蛇河上游，系重点污染源“零排污”企业。标新公司于2002年经审批建设年产500吨氯代醚酮项目。2006年9月，未经批准在原有氯代醚酮生产车间建成套产甘宝素生产的专用车间，含11台生产反应釜。氯代醚酮在生产过程中所产生的废水有钾盐水、母液、酸性废水、间接冷却水及生活污水，根据验收报告要求，母液应外售，钾盐水、酸性废水、间接冷却水均应经过中和、吸附后回用（钾盐水也可收集后出售给有资质的单位）。标新公司自生产以来，从未使用有关排污的技术处理设施。除在2006年至2007年部分钾盐废水（共50吨左右）外售至阜宁助剂厂外，标新公司生产产生的钾盐废水及其他废水直接排放至厂区北侧或者东侧的河流中，导致2009年2月发生盐城市区饮用水源严重污染事件，盐城市城西水厂、越河水厂水源遭受严重污染，所生产的自来水中酚类物质严重超标，近20万盐城市居民生活饮用水和部分单位供水被迫中断66小时40分钟，造成直接经济损失543万余元，并在社会上造成恶劣影响。

盐城市环保局饮用水源保护区环境监察支队负责盐城市区饮用水源保护区的环境保护、污染防治工作，标新公司位于市饮用水源二级保护区范围内，属该支队二大队管辖。被告人崔某某作为二大队大队长，对标新公司环境保护监察工作负有直接领导责任。崔某某不认真履行环境保护监管职责，并于2006年至2008年多次收受标新公司法定代表人胡某某的小额财物。崔某某在日常检查中多次发现标新公司有冷却水和废水外排行为，但未按规定要求标新公司提供母液台账、合同、发票等材料，只是填写现场监察记录，也未向盐城市饮用水源保护区环境监察支队汇报标新公司违法排污情况。2008年12月,盐城市饮用水源保护区环境监察支队对保护区内重点化工企业进行专项整治活动,并对标新公司发出整改通知,但崔某某未组织二大队监察人员对标新公司进行跟踪检查,监督标新公司整改。直至2009年2月18日,崔某某对标新公司进行检查时,只在该公司办公室填写了1份现场监察记录,未对排污情况进行现场检查,没有能及时发现和阻止标新公司向厂区外河流排放大量废液,以致发生盐城市饮用水源严重污染。在水污染事件发生后,崔某某为掩盖其工作严重不负责任,于2009年2月21日伪造了日期为2008年12月10日和2009年2月16日两份虚假监察记录,以逃避有关部门的查处。

【分歧意见】被告人崔某某作为国有事业单位江苏省盐城市饮用水源保护区环境监察支队的工作人员,是否能认定为国家机关工作人员,从而构成环境监管失职罪?对此,有两种不同观点:

一种观点认为,崔某某不能认定为国家机关工作人员。理由:根据《刑法》规定,环境监管失职罪的主体只能是国家机关工作人员,崔某某作为国有事业单位盐城市饮用水源保护区环境监察支队的工作人员,只有督查职责,没有监管职责,不符合该罪的主体条件,按照罪刑法定原则,不构成环境监管失职罪。

另一种观点认为,崔某某应当认定为国家机关工作人员。理由:崔某某虽为国有事业单位的工作人员,但其符合全国人民代表大会常务委员会《关于〈中华人民共和国刑法〉第九章渎职罪主体适用问题的解释》规定的"在受国家机关委托代表国家机关行使职权的组织中从事公务的人员,在代表国家机关行使职权时,有渎职行为,构成犯罪的,依照刑法关于渎职罪的规定追究刑事责任"情形,应当认定为国家机关工作人员,其在受国家机关的委托代表国家机关履行环境监督管理职责过程中,严重不负责任,导致发生重大环境污染事故,致使公私财产遭受重大损失,构成环境监管失职罪。

【案例讨论】请结合所学知识分析本案应如何处理?

【延伸阅读】1. 刘仁文:《刑法中"国家工作人员"概念的立法演变》,载《河南大学学报(社会科学版)》2010年第6期。

2. 王志祥:《关于渎职罪主体有权解释的思考及立法建议》,载

《法商研究》2005 年第 6 期。
3. 余书金:《对渎职犯罪主体认定的逻辑思考》,载《学习与实践》2018 年第 12 期。
4. 吴健勇:《渎职犯罪主体刑事政策的审视与完善》,载《河北法学》2016 年第 3 期。
5. 李忠诚:《渎职罪主体问题研究》,载《河南社会科学》2010 年第 3 期。

2 CASE 关于未认真履行职责致危害结果的因果关系认定——杨某玩忽职守案

【案情摘要】2006 年王某(另案处理)经营的深圳市龙岗区舞王歌舞厅被依法吊销营业执照。2007 年 9 月 8 日,王某未经相关部门审批,在龙岗街道龙东社区三和村经营舞王俱乐部。开业前几天,王某为取得舞王俱乐部所属辖区同乐派出所的关照,在时任同乐派出所所长的被告人杨某的妻子何某经营的川香酒家宴请了杨某等人。此后,同乐派出所三和责任区民警在对舞王俱乐部采集信息建档和日常检查中,发现王某无法提供消防许可证、娱乐经营许可证等必需证件,提供的营业执照复印件上的名称和地址与实际不符,且已过有效期。杨某得知情况后没有督促责任区民警依法及时取缔舞王俱乐部。责任区民警还发现舞王俱乐部经营过程中存在超时超员、涉黄涉毒、未配备专业保安人员、发生多起治安案件等治安隐患,杨某既没有依法责令舞王俱乐部停业整顿,也没有责令责任区民警跟踪监督舞王俱乐部进行整改。

2008 年 3 月,根据龙岗区“扫雷”行动的安排和部署,同乐派出所成立“扫雷”专项行动小组,杨某担任组长。有关部门将舞王俱乐部存在治安隐患和消防隐患等于 2008 年 3 月 12 日通报同乐派出所,但杨某没有督促责任区民警跟踪落实整改措施,导致舞王俱乐部的安全隐患没有得到及时排除。2008 年 6 月至 8 月,广东省公安厅组织开展“百日信息会战”,杨某没有督促责任区民警如实上报舞王俱乐部无证无照经营,没有对舞王俱乐部采取相应处理措施。舞王俱乐部未依照《消防法》《建筑工程消防监督审核管理规定》等规定要求取得消防验收许可,未通过申报开业前消防安全检查,擅自开业,违法经营，营业期间不落实安全管理制度和措施，导致2008年9月20日晚发生特大火灾，造成44人死亡、64人受伤的严重后果。在这起特大消防事故中，杨某及其他有关单位的人员负有重要责任。2007年9月至2008年9月，杨某利用职务便利，为舞王俱乐部负责人王某谋取好处，单独收受或者通过妻子何某收受王某好处费，共计人民币30万元。

【分歧意见】 被告人杨某的渎职行为同舞王俱乐部发生特大火灾、致44人死亡、64人重伤的严重后果之间是否存在因果关系？对此，有两种不同观点：

一种观点认为，舞王俱乐部之所以发生火灾，基础的原因在于俱乐部消防管理不到位、消防设施不健全、装饰材料产生有毒烟气等，直接原因在于事故发生时俱乐部表演节目的演员使用道具枪发射烟花弹，派出所的职责主要是对俱乐部进行治安管理，即便被告人杨某恪尽职守，也不能避免火灾发生，本案属于多因一果的情形，杨某的行为只是间接、次要原因，不能认定同危害后果之间存在因果关系。

另一种观点认为，杨某作为同乐派出所的所长，对辖区内的娱乐场所负有监督管理职责，其明知舞王俱乐部未取得合法的营业执照擅自经营，且存在众多消防、治安隐患，但严重不负责任，不认真履行职责，使本应停业整顿或被取缔的舞王俱乐部持续违法经营达一年之久，杨某玩忽职守的行为同最终发生44人死亡、64人重伤的特大消防事故之间具有因果关系。

【案例讨论】 请结合所学知识分析本案应如何处理？

【延伸阅读】

1. 李志军、杨剑：《玩忽职守罪中因果关系、经济损失的审查判定》，载《中国检察官》2017年第4期。
2. 杨志国：《玩忽职守罪因果关系司法认定模式研究》，载《人民检察》2007年第19期。
3. 董兆玲：《玩忽职守罪因果关系初探》，载《政法学刊》2008年第1期。
4. 汪千力、张成东：《疫情防控期间玩忽职守行为刑法规制的困境与出路》，载《法律适用》2020年第7期。
5. 黄国盛：《滥用职权罪与玩忽职守罪之区分新解》，载《人民检察》2010年第19期。

3 CASE 关于滥用职权案"致使公共财产、国家和人民利益遭受重大损失"的认定
——罗某某、罗某某1、朱某某、罗某滥用职权案

【案情摘要】 2008年8月至2009年12月，被告人罗某某、罗某某1、朱某某、罗某先后被广州市黄埔区人民政府大沙街道办事处招聘为广州市城市管理综合执法局黄埔分局大沙街执法队（以下简称执法队）协管员，工作职责是街道城市管理协管。该工作职责包括动态巡查，参与街道、社区日常性的城管工作；劝阻和制止并督促改正违反城市管理法规的行为；配合综合执法部门，开展集中统一整治行动等。工作任务包括坚持巡查与守点相结合，及时劝导中心城区的乱摆卖行为等。罗某某、罗某某1从2009年8月至2011年5月担任协管员队长和副队长，此后由罗某某1担任队长，罗某某担任副队长。协管员队长职责是负责协管员人员召集，上班路段分配和日常考勤工作；副队长职责是协助队长开展日常工作，队长不在时履行队长职责。前述4名被告人上班时，身着统一发放的迷彩服，臂上戴着写有"大沙街城市管理督导员"的红袖章，手持一根木棍。

2010年8月至2011年9月，罗某某、罗某某1、朱某某、罗某和罗某洪（另案处理）利用职务便利，先后多次向多名无照商贩索要12元、10元、5元的少量现金、香烟或直接在该路段的"士多店"拿烟再让部分无照商贩结账，后放弃履行职责，允许给予好处的无照商贩在严禁乱摆卖的地段非法占道经营，导致该地段的无照商贩非法占道经营十分严重，几百位流动商贩恣意乱摆卖，严重影响了市容市貌和环境卫生，给周边商铺和住户的经营、生活、出行造成极大不便。由于执法不公，对给予钱财的商贩放任其占道经营，对其他没给好处费的无照商贩则进行驱赶或通知城管部门到场处罚，引起了群众强烈不满，城市管理执法部门执法人员在依法执行公务过程中遭遇多次暴力抗法，数名执法人员受伤住院。前述4名被告人的行为严重危害和影响了该地区的社会秩序、经济秩序、城市管理和治安管理，造成了恶劣的社会影响。

【分歧意见】 被告人罗某某、罗某某1、朱某某、罗某长期不正确履行职权、勒索辖区无照商贩钱财，造成无照商贩非法占道经营严重，暴力抗法事件不断

发生,社会影响相当恶劣,对该4名被告人的行为是否应当认定为“致使公共财产、国家和人民利益遭受重大损失”,从而以滥用职权罪追究刑事责任,存在两种不同的观点:

一种观点认为,不应当认定4名被告人的行为“致使公共财产、国家和人民利益遭受重大损失”。理由:根据《刑法》第397条规定,滥用职权只有“致使公共财产、国家和人民利益遭受重大损失的”,才构成犯罪。本案4名被告人利用职务便利,多次向多名无照商贩索要12元、10元、5元的少量现金、放任给予了好处的商贩违规经营,滥权行为轻微,不足以导致该地段大量无照商贩非法占道经营,大量流动商贩恣意乱摆卖乃至暴力抗法。

另一种观点认为,应当认为4名被告人的行为“致使公共财产、国家和人民利益遭受重大损失”。理由:4名被告人的滥用职权行为,导致无照商贩非法占道经营严重,大量流动商贩恣意乱摆卖,严重影响了市容市貌和环境卫生,给周边群众出行造成极大不便,4名被告人执法不公,引起了群众强烈不满,依法多次暴力抗法,数名执法人员受伤住院。4名被告人的行为严重危害和影响了该地区的社会秩序、经济秩序、城市管理和治安管理,造成了恶劣的社会影响。

【案例讨论】 请结合所学知识分析本案应如何处理?

【延伸阅读】

1. 劳东燕:《滥用职权罪客观要件的教义学解读——兼论故意·过失的混合犯罪类型》,载《法律科学(西北政法大学学报)》2019年第4期。
2. 周光权:《渎职罪疑难问题研究》,载《人民检察》2011年第19期。
3. 吴飞飞:《滥用职权罪中的“重大损失”及其认定》,载《法学评论》2012年第4期。
4. 江岚、祝炳岩:《滥用职权罪中“滥用职权”再析》,载《中国刑事法杂志》2013年第11期。
5. 贾彬:《滥用职权罪两种具体行为表现形式专论》,载《河北法学》2010年第1期。